シンガポールにおける国民統合

中村 都 [著]
Nakamura Miyako

Nation-building in Singapore
――― In Search of Unity in Diversity

法律文化社

はしがき

　国民統合は冷戦終結後、国際社会を構成する国々にとり大きな問題として再浮上した。民族紛争の勃発などにより国民統合の重要性が考えるべき課題となってきたからである。それに加えて、世界的な貧富の格差の拡大と交通機関の発達、通信手段の画期的な進歩（電子メールや携帯電話の利用など）に伴い、国際的な労働者（労働力）の移動が活発化した結果、国民の多様性がいっそう進行した先進国においても社会の安定のための国民統合が課題となった。さらにまた、グローバル化の結果生じたと考えられている社会における格差の拡大によっても国民統合が国家の喫緊の課題として浮上してきている。

　本研究はマレー半島南端に位置する多民族国家シンガポールの国民統合を取り上げる。その理由は、民族や宗教、言語の多様性に特徴づけられる東南アジア諸国の多くの国々は20世紀の後半、大規模な戦争や内戦など激動の時代を経験したが、そのなかでも独立（1965年）後のシンガポールのみは民族などに関わる戦争や内戦などを経験せず、社会的・政治的な安定を維持しており、独立後わずか十数年で新興工業国（NICs）と呼ばれるようになり、先進経済を擁するようになったという点において、稀有な国であるからである。

　シンガポールにはさまざまな顔がある。20世紀後半の成功物語を体現する都市国家、アジアを代表する国際金融センター、世界的な競争力を有する経済、多民族国家（マレー系、およびインド系住民は少数派であり、多数派は中国系住民である）、英語化した社会、緑があふれ花の咲き乱れる庭園都市、東南アジアの空輸や海運の中枢、世界有数の会議開催都市、治安のよい国、高層集合住宅の建ち並ぶ団地国家、「罰金（fine）の国」、半世紀近く政権党が変わらない国、言論や集会の自由を制限する管理国家、私生活まで政府に干渉されることがある国などをあげることができる。どの国も問題を抱えているが、シンガポールもその例に漏れない。要約するならば、シンガポールは成長のために経済的な自由を国をあげて追求する反面、政治的・社会的安定を重視するという大義名分によって市民的・政治的な自由や権利を厳しく制限する国と特徴づけられよう。

　本書はこうしたシンガポールを成長と安定を達成するために同政府、すなわち人民行動党政権が推進してきた国民統合のあり方から解明しようとするものである。序章ではシンガポールにおいてなぜ国民統合が問題になるのかについて、中国系やマレー系の住民からなる多民族国家であること、マレーシア、イ

ンドネシア、ブルネイ（1984年、マレーシアから独立）というマレー世界に囲まれた中国系住民中心の国家であることなど国内外の情勢に目を向ける。第1章ではシンガポールの発展の証として、また典型的な風景としてよく言及される公的な高層集合住宅の政治的・経済的・社会的な役割について論じる。政府が供給する高層集合住宅はシンガポール社会を根本から変革する役割を果たし、工業化と経済成長の、また社会統制を担う社会政策の中核として機能したのである。第2章では英語を学校教育において、また実務において基軸言語とした言語・教育政策に焦点を当て、言語の政治性を考える。社会統合と経済成長のための英語の利用はシンガポール国家にとって両義的な結果をもたらすことになっただけではなく、国民にとっても英語は単にプラスの資源となっただけではなかった。第3章では住宅政策、言語・教育政策を相互に補う国民意識の強化策を検討する。人口の量と質の両面からの調節を狙う家族計画やシンガポール風の英語をシンガポール経済の拡大への障害とみなす「よい英語を話そう」運動、独立を祝う国家儀礼などが社会教育装置としてどのように公的な住宅供給や学校教育に関わるのかを探る。終章では1章から3章で取り上げた住宅供給、英語を媒体言語とする教育、現在のシンガポール国家への帰属感を強化するために学校や社会で行われている「国民教育」などをまとめ、進展するグローバル化に積極的に与するほかないと政府が主張するシンガポールの国民統合の方向性を考える。

　本書ができあがるまでに、国内外を問わず多くの方々にお世話になった。本書に関わる論考に忙しいなかコメントをくださった方、インタビューを手際よく調整してくださった方、快くインタビューに応じてくださった方、資料の収集を助けていただいた大学や研究所の図書館の方など、記して感謝したい。とりわけ、東京大学大学院教授服部民夫先生、大阪大学名誉教授山中永之佑先生、追手門学院大学教授正信公章先生にはお世話になった。記してこころより御礼申し上げたい。残念ながらインタビューのうち本書に収録できたのは一部であり、いただいたコメントを生かしきれなかったのは筆者の責任である。なお、本書の出版には追手門学院大学経営学会から出版助成をいただいている。記して感謝したい。

　そしてさいごに、法律文化社の秋山泰社長にはたいへんお世話になった。こころから感謝申し上げたいと思う。

　　　2008年3月1日

　　　　　　　　　　　　　　　　　　　　　　　　中　村　　　都

目　次

序　章　　1

1 課題の設定 …………………………………………………………………… 1
2 分析枠組み …………………………………………………………………… 6
3 先行研究と本研究の意義 …………………………………………………… 9
4 構　成 ………………………………………………………………………… 11

第1章　生活空間の国民化──住宅供給を中心に　　13

0 はじめに ……………………………………………………………………… 13
1 自治権獲得期のシンガポール社会 ………………………………………… 14
　1-1　人口構造の変化と社会　14
　1-2　戦後の住宅事情　15
　1-3　シンガポール社会の課題　16
2 政府による住宅供給 ………………………………………………………… 16
　2-1　住宅供給と工業化　16
　2-2　住宅開発庁（HDB）の実績　18
　2-3　HDBの権限と資金源　19
　　◆HDBの権限：住宅・工業用地の確保・管理・開発　19
　　◆HDBの資金源としての中央積立基金　22
　2-4　住宅難の解消　22
　　◆第一次5カ年計画　23
　　◆HDBの賃貸住宅　24
　2-5　持ち家制度の展開　25
　　◆持ち家制度の導入　25
　　◆HDB分譲住宅の購入条件　28
　　◆持ち家の普及　28
3 家族の変化 …………………………………………………………………… 29
　3-1　HDB住宅での生活　29
　3-2　生活環境の変化　30

    3-3　家族の規模　35
  4　社会の変化　38
    4-1　工業化の進展　38
      ◆労働集約型製造業の発展　38
      ◆建設業の発展　39
    4-2　教育をめぐる変化　40
      ◆教育媒体言語の選択　40
      ◆教育水準の上昇　41
    4-3　労働市場の変容　42
      ◆女性の労働力化　42
      ◆外国人労働力の増大　45
    4-4　住宅供給と社会の変化　48
  5　生活空間の国民化　48
    5-1　学校教育の拡大　48
    5-2　社会の創成　53
    5-3　地域社会の育成と管理　56
      ◆住民組織　56
      ◆HDB団地の設計　59
    5-4　住宅供給と生活空間の国民化　61

第2章　言語と思考の国民化　63

  0　はじめに　63
  1　教育制度の改革　64
    1-1　第二次世界大戦後の教育改革　64
    1-2　自治政府・マレーシア連邦時代の教育改革　66
    1-3　独立初期の教育改革　67
      ◆2言語教育　68
      ◆理数・技術教育　72
      ◆価値教育　72
    1-4　教育改革の評価と新機軸　75
      ◆『1978年教育省報告書』と「新教育制度」　75
      ◆『1979年道徳教育報告書』　78
      ◆リー・クアンユー首相による英語重視の教育に対する評価　79
      ◆特別補助計画校の設置　81
      ◆才能教育の実施　81
    1-5　教育制度の統一と実力主義　82

- **2 シンガポール社会と「アジア的価値」** ……………………………… 83
  - 2-1 「華語を話そう」運動　84
  - 2-2 「日本に学ぶ」運動　86
  - 2-3 「宗教知識」の導入　88
  - 2-4 「共有の価値」の提示　90

- **3 学校での価値教育** ……………………………………………………… 93
  - 3-1 「国民教育」の導入　93
  - 3-2 学校教育にみる「国民教育」　96
    - ◆「国民教育」の方法と内容　96
    - ◆シラバスにみる「国民教育」　98
    - ◆教科書にみる「国民教育」　100

- **4 使用言語の変化** ………………………………………………………… 107
  - 4-1 識字率の変化　107
  - 4-2 話し言葉の変化　109
  - 4-3 国勢調査の限界　112
  - 4-4 民族母語の位置　112

- **5 シンガポールにおける言語と社会** ………………………………… 119
  - 5-1 識字言語からみたシンガポール社会　119
  - 5-2 識字言語としての英語からみた国内労働市場　124
  - 5-3 識字言語としての英語と国外への移住　127

- **6 言語と思考の国民化** ………………………………………………… 139

第3章　国民意識の強化　147

- **0 はじめに** ……………………………………………………………… 147

- **1 社会教育としての家族計画** ………………………………………… 147
  - 1-1 「小さな家族」の奨励　148
  - 1-2 「大卒女性母親化計画」　151
  - 1-3 望ましい「家族生活」　154
    - ◆「家族生活」キャンペーン　155
    - ◆学校教育にみる「家族の価値」　157
  - 1-4 シンガポール社会と移民　159
    - ◆移民導入の目的と移民労働者の役割　160
    - ◆移民労働者数の調整　163

  1-5 シンガポールの家族と女性移民 164
  1-6 家族計画と移民導入 165

2 国家規模の価値教育 …………………………………………… 166
  2-1 社会における「国民教育」 166
    ◆ナショナル・デー・パレード 166
    ◆戦争と占領の展示 178
  2-2 「よい英語を話そう」運動 182
    ◆シンガポールの英語 183
    ◆運動の契機と経過 187

3 国民意識の強化 ………………………………………………… 190

終　章　　　　　　　　　　　　　　　　　　　　197

参考文献 229

索　引 249

序　章

1　課題の設定

　世界は現在、国民国家に覆われているが、先進国、途上国を問わず、多くの国家では、国家を割った、あるいは複数の国家にまたがった紛争が数多く発生している。そうした紛争は民族集団——客観的指標（共通の出自や同一の言語、文化、宗教、身体的特徴）に加え、他者との相互作用から顕在化する主観的指標（われわれ意識）からも構築される集団[1]——が関わる民族紛争であることが少なくない。一民族・一言語・一国家というのが国民国家の理念ではあるが、複数の民族集団を抱える多言語社会というのが国民国家の現実である。

　1950年代から1960年代、近代化論はあらゆる社会の発展の方向性を米国社会にあるとした。産業化や社会の流動化など近代化の進展に伴い、国内の民族集団は同化の方向に向かい、国民が形成され、国民統合——一国の構成員が共通の認識、すなわち国民意識を持つに至る状態——に至るとしていた[2]。しかし、近代化されているはずの先進国において社会構造の多様性が明らかとなり、同化主義の破綻も明らかになった。また新興国においては想定されたようには近代化が起こっていない[3]。社会の発展とはしたがって、あらゆる国に同じような状況、国民統合をもたらすものではない。

　2008年に建国43周年を迎えた都市国家シンガポールは独立以来、中国系住民とマレー系住民の衝突（1969年）を唯一の例外として、いわゆる民族紛争などの紛争を経験していない。小国とはいえ、紛争がないことは当たり前のことで

---

1) Barth c1969；Isajiw 1974；李　1985；関根　1994.
2) Apter 1965; Deutsch 1969=1975.
3) Conner 1972; Glazer and Moynihan 1963=1986; Eisenstadt c1966=1969.

はない。シンガポールは国籍および永住権の保持者を合わせた居住者の4分の3以上を占める中国系の人々、7分の1に相当するマレー系の人々、12分の1ほどのインド系などの人々からなる多民族——民族の分類は植民地期のセンサスに由来し[4]、その比率は独立以来ほとんど変化していない[5]——、したがって多言語、多文化、多宗教の国家である。すなわち、中国系住民は華語——シンガポールで使われる「標準中国語（Mandarin）」はこう呼ばれている——、福建語、潮州語、広東語——公的には華語以外は中国語方言と呼ばれている——などを話し仏教や道教、中国の伝統的な諸信仰、キリスト教に帰依し、マレー系住民の場合はほとんどがマレー語を話しイスラームを、インド系住民の場合はタミル語などを話しイスラームやヒンズー教、シーク教を信仰する[6]。シンガポールはこのように多様性に富みながら、政治的安定を大きな要因として、外国資本に依拠する工業化に成功し[7]、途上国から先進国——「先進国クラブ」と言われる経済協力開発機構（OECD）には加盟していない——になった数少ない国家のひとつなのである。自治開始（1959年）以来32年間首相を務めたリー・クアンユー（Lee Kuan Yew）上級相が2000年に出版した回顧録の標題は『第三世界から第一世界へ　シンガポールの物語　リー・クアンユー回顧録』[8]とシンガポールの世界における経済的地位の変遷を明示する。世界銀行は他方、1989年以来、毎年出版される『世界開発報告』においてシンガポールを米国や日本などと同じ高所得経済に分類する[9]。

　資源や宗教をめぐって紛争を抱えがちな、多くの多民族国家と違い、シンガポールはなぜ長期にわたって政治的・社会的な安定を維持しているか。政治的自由と市民的権利が制約されている権威主義的体制というシンガポールの国家類型だけで説明することはできない。権威主義的な体制であれば政治的に安定

---

4)　Hirschman 1987.
5)　*Census of Population 2000 Advance Data Release* (DOS): xiv; *Singapore Census of Population 1990 Statistical Release 1 Demographic Characteristics* (DOS): xii; *Report on the Census of Population 1970 I* (DOS): 53.
6)　*Census of Population 2000 Statistical Release 2: Education, Language and Religion.*
7)　Mirza 1986; Rodan 1989=1992.
8)　Lee c2000.
9)　*World Development Report*, various years.

するわけではないのみならず、経済成長に資するわけでもないからである[10]。では、シンガポール国家はどのように国民を形成し統合しようとしてきたのか、社会はどのように国家による国民形成、国民統合に対応してきたのか。本研究はこの国民の形成と統合のメカニズムを、制度とイデオロギーの構築のみならず、その軌道修正と転換という観点からも、言い換えれば国家と社会の相互関係において探ることを課題とする。「国民」は「本質的には上から構築されるもの」[11]ではあるが、国家による制度やイデオロギーの構築だけでは、国家による統治が社会にどのような影響を持つのか、人々がどのように対応するのかが捨象され、なぜ制度やイデオロギーの軌道修正が行われたり転換されるのかが説明できないからである。

　国民統合は政治制度や法制度のあり方の一方式として研究されることが少なくない。地方制度による国民統合、治安立法による国民統合、軍による国民統合、教育による国民統合など、国民統合にはさまざまな方式がある。言論や表現の自由を認め国民統合を進める国もあるが、シンガポールの場合、政府に異を唱えるような言論や表現の自由は保障されているとは言えない。しかも、このことは学問研究の自由においても例外ではない。それは社会科学研究で有名なワーウィック大学（英国）がシンガポール進出計画を撤回した（2005年）ことによっても示されている。そこで本研究では一定の国民統合のあり方に焦点をあて、日常生活のさまざまな場面、具体的には住まい、言葉、学校教育などから、どのように国民の形成と統合が行われてきたのかを検討する[12]。

　シンガポールは面積や人口からいうと小国である。シンガポール島を中心とする国土の面積は704平方キロメートルと淡路島（595平方キロメートル）や東京23区（617平方キロメートル）より100平方キロメートルほど広いにすぎず、総人口は推定448万人、国民と永住者を合わせた居住者人口となると推定361万人（2006年）である[13]。天然資源に恵まれているわけでもない。領有権や水資源の問

---

10)　Sen 1999=2000.
11)　Hobsbaum 1992=2001: 12-13.
12)　政治制度や法制度による国民統合の研究は重要であるが、シンガポールに関する研究の蓄積が少なく、研究資料をシンガポールに求めるもとは困難だからである。
13)　*Singapore in Figures 2007*: 1. 埋め立てにより国土面積は徐々に拡大しており、独立当時は581.5平方キロメートルであった（*Yearbook of Statistics Singapore 1975/76*: 7）。

題など、近隣諸国との懸案事項も抱えている。しかし、識字率や出生時平均余命、乳児死亡率など社会指標は先進国の水準にあり、経済的には東南アジアで最も発展した、金融、空港、港湾などにおいて地域的中枢機能を持つ都市であり、『グローバル競争力報告』各年版[14]において常に上位に位置する、世界的にも有数の国家である。

では、なぜシンガポールにおいて国民の形成と統合が課題となったのか、1960年代前半までの状況をみてみよう。

シンガポールは1946年4月、英領マラヤから分離して英国の直轄植民地となった。日本による3年8カ月の軍政（1942年2月〜1945年9月）は反植民地闘争を高揚させ[15]、また民族分断策により民族間、とりわけ中国系住民とマレー系住民の敵対意識を強化したのであった[16]。植民地期以来の民族ごとの棲み分けを引[17]き継ぎつつ、1947年から10年間で1.5倍という急激な人口増加、それに伴う住環境の悪化、中継貿易の縮小とも絡む労働市場に出る若者の失業が社会問題となる。なかでも植民地政府は華語を媒体言語とした教育（華語教育）を支援せず、華語教育を受けた中国系住民――「中華ショービニズム」と呼ばれるように他民族に対する優越意識が強く、1953年まで華語校への入学者の方が多かった[18]――はいっそう就職難に直面したため、労働運動や学生運動が時には暴動に発展し、これらに華語教育を受けた中国系住民を支持基盤とするマラヤ共産党が関わっていることも少なくなかった。シンガポールの中国系住民はタイやフィリピンの場合と違い、人口に占める比率が高く独自性を保っていたのである。

1956年、シンガポールにおける言語教育問題は新たな展開をみる。後述（第2章）するように、マレー語、華語、英語、タミル語の4種類の言語による教育の平等が基本方針として打ち出されたのである。1959年、内政完全自治権を有する自治政府への移行に際し、リー・クアンユー率いる人民行動党（People's Action Party）が公約にマラヤとの合併による独立、各民族の平等を掲

---

14) *Global Competitiveness Report*, various years.
15) 倉沢　1997：98.
16) 原　1997；蔡　1997.
17) Turnbull 1988；山下　1985.
18) Wilson 1978: 142-143.

げて選挙戦を戦い、自治政府初の政権党となった。人民行動党は1954年に結成された、英語を媒体言語とした教育（英語教育）を受けた人々が中心の政党であるが、支持基盤拡大のために華語教育を受けた共産主義志向の中国系住民も取り込んでいた。

　1957年、英国から独立したマラヤはマレーシア連邦（マラヤ、シンガポール、サバ、サラワク、ブルネイ）結成という構想を提案した（1961年）。シンガポールの人民行動党はその条件をめぐってリー・クアンユーら英語教育派と華語教育・共産主義派に分裂する。中国系住民に広く基盤を持つ華語教育・共産主義派は社会主義戦線（Barisan Sosialis）を結成したが、1963年9月の州議会選挙では人民行動党が51議席のうち37議席を獲得し、13議席の社会主義戦線に大勝した。人民行動党は社会主義戦線に対し、司法手続きなしで勾留が可能な国内治安法（Internal Security Act）などを使って徹底した弾圧を行い、主要指導者を逮捕していたのである。

　1963年6月、マラヤ、シンガポールなどで構成されるマレーシア連邦（ブルネイを除く）が成立したが、インドネシアは同連邦の結成を英国の新植民地主義と非難して「対マレーシア対決」政策を実施する。シンガポールを含むマレーシア連邦との貿易の途絶である。中継貿易への依存度が極めて高いシンガポールには、近隣諸国が直接貿易を増加させていたこともあり、大きな打撃であった。しかも、マレーシア連邦政府とシンガポール州政府の国家建設に関する政治的対立、シンガポールでの関連する民族対立により、1965年8月9日、シンガポールはマレーシア連邦からの分離・独立を余儀なくされる。リー・クアンユー首相によれば、シンガポール独立は「政治的、経済的、歴史的に愚の骨頂」であった[19]。インドネシアはシンガポールの独立も認めず、1966年半ばまで対決政策を転換しなかった。

　たしかに中国系住民の国籍の問題は、1957年シンガポール市民権法——中国が一方的な二重国籍否定政策を明確にしたことによって成立を促された——によって、中国生まれの中国系住民のほとんどが中国国籍を離れてシンガポール市民権を得ることになり、基本的に解決していた[20]。

---

19)　リー　1988（上）：23．

しかし、独立することになったシンガポールの最大の課題は各国による国家承認の後、経済的に自立し国民の生活水準を向上させることであった。経済成長は与党人民行動党に対する支持の源泉となり、シンガポール国家の生存につながるからである。同時に、冷戦という国際環境のため、中国系住民が圧倒的多数を占めるシンガポールは中国やマラヤ共産党の影響によって、東南アジア諸国、特に、マレー系住民が中心となっている隣国のインドネシアとマレーシアから「第3の中国」と警戒されることは避けねばならなかった。[21]

　シンガポールはしたがって、経済を発展させるために、中国系住民が多数を占めることがシンガポール社会のあり方、およびシンガポールの対外関係に否定的影響を与えるという「中国性」をできるだけ抑制し、民族や社会階層、教育媒体言語にかかわらず国民がシンガポール社会のあり方について共通の認識、それも政府と共通の認識を持つことによって社会の安定を確保する、すなわち国民を形成し、その統合を確たるものにする必要があったのである。

　シンガポール国家の「生き残り」への国民の形成と統合の必要性は、国内の諸条件のみならず、シンガポールを取り巻く国際環境からも条件づけられたのであった。

　シンガポールの人民行動党政権はしかも、経済発展に向けて効率のよい政治を実行するために、反政府派や政治家、国民の政治参加を制度的・法的に限定することによって政治過程の行政化を行い、行政が政治に代替する「行政国家」として国民の形成および統合を進めることになる。

2　分析枠組み

　国民の形成・統合を論じる場合、まず、「国民」をどう把握するかが問題となる。

　「国民」は本研究においては、アンダーソン（Benedict Anderson）やゲルナー

---

20)　田中　2002：第2章.
21)　岡部　1974；Chan and Evers 1978.

(Earnest Gellner)が主張するように、工業化や資本主義の発展に関連して「創出されるもの」と捉える。アンダーソンは『想像の共同体——ナショナリズムの起源と流行』において、「国民はイメージとして心のなかに想像されたものである[22]」と述べる。宗教共同体と実在の政治的共同体の衰退後、印刷・出版技術と資本主義が結びつくことで新聞や小説など印刷メディアによって直接関わりを持たない人々が想像上の絆を持つようになり、限られたものとして「われわれ」、すなわち国民を想像するようになったのである。

ゲルナーは『民族とナショナリズム[23]』において、産業化がナショナリズムの原因となり、民族が生み出されると述べる。産業化の要請が読み書き能力を中核におく同質の高文化の範囲を国家という政治単位に合致することを求める政治的原理、すなわちナショナリズムの成立を促すことから、国民が成立するのである。

「国民」のあり方に関しては、こうした近代主義論に対し、スミス(Anthony D. Smith)は『ネイションとエスニシティ——歴史社会学的考察[24]』において、ネーションは近代に成立したものの、その起源はエトニ(ethnie)と呼ばれるエスニックな共同体に遡ると述べる。ネーションの歴史的性格を主張する歴史主義論であるが、エトニがどのように、いつ、ネーションに変化していくのか、あるいは転換するのかをスミスは論じていない。

近代主義論は他方、「国民」形成において近代以前も含めネーションという観念の変遷を記述するなど、近代以前をないがしろにしているわけではない[25]。こうした理由から、本研究では形成、創出されるものとしての国民という立場をとる。

次に、国民の形成に関わる過程、すなわち国民化に関わる観点が問題となる。国民化とはさまざまな国家装置を通して行われる、空間、時間、習俗、身体、言語と思考に関わる、国家によって公認される文化を人々が獲得する過程である[26]。

---

22) Anderson 1991=1997: 24.
23) Gellner 1983=2000.
24) Smith 1986.
25) Hobsbaum 1992=2001.

空間の国民化とは均質化、平準化された明るく清潔な空間の国家規模の創出であり、シンガポールでは政府による住宅供給がこれを達成した。時間の国民化とは国家規模での暦の統一や労働や生活のリズムの問題であることから、学校生活や職場、工場での労働が関わっていると言える。習俗の国民化とは服装や挨拶、儀式に関わり、日常生活の近似化や学校での行事、国家的な規模で行われる行事がこれを推進するものとなる。身体の国民化とは、学校や工場、軍隊に適応しうる身体と感覚の獲得を意味することから、学校など組織での規律の問題となる。言語と思考の国民化は共通の言語の使用や愛国心を育む体制に関わるため、特定の言語の使用を奨励することや教育、学校で使う教科書やその内容、学校での行事、社会教育が焦点となる。本研究での着目点は公的な住宅供給と学校教育、これらの対象であると同時に国民化を支えた家族であり、国民化の装置は次のように整理される。

　　　　＜国民化＞　　　　　　　　＜本研究での着目点＞
　1. 空間の国民化　　　　住宅供給（再開発を含む）
　2. 時間の国民化　　　　学校教育（生活時間）、産業化（工場）
　3. 習俗の国民化　　　　学校教育（行事）、社会教育、国家儀礼
　4. 身体の国民化　　　　学校教育（規律）、軍隊（規律）
　5. 言語と思考の国民化　学校教育（教科書、学習課程、行事）、社会教育、家族

　公的な住宅供給と学校教育、そして家族がなぜ、国民の形成、国民の統合を担うと考えられるのか、その関わりを整理しておこう。シンガポールにおける公的な住宅供給は米国など同じく公的な住宅供給を行った国々と異なり[27]、特定の社会階層を対象としたものではなかった。公的な住宅供給は民族によって異なる生活様式を、画一的な公営住宅を住民の大半にほぼ唯一の生活の場として提供することによって、均質化させ、国民の形成への道を開いたのである。また公的な住宅供給は国家規模の再開発でもあり、産業化の基盤形成に貢献するとともに、子どもたちを社会化し、労働力の育成を担う家族のあり方も大きく変えることになる。家族は消費環境の充実化のなかにおかれるようになるので

---

26)　西川　1998.
27)　Chua 1997b: ch.1.

ある。

　他方、学校教育はほかの先進諸国の場合と同じく、国民社会・産業社会の成員を形成するための制度[28]として機能し、家族と同様、子どもたちを社会化する重要な過程となっている。住宅政策によって核家族化が進んだ家族は、子どもがいる場合、国旗掲揚など国家儀礼を日常的に行い教科書という政府系メディアを使う学校教育および教育制度によって、広く国民化の過程に組み込まれる。子どもが男の子ならば、18歳から2年間の徴兵（1967年導入）──2004年12月より、2年半から2年に短縮された──が身体や思考のさらなる国民化に本人を組み込み、そして思考の国民化にその家族を組み込むことになる。兵役拒否はシンガポールでは認められていない。

　家族はまた、社会の基礎的単位として国家のあり方を制約するため、家族の機能や家族の厚生につながる一人ひとりの日常的行動に関わって、シンガポール国民としてふさわしい思考を内面化させようとする社会教育が行われた。人的資源を維持・培養するための家族計画はこの典型である。

　シンガポール国民の形成と統合は新しい生活環境の提供から教育による一定の心性の獲得にまで、期待されるシンガポール人による国家の確立を目指して多面的に進められたのである。

3　先行研究と本研究の意義

　まず、先行研究の傾向であるが、シンガポール社会やシンガポール政治に関する研究はシンガポール経済に関する研究に比べると盛んとは言えず、研究には政策の解説中心の文献も見受けられる。これといった研究が極めて少ないという指摘もなされている[29]。

　理由としては、シンガポールでは言論・表現の自由、思想・信条の自由が国内治安法などにより制限されていること[30]が考えられる。

---

28)　藤田　1993；福井　1996.
29)　Lian 1999: 44; Pennycook 1999: 225.
30)　Seow 1994; Gomez c2000.

次に、シンガポール国家や国民を論じた先行研究を概観する。シンガポールの国家建設を論じた文献として、田村（2000）とHill and Lian（1995）がある。前者は国家建設の過程における、東南アジア唯一の華語系大学であった南洋大学（Nanyang University）の英語系のシンガポール大学への吸収など、華語と中国文化、すなわち「華」の排除を焦点に、またジェンダーを分析に組み込み、自治開始以来の与党である人民行動党の政治を、後者は国籍を軸にエスニシティ、多文化主義、住宅政策、準政治組織などからシンガポール国民の形成と政治を論じる[31]。岩崎（2005）は秩序と成長の制度化を焦点にアクターとしてシンガポール国家を鮮やかに分析し、その国家像を示す。

　住宅供給についての文献は供給者であるシンガポール政府機関も著している。Yeh, ed.（1975）とWong and Yeh, eds.（1985）は準政府機関である住宅開発庁（Housing and Development Board；HDB）の出版物として、都市再開発や住宅の間取り、住宅市場、入居者の住宅満足度など住宅供給のさまざまな側面を概説する。他方、Gamer（1972）は住宅供給や工業用地供給に際しての都市再開発のあり方を政府機関による出版物とは異なった見解も含めて、Castells, Goh, and Kwok（1990）は住宅供給を香港との比較において経済開発を重点に論じる。

　家族についての先行研究は家族と国家の距離の近さを述べる。Salaff（1988）はシンガポールにおいて家族が住宅供給や工場労働を通じて国家のために人的資源として動員されてきた状況を詳述し、Lee, Campbell and Chia（1999）は女性を取り巻く矛盾を国家の法や政策の対象である家族との関連において例証する。Quah（1994；1998）は統計を利用し、シンガポール社会における家族の変遷を叙述する。

　社会に目を転じよう。Kaye（1960）は1950年代半ばのスラムに住む中国系住民の生活を丁寧に描写し、Buchanan（1972）はシンガポールの政治経済をGamer（1972）と同様に論じ、Wilson（1978）は教育が社会の変化に果たした役割を社会工学として詳細に跡づける。Chua（1997b）は住宅供給などの意味を学際的に論じ、Tremewan（1994）は住宅供給や教育制度が社会統制の役割

31）　田中（善）（2001a；2001b；2002）はシンガポール独自の市民社会を国家建設の一部として分析する。

を担っていることを論証する。Rodan 1989＝1992はシンガポール経済の成長のメカニズムを人民行動党の一党優位体制のあり方から検証し、田中（2002）は国家形成や儒教教育、対中国政策などについて東南アジア、特にシンガポールの中国系住民を中心に幅広く考察を加える。

本研究は以上のような先行研究における制度面中心という動向を踏まえ、シンガポール国家が国民を形成し、統合するための制度とイデオロギーの構築に社会がどのように対応したのかを探り、国民の形成・統合を国家から社会への一方的なものとしてではなく国家が国民からの自発的同意を取りつけるべくさまざまな試みを続けるなか、国家と社会の相互作用を通して現れたものとして検討する。国家から社会への働きかけがすべて問題なく実現したわけでなく、軌道修正あるいは方向転換せざるを得ない場合もあったからである。

シンガポールは農村部を持たない都市国家である。しかも、グローバル化に特徴づけられる現在、紛争や紛争の火種を抱えた国家と、シンガポールが20世紀後半の近代化の過程において有していた条件と制約が大きく異なることは言うまでもなく、同国の経済成長を支えた要因のひとつであった当時の世界貿易の顕著な拡大など歴史的特殊性も考慮せねばならない。但し、シンガポールの独立は中国系住民とマレー系住民の政治的・経済的対立に起因する暴動――同国では公的にethnicではなくraceという用語が使われ、「人種暴動（race riots)」と言われる――を引き金としていた。シンガポールは独立当時人口189万人[32]の一途上国であり、近年のような繁栄が展望できたわけでは断じてなかった。

したがって、本研究は制度面中心の先行研究を補うものであると同時に、世界的な国民国家体制下の多民族国家における、国民形成および国民統合の様式を考えるための事例研究と位置づけられる。

4　構　成

本研究では公的な住宅供給、言語・教育をめぐっての改革や政府キャンペー

---

32) *Economic and Social Statsitics Singapore 1960-1982* (DOS): 118.

ン、独立を祝うナショナル・デー・パレード（National Day Parade；NDP）などから、シンガポールにおける国民の形成・統合を考察する。

　第1章は生活空間の国民化をテーマに、1960年からの本格的な公的住宅供給がシンガポール社会においてどのような役割を担い、家族や社会が住宅政策によって、またそれに並行して進められた工業化によってどう変化していったのか、住まいや地域社会、学校といった日常の生活空間が住宅を供給し産業基盤を整備して工業化を進める国家によって、再編成されていく状況をたどる。

　第2章は生活空間の国民化のもとに進められた言語と思考の国民化を論じる。人々が政府が望ましいとみなす諸価値を言語の使用と思考において内面化すれば、政府は諸政策をいっそう効率的に進められるようになる。本章は教育制度の統一などの教育改革、「華語を話そう」運動や中学校における道徳教育としての宗教、なかでも儒教、の導入に象徴される「アジア的価値」の人々への浸透の試み、愛国心の涵養を目的に学校教育に導入された「国民教育」が多文化社会シンガポールに住まう人々にどのような方向性を与えようとしたのかを探る。

　第3章は生活空間の国民化、および言語と思考の国民化を相互に補完するためにとられた国民意識の強化策を検討する。人的資源の供給に関わる家族計画や2000年に始まった「よい英語を話そう」運動がどのような射程を持ち、毎年盛大に行われる国家儀礼NDPや博物館のシンガポール史をめぐる展示がどのように社会教育装置として機能しているのかを論じる。

　終章はシンガポールにおける国民の形成と統合を総括し、国民統合の方向性を考える。

　本稿において、肩書きはすべて言及当時のものであり、通貨の単位は明示のない限りシンガポール・ドルである。

　なお、1ドルは65〜80円程度（2008年9〜10月）、1米ドルは約1.7ドル（2005年）である。

第1章　生活空間の国民化——住宅供給を中心に

0　はじめに

　林立する高層住宅はシンガポールの典型的な風景と言って差し支えあるまい。国民と永住者を合わせた居住者92.3万世帯[1]の88%[2]が準政府機関である住宅開発庁（HDB）が建てた高層集合住宅であるHDB住宅[3]を住まいとし、その持ち家率も93%に上っている（2000年）[4]。
　HDB住宅は次のように、シンガポール国家の誇り、与党人民行動党の達成の象徴、そして政府の公益に対する博愛精神の象徴と見なされている。

> In Singapore, housing is a symbol of pride, of nationhood, of the political achievement of the People's Action Party, and of government benevolence towards the public interest[5].

　政府が毎年執り行う、シンガポールの独立を祝うナショナル・デー・パレード（NDP）は実際、HDB住宅を同国の達成のひとつとして演出する。
　本章はこうしたHDB住宅の供給に焦点を当て、公的機関による住宅供給を通じての生活空間の国民化を検討する。

---

1) *Census of Population 2000: Statistical Release 5, Households and Housing*: 35.
2) *Census of Population 2000: Statistical Release 5, Households and Housing*: 35より算出。
3) 後述するように、HDB以外が供給した公営住宅は非常に少なく、後にHDBの管理となった公営住宅もあるが、居住世帯数は全公営住宅居住世帯の0.1%に満たない（*Census of Population 2000: Statistical Release 5, Households and Housing*: 35より算出。）
4) *Census of Population 2000: Statistical Release 5, Households and Housing*: 35より算出。
5) Pugh 1989: 837.

1　自治権獲得期のシンガポール社会

　シンガポール社会は植民地期以来の民族、そして職業の棲み分け、民族あるいは出身地ごとの生活様式・言語・宗教の違い、教育媒体言語の違い、大きな社会経済的格差に特徴づけられていた。社会的亀裂が大きく、まとまりがなかったのである。

1-1　人口構造の変化と社会

　第二世界大戦後、シンガポールの人口は激増をみる。1947年から1957年、人口増加率が年平均4.4%に達して人口は1.5倍以上に増加し、総人口は144.6万人となった（表1-1）。1957年の総人口に対する人口中央値はこの100年のうちで最も若い18.8歳である[6]。人口激増の原因は、戦後の死亡率の低下とベビー・ブーム、自然増加率の高さに加え、マラヤからシンガポールへの毎年1万人以上に上る移民——シンガポール独立前はマラヤ・シンガポール間の移動にほとんど制限はなく、マラヤからシンガポールへの移動が多かった——であった[7]。その結果、半世紀前から問題となっていた住宅不足[8]はますます悪化する一方、高出生率ゆえに生産年齢人口に達しない年齢階層が爆発的に増え、人口構造がいっそう安定的なピラミッド型に変化していく[9]。戦後初めて行われた国勢調査である1957年国勢調査では、14歳以下の人口が全体のおよそ43%に達する[10]。

　シンガポール経済を支えてきた中継貿易がマラヤやインドネシアなど近隣諸国の経済ナショナリズム、すなわち直接貿易の拡大によって脅かされ始め、人口増と絡んだ失業が徐々に大きな問題となっていった。失業はとりわけ、労働市場に新しく参入する大量の若者の問題であった[11]。

---

6) *Population Trends 2006* (DOS): 19.
7) You, Rao and Shantakumar c1971: 47-49.
8) Kaye 1960.
9) *Report on the Census of Population 1957* (DOS): 52.
10) Ibid.: 50より算出。
11) Clark 1971: 310.

表1-1 シンガポールの人口と人口増加率

年	人口（千人）	%（年平均）
1931	557.7	
		3.3
1947	938.2	
		4.4
1957	1,445.9	
		3.2
1966	1,929.7	
		1.8
1970	2,074.5	
		1.5
1980	2,413.9	

出典：*Census of Population 1980 Singapore: Administrative Report*(DOS); You, Rao and Shantakumar c1971; *Population Trends 2006*.

1-2 戦後の住宅事情

　市街地の人口密集地域で行われた「1955年住宅調査」は、台所の共用が多く、廊下で寝起きしている人が珍しくなく、「部屋」──壁やカーテンで区切られた居住空間──のある世帯での1人あたりの専有面積は2.8平方メートル弱であると驚異的な狭さを報告する。[12]

　同時期、中国系の人々が住む市街地での調査をまとめた『シンガポール、上南京通り　人口過密地域に居住する中国系世帯の社会学的研究』も、人口密度が1平方マイルあたり45万人に達していた地域が複数あり、[13] 半数以上が小部屋（cubicles）──3分の1には窓などの換気設備がない──に住み、台所や洗面・水浴設備の多人数での共用が多く、台所と洗面所が隣り合わせなど衛生面でも問題があり、廊下や階段が暗く狭いと記述する。[14]

　英国植民地政府が住宅問題に何ら手を打たなかったわけではない。しかし、同政府が1927年に設立したシンガポール改善信託（Singapore Improvement Trust）による、1959年までの32年間の供給実績は低所得層向け2.3万戸余り

---

12) You 1957.
13) Kaye 1960: 2.
14) Ibid.: 45-84. Gamba（1954）も同様の状況を記述する。

——そのうち1.9万戸、83%が1950年から1959年に建てられた——であり[15]、人口の急増に対してほとんど意味をなさなかった。シンガポール改善信託は財政が豊かでなく、土地収用などの権限が限られ、住宅は原則として民間に任されていたのである[16]。

日本によるシンガポール占領もスラムの拡大を伴った居住水準の悪化を招いた原因であった[17]。

1-3 シンガポール社会の課題

シンガポールが内政自治権を獲得した1959年、スラム居住者や公有地無断占拠者が総人口159万人の3分の2に達する[18]。同年、総選挙に際し、人民行動党はシンガポール改善信託の非効率を批判し、住宅事情の改善を公約していた[19]。住宅難と失業を解決すること、これがシンガポール自治政府の緊要の課題であった。

2 政府による住宅供給

2-1 住宅供給と工業化

自治政府の与党となった人民行動党政権は再開発による住宅供給と経済構造の転換、すなわち工業化に取り組む。1960年から、HDB——シンガポール改善信託を改組——と経済開発庁（Economic Development Board；EDB）——シンガポール産業促進庁を改組——によって、住宅供給と工業用地の造成、工場の建設、企業の誘致などを始めたのである。狙いは経済成長による政権の正当性の確立にもあった。シンガポールに農業部門がほとんどなかったことは、経済、

---

15) Quah 1987: 234-235.
16) Gamer 1972: 43-44.
17) Gamba 1954: 99.
18) Gamer 1972: 40, 42-46; Hassan 1976: 241.
19) George 1973: 100.

社会の構造転換にプラスに作用した。

再開発による住宅供給は工業化による経済成長策の基軸と位置づけられた。工業化を効率的に進めるためである。

ひとつには人々がシンガポールに根付き、民族や言語、宗教、出身地などの違いを理由に排他的に振る舞うことなく、シンガポールの住民としての意識を持つことが必要であったからである。戦後、人々はシンガポールに定着しつつあった。出生地はというと、1947年の時点で既に半数以上がシンガポール生まれであっても、中国人らしさ（Chineseness）の当然の一面として中国が志向され[20]、また、華語校——華語を教育媒体言語をする学校——で教育を受けた人々[21]の意識はシンガポールに向かわず中国に向かっていた[22]のである。

ふたつには、政府が設定する目標に向けて人々を効果的に動員したり、効率的に管理したりできる社会に編成し直す必要があったからである。スラム居住者などが総人口3分の2を占め[23]、識字率——識字とは、自己申告で、英語、マレー語、華語、タミル語、その他の言語のいずれかが読み書きできる能力を指す——が男性で68.6％、女性で33.6％という状況（1957年）[24]は工業化の障害でしかなかったからである。

シンガポール政府はHDBとEDBを通じて、シンガポール島全体の再開発や海岸線の埋め立てを行って水道や電気、ガス、交通網など社会基盤を整備しながら、一方で高層の公営住宅という政府が掌握しやすい均質的空間を造って昔ながらの住まいから人々の移転を促しつつ、他方で工業化を沿岸部や埋め立て地、団地周辺で進めるという手法を採った。

シンガポールに住み着き、愛着を持ち、出身地や民族、宗教、使う言葉が違っても同じように、静いなく暮らす人々をシンガポール社会の中心に、シンガポールを衰退しつつあるる中継貿易に代わって工業の繁栄する社会に、シンガポール政府は作り変えようとしたのである。

---

20) Saw 1980: 22.
21) Chua 1997a: 86.
22) Trocki 2006: 149.
23) Gamer 1972: 40, 42-46; Hassan 1976: 241.
24) *Report on the Census of Population 1957*: 197より算出。

2-2 住宅開発庁(HDB)の実績

　HDBは高層集合住宅の建設を続け、総人口に対するHDB住宅居住比率は急速に高まっていく。

　図1-1は公営住宅居住者の対総人口比の変化を示している。HDB以外の公営住宅はジュロン都市会社（Jurong Town Corporation；JTC；1968年設立）と住宅都市開発会社（Housing and Urban Development Corporation；HUDC；1973年設立）によって供給されているがその数は非常に少なく、統計において「公営住宅」として一緒に扱われているため、HDB住宅居住者の対総人口比はこれに非常に近いとみてよい。たとえば、1982年度（1982年4月〜1983年3月）、HDBはJTC、およびHUDC供給分の管理を引き継いだが、1983年3月末時点で

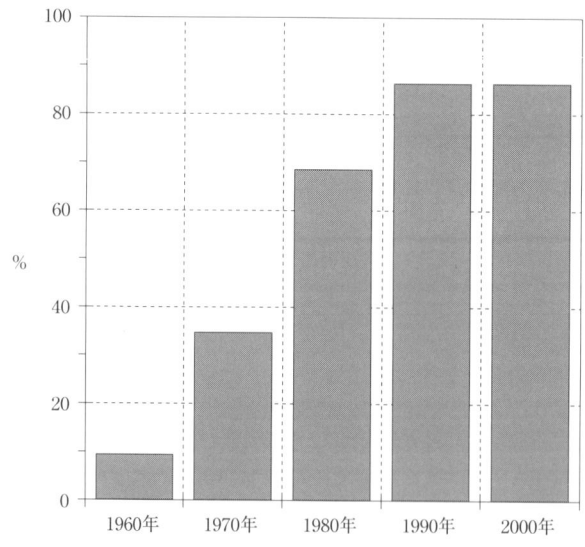

図1-1　公営住宅居住人口比率

注：1960〜80年は総人口における公営住宅居住人口比率
出典：*HDB Annual Report 1973*(HDB)(1960・70年); *Singapore Census of Population 1990: Ststistical Release 2, Households and Housing*（1980・90年）; *Singapore 2002, Statistical Highlights*(DOS)(2000年).

---

25)　たとえば、*Census of Population 2000: Advance Data Release*。

HUDC分はHDB管理総戸数の0.7%に満たない[26]。また、2006年3月末時点では、HDBが管理するHUDC分譲住戸は1865戸で、管理総戸数87.9千戸の0.2%にすぎない[27]。

2006年3月末時点で、シンガポールの居住者人口360万人の83%、300万人近くがHDB住宅に住むと見積もられている[28]。しかも、持ち家率も非常に高い。HDBは1960年以来、計96万戸を供給したのである[29]。

HDB住宅に対する需要はなぜ高かったのか。HDB住宅が賃貸に、あるいは購入に値頃感があったこと、HDB住宅への入居条件が緩和されていったこと、シンガポール経済が好調であったこと、実質的にほかに選択肢が存在しなかったことが理由である。

2-3　HDBの権限と資金源

HDBのこうした住宅供給の実績は、HDBが土地に関する非常に広範な権限を有し、潤沢な資金を利用できたことに求められる。

◆HDBの権限：住宅・工業用地の確保・管理・開発

大量の住宅を建設していくには広い土地を確保しなければならない。HDBには政府の代理機関として、土地の収用、それに伴う住民の移転、所有地の管理・開発、埋め立ての実施、都市再開発、工業用地の開発・整備などの権限があったため、広範な開発事業を進めることができた。

土地の収用は、なかでも重要な事業であった。土地収用法は、HDBが再開発に必要と見なす土地を市場価格を大幅に下回る価格で自由に取得する権限をHDBに与えることにより、土地収用の費用を抑えたのみならず、接収の可能性が存在することから土地の騰貴を押さえる役割も果たした[30]。国有地は1965年でも国土の49.2%、1975年には65.5%、1985年には76.2%に上っているが[31]、そ

---

26) *HDB Annual Report 1982/83*: 61.
27) *HDB Annual Report 2005-2006*: 89 より算出。
28) *HDB Annual Report 2005-2006*: 81.
29) Ibid.: 87.
30) Chua 1997a: 130.
31) Lim and Associates 1988=1995: 156.

の売却は行わずに99年を越えない期間で貸与することが1968年の時点で、国有地諸規則（State Lands Rules 1968）で定められた[32]。これが、政府が土地市場および住宅市場をほぼ独占するようになった経緯である。但し、政府は外国資本がシンガポールへの投資水準を低下させないよう、1970年、民間資本により開発された資産を接収しないことを明白にしている[33]。

実際、許可の有無を問わず国有地に住む住民に対しては、場合によっては強制的とも言える立ち退きが行われていった[34]。HDBが住宅建設予定地にある人家のそばに埋め立てに使う土砂などを積み上げて住民を心理的に追いつめたり、立ち退きの同意を取りつけるやいなや家の周囲で重機を使って地ならしを始めたりした場合もあれば、住民が立ち退きに反対していた地域で原因不明とされる大火が住民を追い出した場合も少なくなかった。一連の火事は「都合のいい火事」と呼ばれ[35]、いずれの場合も、鎮火後、すぐに整地が行われ、HDB住宅などの用地になった。

たとえば、1.6万人が焼け出されたブキッ・ホー・スウィー（Bukit Ho Swee）スラム大火の場合、消防署員のほとんどが休みのハリ・ラヤ（Hari Raya）――ムスリムの祝祭――の祝日（1961年5月）の午後3時に発生したが[36]、カンポン・ティオン・バール（Kampong Tiong Bahru）大火（1959年）――「カンポン」とは農村のマレー系住民の集落を意味する――後に建てられたHDB住宅がちょうど竣工したところで、ブキッ・ホー・スウィーからおよそ400家族がティオン・バールのHDB住宅に入居することになった[37]。ニッパ椰子の葉葺きの家が密集していたシグラップ（Siglap）村の火災は1962年2月、中国系住民が新年を祝う旧正月に発生したが、政府がすぐさまその土地を接収して整地し、翌年11月には高層集合住宅が完成した[38]。

埋め立てもHDBが行った重要な土地整備事業であり、HDBは湿地や浅瀬を

---

32) Castells, Goh and Kwok 1990: 274.
33) Chua 1997a: 131.
34) Gamer 1972: 66-82; George 1973: 102.
35) Ibid.: 104.
36) *Bukit Ho Swee Estate* (HDB): 7.
37) *HDB Annual Report 1961*: 22.
38) *HDB Annual Report 1963*: 29.

第1章 生活空間の国民化――住宅供給を中心に

住宅用地や工業用地に次々転換していった。たとえば、満潮時に3分の1以上の陸地が消えるカラン盆地（Kallang Basin）では不法居住者により計画は遅れたが、HDBはトァ・パーヨー（Toa Payoh）――不法居住者の家や露店が立ち並んでいた――での団地造成時の残土やブキッ・ホー・スウィー大火に伴う整地後の残土を利用してカラン盆地を工業・住宅用地にし[39]、東海岸ではシグラップ平原の土などを利用して1965年から、住宅・商業・レクリエーション用地などの大規模な埋め立てを10年以上続けた[40]。

住民の移転にあたっては代替地や補償金、あるいはHDB住宅の提供などの補償が実施されたが、法的根拠に基づく補償ではなく、好意による（ex gratia）支払いと位置づけられ、また、補償水準が低く評判がよくなかった[41]。

HDBは、シンガポール改善信託から引き継いだ99年間貸与地の管理、学校や公共施設の建設に用地が必要な政府への土地の売却も行っている[42]。HDBはまた、ジュロン（Jurong）ではEDB監督下の工業用地にHDBがジュロンで働く労働者向けの団地を建設し[43]、私立南洋大学（1956年設立）の図書館の建設をシンガポールの教育省（Ministry of Education）から請け負った[44]。HDBはさらに、シンガポール国外での初の事業として、英領クリスマス島（Christmas Island）――現キリバス共和国を構成する環礁――での住宅などの建設を二度にわたって担当した[45]。

要約すれば、HDBは住宅の供給を、立ち退きを伴った整地や埋め立てを進めながら、高層集合住宅から歩いていける距離に生活に密着した公共施設を同時に建てることによって地域社会が形成されるように再開発やニュータウンの建設を行い、住民がHDB団地に住むように方向づけていったのである。商店街やホーカー・センター（hawker centres）――非常に手頃な値段の飲食店街で、外食中心のシンガポールに欠かせない存在――、集会所、学校、病院、託児所、

---

39) *HDB Annual Report 1961*: 24.
40) *HDB Annual Report 1969*: 69; *HDB Annual Report 1973/74*: 59.
41) Lim 1985: 309-310.
42) *HDB Annual Report 1961*: 16.
43) *HDB Annual Report 1963*: 28.
44) *HDB Annual Report 1966*: 42.
45) *HDB Annual Report 1969*: 68.

公園、プール、映画館、宗教施設（中国寺院、教会、モスク、ヒンズー寺院）、交番——日本から導入した制度である——、消防署、バスの停留所などに歩いていけるならば、それが生活圏となるのは必至である。

◆HDBの資金源としての中央積立基金

中央積立基金（Central Provident Fund；CPF）貯蓄は基本的には、雇用者および被雇用者からの強制積立制度（1955年発足）に基づく、被雇用者個人に属する定年退職後のための貯蓄である。但し、1960年代後半以降、住宅、医療などに対する利用も限定的ながら認められるようになる。

CPFは他方、政府管掌であるため、雇用および加入資格の拡大による加入者の増加、そして賃金に対する負担率の高水準化によって、公営住宅建設の大きな資金源となった[46]が、公営住宅建設には英国政府からの長期援助も大きな役割を果たした[47]。CPFの加入者数は発足当時18万人であったが、32.1万人（1960年）、63.9万人（1970年）、110.4万人（1975年）、151.9万人（1980年）[48]と大幅に増加していった。また、雇用者および被雇用者の負担率は1972年以降、必ずしも同率ではなくなり、経済情勢により毎年のように変動はあるものの、総負担率はかなり高い水準に設定されるようになった。たとえば、1972年7月には雇用者14％、被雇用者10％であったが、1981年7月には雇用者20.5％、被雇用者22％であった[49]。CPFの基金総額は、こうした結果、7.8億ドル（1970年）から95.5億ドル（1980年）[50]へと増大した。

2-4 住宅難の解消

HDBはどのように住宅難を解消しようとしたのか。ある調査では1961年から10年間に少なくとも147,000戸の供給が必要と見積もられ、HDBは民間不動産業者の顧客とはならない低所得層に支払い可能な、家賃の安い集合住宅を供

---

46) Chua 1997a: 133.
47) Gamer 1972: 41.
48) *Singapore Economic Review, 31*: 12-13.
49) Ibid.
50) Ibid.: 13.

給する方針をとった。[51] プレハブ方式が基本の住戸である。予定では、1部屋住戸（月額家賃20ドル）40%、2部屋住戸（同40ドル）30%、3部屋住戸（同60ドル）30%という割合での供給であった。[52]

◆第一次5カ年計画

　HDBは第一次5カ年計画（1961年半ば〜65年半ば）を立て、1960年には1,682戸、第一次国家開発計画（1961年〜64年）における1961年末の目標7,096戸に対し7,320戸完成、11,364戸建設中という実績を残した。[53] 1962年から1965年の完成戸数（目標戸数）は順に、12,230戸（9,735戸）、10,085戸（9,690戸）、13,028戸（12,750戸）、10,085戸（11,760戸）であり、5年間では目標戸数51,031戸に対し54,430戸完成させている。その建設の速度を『HDB年報　1962年版』は、月に平均1,000戸、45分に1戸と述べる。[54] 詳細な調査をして需要などを見極めるよりも先に高層集合住宅──1960年代初期においても7〜10階建てがほとんどである[55]──を建てたのである。シンガポール改善信託の実績は最高で年3,841戸（1958年）であり、HDBと比べるべくもない。[56][57]

　第一次5カ年計画の成功によって、シンガポールは過度の住宅難で一時は解決不可能に思われた住宅問題解決の方向に歩み出した、と『HDB年報　1965年版』は述べる。[58] また、計画の規模や達成度の高さから、アジア、アフリカ、オーストラリア、欧米からも専門家や政府関係者が見学に訪れたことも複数年にわたって『HDB年報』は記載する。[59] 1967年1月、国連の建設・住宅・計画委員会の委員（任期は4年）に選出されたことはシンガポールのこうした実績を裏書きするものであろう。[60]

---

51)　*HDB Annual Report 1961*: 3.
52)　Ibid.
53)　Ibid.
54)　*HDB Annual Report 1965*: 10.
55)　*HDB Annual Report 1962*: 4.
56)　*HDB Annual Report 1961*; *HDB Annual Report 1962*; *HDB Annual Report 1963*.
57)　*HDB Annual Report 1961*: 3.
58)　*HDB Annual Report 1965*: 10.
59)　*HDB Annual Report 1964*: 9; *HDB Annual Report 1966*: 20; *HDB Annual Report 1968*: 18-21.
60)　*HDB Annual Report 1967*: 18.

「シンガポールは『公営住宅の世界的実験場』になった[61]」のであった。

◆HDBの賃貸住宅

1960年代に多く建てられたHDB賃貸住宅の家賃と入居要件をみておこう。

HDB賃貸住宅が手頃かどうかのひとつの目安は、居住者世帯の平均月額所得に対する月額家賃（共益費を含む）の割合である。

1960年代末にHDBが行った調査をみてみよう、回答別の世帯の割合は、月額家賃（共益費を含む）は「高くない」が15.8%、「まあまあ」が54.3%、「高い」が29.9%となっている[62]。ただ、HDB入居前より、家賃の所得に占める割合が2倍になっている点は注目に値する。いずれも各種住戸（1部屋・2部屋・3部屋・4部屋住戸）の平均であるため、小規模住戸に多く住む低所得層の家族が抱える問題がみえにくくなっていることは確かである。

1970年代初期の調査も上述の調査と同じ問題を抱えているが、各種住戸（1部屋・2部屋・3部屋・4部屋住戸）の月額所得に対する平均比率は13.6%である[63]。

HDB住宅居住者の平均月額所得に対する月額家賃（共益費を含む）の割合はこの2つの調査からは、高くはないと思われる。

しかし、HDB住宅には歓迎されざる面もあった。1960年代前半、住戸が画一化が嫌われ、毎年、数百戸に上る空き家が発生していたのである[64]。1970年の国勢調査によれば、HDB住宅の空き家は都心部を中心に5,600戸にのぼり、全空き家の31%近くを占めている[65]。『HDB年報 各年版』はしかし、空き家の状況にはふれていない。空き家が発生したのは、高度土地利用を目的とする住まいの高層ビル化がシンガポールに居住する民族固有の居住様式と相容れなかったためである。HDB住宅のような高層集合住宅が一般化する以前の住まいは、煉瓦やモルタルでできた長屋式の商店兼用住宅か、屋根が椰子の葉やトタン、アスベスト・シートで葺いた木造住宅であったのである[66]。また、第一次5カ年

---

61) George 1973: 101.
62) Yeh and Statisticsand Research Department, HDB, 1972: 147-148.
63) Chua and Ho 1975: 71.
64) George 1973: 101.
65) *Report on the Census of Population 1970 I*: 214.
66) Chua 1997b: 70-73.

計画で建てられた台所や浴室が共用の 1 部屋の住戸には人気がなかった。[67]

　もっとも、HDB賃貸住宅には、家賃が支払い可能なだけでは入居できなかった。経済情勢に応じて条件は変化するが、入居者には所得制限もあった。HDB住宅申込みには当初、応募者を含めて 4 人（家族、あるいは血族、被扶養者のいずれかに合致する者）必要だった。もちろんシンガポール人でなければならない。国籍要件はそのままに、1962年には申し込みに必要な人数は同じくは 3 人に、1967年には住宅事情の大幅な改善に伴い、夫婦家族（応募者を含む）2 人になり、うち 1 人の月収が500ドル以内、世帯の総所得が月800ドルを超えないという条件に改められる。[68] このような入居要件の緩和もHDB入居者を増やす要因となった。

　HDB賃貸住宅は、スラムなどを潰し、公有地不法占拠者を追い出し、立ち退き拒否を続ける人々を支援する反政府勢力を切り崩し、そして夫婦家族を基本に、民族によって分かれていた居住地や異なる生活様式の一元化を進めるという役割を担ったのであった。

2-5　持ち家制度の展開

　1964年、HDBは持ち家（Home Ownership for the People）制度を導入する。
　HDB住宅の「持ち家」は但し、所有権ではなく、リースホールド（leasehold）方式——所有せず、一定期間賃借する権利——に基づく持ち家である。HDB住宅の購入とは、国有地に建つHDB住宅の特定の住戸の99年間の借家権の購入を意味する。

◆持ち家制度の導入
　HDBは、この持ち家制度は低所得層も不動産をあまねく持つことを奨励するための制度であると、販売について記載した小冊子を配布するなどして販売の促進を図った。[69][70]『HDB年報　1964年版』、『HDB年報　1967年版』は販売が順

---

67)　*HDB Annual Report 1966*: 47.
68)　*HDB Annual Report 1967*: 16.
69)　*HDB Annual Report 1964*: 20.

調であると伝えるが、リー・クアンユー上級相は回顧録で、うまくいかなかったと述べる。平均月額所得は1部屋住戸居住世帯で108ドル、4部屋か5部屋の改良型住戸居住世帯で677ドル（全住戸平均では318ドル）(1968年)に対し、分譲価格の20％という頭金の支払いが大きすぎたため、販売が順調ではなかったのである。分譲価格は立地により異なるが、1964年の場合、2部屋住戸で4,900ドル、3部屋住戸で6,200ドル、1966年の場合、3部屋の改良型住戸——バルコニーと台所が広くなって浴室と洗面所が別々になり、仕上げもよくなっている——が7,500ドルであった。

　HDB住宅の購入が飛躍的に伸びたのは1968年9月、HDBがCPF利用持ち家制度を導入して以降のことである。CPF利用持ち家制度とは、「分譲」住宅の購入にCPFの自己積立分を前倒しで利用できる制度で、可処分所得を大きく減じることなく頭金や毎月の支払いを可能とすることにより、実質的な持ち家指向を高めるという仕組みになっている。1968年にはHDB住宅の借家人への販売や購入時の頭金の減額も実施されたが、購入申し込みの69.9％が9月から12月に集中した。1970年にはHDB住宅購入申し込みが前年の2.6倍になり、翌年以降も増え続けている。CPF貯蓄の住宅購入目的の引き出しは1968年には総引き出し額の20％強であったが、翌年以降、同じく50〜70数％に激増している。したがって、CPF利用持ち家制度の効果は非常に大きいと結論づけられる。

　「分譲」価格は民間企業が供給する高額所得層向けの住宅と違って市場に委ねられておらず、時期および地域ごとに販売対象とされた所得層の手の届く価格に設定され、民間不動産業者の同程度の物件の価格より、環境、立地などを別にすると30〜40％安い価格設定であるという点も購入の大きな誘因である。

---

70) *HDB Annual Report 1966*: 20.
71) *HDB Annual Report 1964*: 49; *HDB Annual Report 1967*: 64.
72) Lee c2000: 117.
73) Chua and Ho 1975: 71.
74) Tyabji and Lin 1989: 34; Chong, Tham and Shium 1985: 233.
75) *HDB Annual Report 1964*: 10.
76) *HDB Annual Report 1966*: 11.
77) *HDB Annual Report 1968*: 16.
78) *HDB Annual Report 1973/74*: 88.
79) *Economic and Social Statistics Singapore 1960-1982*: 184より算出。

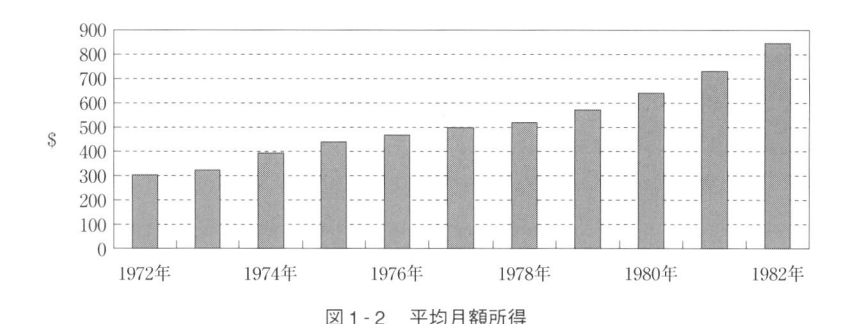

第1章 生活空間の国民化――住宅供給を中心に

図1-2 平均月額所得
出典：*Economic and Social Statistics Singapore 1960-1982.*

　また、HDB住宅購入には失業率も関係する。失業者――10歳以上で、調査対象期間に働いていなかったが、働くことが可能で働く意志を持ち仕事を積極的に探している者――の比率は1960年代後半、7％から9％という高さであったが[81]、1970年代に入ると下がり始め、2％から3％台、すなわち完全雇用といわれる状態を、1985年不況の影響を受けた1985年から1987年を除き、1997年のアジア経済危機まで維持した[82]。こうした失業率の低さ、言い換えれば好況も住宅購入を支えた要因とみられる。図1-2は1972年から1982年までの1ヶ月あたりの所得の変化を表したものである。もとの表は週給で示されているが[83]、他と比較しやすいように4倍にして、1ヶ月あたりで示した。平均所得は1972年から5年間で1.6倍に、10年間では2.8倍に増えたが[84]、インフレ率は1960年代では年平均1.2％、1970年代でも年平均5.6％と低かったのである[85]。

　持ち家への傾斜については、賃貸住宅に関する1982年の条件変更も見逃してはならない。3部屋住戸の家賃が分譲の3部屋住戸の月額支払額とほとんど変わらなくなったので、HDBは3部屋住戸の賃貸受付を中止し、HDB住宅の購

80）Pugh 1987: 321-322.
81）*Report on the Census of Population 1970 II*: i. なお、1990年以降は15歳以上が対象である。
82）*Economic and Social Statistics Singapore 1960-1982*: 32; *Report on the Census of Population 1970 I*: 35; Clark 1971: 311; *General Household Survey Singapore 1995- Release 1: Socio-demographic and Economic Characteristics*(DOS): 105-106; *Census of Population 2000: Advance Data Release*: 47; *Report on Labour Force in Singapore, 2002*(MOM): T2.
83）*Economic and Social Statistics Singapore 1960-1982*: 39.
84）*Economic and Social Statistics Singapore 1960-1982*: 39より算出。
85）*Economic Survey of Singapore 1986*(MTI): ix.

入を促すようになったのである[86]。

◆HDB分譲住宅の購入条件

　HDB分譲住宅は誰でも購入できるわけではない。新築住宅はHDBから直接購入するが、基本的に、購入希望者は1）シンガポール国籍がある、2）家族がいる、3）所得制限に合致している、4）民間の居住用不動産を所有していない、という条件を満たさなければならない[87]。所得制限は経済情勢やHDBの方針によって、よく変更される。また、中古住宅の場合、条件は異なる。

　1964年、持ち家制度の開始時、シンガポール人が対象で、購入者自身と一親等以内の家族が住居に使用するという条件であった。居住者一人ひとりの月収は500ドル以下、世帯月収も1,000ドル以下でなければならず、1人につき1住戸の購入しか認められなかった[88]。

　1989年には、永住者の中古HDB住宅購入が公開市場でのみ認められた。条件は、少なくとも2人の永住者が家族に含まれ、住み始めてから、30ヶ月は売ることができず、住戸全体の又貸しも禁じるというものであった[89]。

　1997年の場合、シンガポール国籍があって21歳以上、夫婦家族を構成し、民間の居住用不動産を所有せず、3部屋住戸の購入では世帯の月額所得が1,500ドル未満、4部屋住戸あるいは5部屋住戸では同じく8,000ドル未満という条件である[90]。

◆持ち家の普及

　HDB住宅での持ち家はCPF利用持ち家制度の導入により、その普及に勢いがついた。1970年代から1980年代、HDB住宅の建設が非常に活発で、1980年代半ばまで高度成長が続いていたこともあって、HDB住宅での持ち家率は20.9％（1970年）から、60.6％（1980年）、89.4％（1990年）と一気に拡大し、93.2％

86）　Chong, Tham, and Shium 1985: 243.
87）　Ibid.: 228.
88）　*HDB Annual Report 1964*: 10.
89）　*HDB Annual Report 1989/90*: 44.
90）　*HDB Annual Report 1996/97*: 10.

(2000年および2005年) にまで達した[91]。民間居住用不動産を合わせた持ち家率もHDB住宅の場合と変わらない数値を示している[92]。ほかに例を見ない持ち家率の高さである。

　持ち家は定住を意味し、労働力としての安定、ひいては社会の安定につながる。住まいとする地域、さらには住まいのあるシンガポールへの愛着も芽生えるであろう。政府は住宅難の解消のための住宅供給を工業化を支える労働力の安定、そして社会の安定へとつなげると同時に、居住地域、そしてシンガポールへの帰属意識の醸成を図ったのであった。

3　家族の変化

　HDB住宅に非常に多くの人が住むようになっていった時期はシンガポール経済の拡大期に一致する。1970年代、1980年代、国民総生産 (GNP) の年平均成長率は10%以上を記録した[93]。1979年、OECDの『OECDレポート――新興工業国の挑戦』はシンガポールなど工業化の進展の著しい諸国を脅威と見なし、新興工業国 (NICs) と呼んだが[94]、同国は香港などとともに1980年代にも高度成長が続いた数少ない国であったため、1888年、先進国首脳会議において政治的理由から新興工業経済群 (NIEs) と呼称が変更されたほどである。世界銀行も1989年以降、同国を米国高所得経済と分類する[95] (先述)。HDB住宅への入居が急速に進んだ時期は高度成長期であり、シンガポールという国が豊かになっていった時期なのである。

3-1　HDB住宅での生活

　HDB住宅に移った人たちは新しい生活をどう捉えているのか。

---

91) *Singapore 2006 Statistical Highlights*: 59.
92) Ibid.
93) *Economic Survey of Singapore 1999*: viii.
94) OECD 1979=1980.
95) *World Development Report*, various years.

HDBが1968年、1973年に行った世帯調査の分析をみてみよう。HDB住宅での新しい生活環境を総合的に評価した場合、満足、あるいは十分という回答が、不満という回答より圧倒的に多い。[96] 何が改善された結果かをみると、子育ての環境、近隣や建物の清潔さ、買い物や通勤といった生活の便利さ、家族の健康などとなっている。[97] 政府による立ち退きにあったり、火事で焼け出されたりした人たちの多くが、ニッパ椰子やトタン葺きの屋根の木造家屋などに住んでいたこと、また住環境が一般に悪かったことを考えれば、たしかにHDB、すなわち政府による調査ではあるが、HDB住宅に移って住環境が改善したという回答は無理がないと思われる。[98]

　また、第二次5カ年計画（1966～70年）では、HDBは不評だった水回りを共用する住戸の建設を中止して水回りのある住戸を基本とし、建設速度よりも快適さと質に重点をおくようになった。[99] これも積極的な評価となった要因であろう。

　ただし、1968年と1973年の調査での違いは項目においても程度においてもあり、たとえば1968年調査では3分の2以上が生活費の上昇を問題点としてあげているが、1973年調査ではこの「世帯支出」という項目は見当たらない。[100]

3-2　生活環境の変化

　生活環境の変化を家庭の消費支出からみてみよう。

　表1-2は1973年から2003年までの食料品、住宅、交通・通信、教育・文具、保健、余暇などに関する支出の家計に占める内訳を表している。食費は1973年の45.2%から、2003年には24%近く減少して21.3%になった。このエンゲル係数の低さは近年の経済的な豊かさを反映していると言えよう。しかし、1970年代、また1980年代も、家計に占める食費の割合は比較的高いままであった。衣服費も、6.7%から3.6%へと減少した項目である。

---

96)　Yeh and Statisticsand Research Department, HDB, 1972: 84-126, 150, 160; Yeh and Tan 1975; Yeh 1975: 336-338, 356-357, 359.
97)　Yeh 1975: 356-357.
98)　Yeh and Statistics and Research Department, HDB, 1972: 91-95.
99)　*HDB Annual Report 1966*: 46-47.
100)　Yeh 1975: 356-357.

表 1 - 2　家計支出の変化　　　　　　　　　　（単位：％）

	食料品	衣服・履き物	住宅	交通・通信	教育・文具	保健	余暇・その他	分類不能
1973年	45.2	6.7	15.3	11.3	3.8	1.8	12.4	3.5
1983年	37.7	6.1	16.5	18.3	3.7	2.3	14.0	1.4
1993年	26.4	5.8	21.9	20.2	5.7	2.6	16.7	0.8
2003年	21.3	3.6	22.4	21.4	7.8	5.1	17.8	0.7

出典：*Singapore 2007 Statsitical Highlights*.

　翻って、教育費・文具代は3.8％から7.8％に、交通・通信費は11.3％から21.4％に、それぞれ2倍近くに増えている。住居費も11.3％から22.4％に、保健費は1.8％から5.1％に、余暇費やその他の経費も増えている[101]。

　1960年代後半に行われたある実地調査によれば、スラム住まいであった36の家族の場合、移転後の家計に占める家賃の割合は移転前の3.7倍近い18.7％に、水道・光熱費を含む居住費は1.5倍近い11.1％に跳ね上がる一方、食費は81.3％に、教育費は43.6％に減少している[102]。別の研究は、HDB住宅に移った低所得層の場合、食費および教育費の削減が家計をやりくりする典型的な対処法であったと述べる[103]。移転後の画一的な高層集合住宅では家禽や家庭菜園で家計を補うことができなくなり、家族は消費単位として析出され、家賃や共益費など固定経費が増えたためである。こうした調査結果は、HDBの住宅供給が1960年代半ばまで低所得層を対象としていたことに大きく関係する[104]。もっとも、家賃・共益費の支払いができるかどうかが入居の基準であったため、最底辺層は入居の対象外であった[105]。

　HDBの調査報告は、家賃を中心とする生活費の上昇は、台所や洗面所など衛生面での改善で相殺されているとする[106]。しかし、このような結論に至るには、上記の例のように低所得層を除外しなければならない[107]。低所得層で、HDB住

---

101) *Singapore 2007 Statistical Highlights*: 55.
102) Buchanan 1972: 241-242.
103) Hassan 1976: 251, 259.
104) Yeh and Statistics and Research Department, HDB, 1972: 24-25.
105) Hassan 1976: 245.
106) Yeh and Statistics and Research Department, HDB, 1972: 147.

宅への移転が自発的でなかった場合、経済的な理由で、親戚や友人との接触が大きく減っている[108]。これは、HDB住宅への引っ越しが地域社会というネットワークの存在とは無関係に行われたことによるとみてよい。このような地縁に関係のない移転は、HDBによる国家的な生活空間の再編成につながっていく。

　生活環境の変化は一般に肯定的に把握されているが、低所得層においては固定経費の増大が問題であったことは銘記されるべきであろう。

　増えた経費のひとつである住居費に関連するのは住まいの型式である。HDB住宅の型式は大きく変化していく。1966年に始まる第二次5カ年計画で1部屋住戸が増えるものの、1980年代からは4部屋住戸や5部屋住戸、さらにエグゼクティブ住戸が増える。エグゼクティブ住戸とは、民間開発業者が建て、民間業者が販売する住戸と同水準のデザインや設備、仕上げがなされているが価格は3分の2程度で、民間住戸を買いたくても高くて買えない、HDB住宅に入居する資格のある層向けの住宅である。

　HDBが管理する住戸型式の比率を図1-3は1960年から2000年まで示したものであるが、この図に小規模住戸の減少は明らかである。1961年の時点で2部屋住戸、3部屋住戸が多いのは、HDBがシンガポール改善信託の供給分——約30％が2部屋住戸、約60％が3部屋住戸であった[109]——の管理を引き継いだためである。

　もう少し細かく住宅型式の変化をみてみよう。1982年度でも建設中も含め1部屋・2部屋住戸はこの年度の完成・建設中戸数およそ11万1千戸の1％にもはるかに満たず、建設の中心は3部屋、4部屋の住戸に移り、完成・建設中戸数はこの年度の80.0％を占めている[110]。しかし、1996年になると1部屋・2部屋住戸、さらに3部屋住戸は新規供給がなくなり、4部屋・5部屋・エグゼクティブ住戸と広めの住戸だけが建設されている[111]。『HDB年報　1989/90年版』によれば、1989年度、3部屋住戸が大量に売れ残り、一部の3部屋住戸の、4部

---

107)　Hassan 1977: 199.
108)　Ibid.: 64-66.
109)　*Facts on Public Housing in Singapore* (HDB): 8をもとに算出。
110)　*HDB Annual Report 1982/83*: 28.
111)　*HDB Annual Report 1996/97*: 8.

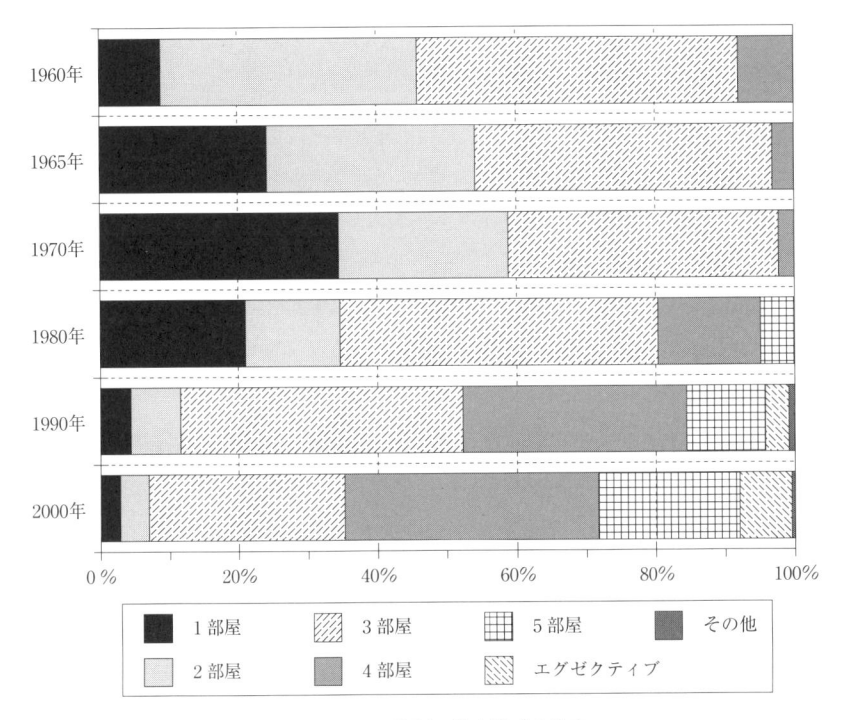

第1章 生活空間の国民化──住宅供給を中心に

図1-3 HDB管理の住宅型式の比率

出典：*HDB Annual Report 1961; HDB Annual Report 1964; HDB Annual Report 1970; HDB Annual Report 1979; HDB Annual Report 1989; HDB Annual Report 2000/01.*

屋住戸やエグゼクティブ住戸への改造が始まった[112]。好景気が続くなか、広くて質のよいHDB住宅に住み替えていった例も少なくなく、HUDCによってHDB住宅より高級な住宅が供給されたりもした。HDB住宅においては質はまったく重視されていないという意見もあるが[114]、建設時期も考慮する必要があると思われる。

　また、1住戸あたりの面積は、シンガポールの方が日本の集合住宅より広い場合が多い。たとえば、1部屋改良型住戸は29m^2、2部屋住戸は42m^2、3部屋

112) *HDB Annual Report 1989/90*: 45.
113) *Singapore, 1965-1995 Statistical Highlights*: 29.
114) 2003年に行った調査による。

表 1-3 耐久消費財保有率 (単位:%)

	1973年	1983年	1992年	2003年
冷蔵庫	47.6	96.1	97.8	n/a
洗濯機	1.8	46.8	80.5	92.9
エアコン	2.7	11.2	35.3	71.7
車	17.0	25.5	31.1	35.3
テレビ	49.0	95.2	97.5	n/a

注1:冷蔵庫とテレビの2003年の数値は統計に記載されていない。
注2:1992年、および2003年については、一人世帯を含む。
出典:*Singapore, 1965-1995 Statistical Highlights; Singapore 2007 Statistical Highlights.*

住戸は62〜75m^2[115]であるが、4部屋住戸は96〜105m^2――但し1968年供給の4部屋(改良)住戸は80m^{2}である――、5部屋住戸は135m^2、エグゼクティブ住戸は145〜148m^2[116]、さらに非常に数は少ないながらHUDC供給住戸は157〜167m^2[117]という広さである。しかも、同国では天井が日本の平均的な集合住宅より高い[118]ため、いっそう広く感じられることになる。

耐久消費財の所有率はどうか。表1-3は1973年から2003年までのテレビやエアコンなど耐久消費財の所有率を表したものである[119]。冷蔵庫やテレビは1973年には半数の世帯しか所有していなかったが、1983年には5世帯に4世帯近くが、1992年にはほとんどの世帯が所有し、2003年には洗濯機も10世帯に9世帯が、エアコンも3世帯に2世帯が所有するまでになっている。

自家用車の所有率も上昇しているが、所有は3世帯に1世帯にとどまっている。これは、自家用車の購入・所有に関わる費用を非常に高くすることによって、車の所有を実質的に制限し、また陸上交通庁(Land Transport Authority)が指定したビジネス街や中心部では、平日の勤務時間帯に通行料を車載器によ

---

115) *HDB Annual Report 1968*: 38-42; *HDB Annual Report 1982/83*: 75.
116) *HDB Annual Report 1968*: 38; *HDB Annual Report 1982/83*: 76-77, 80-81; *HDB Annual Report 1990/91*: 68-74.
117) HDB n.d.
118) 2004年3月、1980年代に建てられたHDB住宅や郊外のHDB分譲住宅のモデル・ルームを見学した。
119) *Singapore 2007 Statistical Highlights*: 56.

って自動的に徴収し、交通渋滞が起こらないようにするという交通政策に起因する[120]。実際、高所得の管理職と専門職の月額総賃金中央値がそれぞれ5,810ドル、3,879ドルである（2006年）[121]が、排気量1,500ccの乗用車でも60,000ドル（およそ480万円）を超してしまうのである。自家用車はいまだに地位的な財に留め置かれていると言わねばならない。

HDB住宅の普及には生活が豊かになっていくという実感が伴っていたと言うことができよう。

3-3　家族の規模

1世帯の規模はどうか。HDBの同じ部屋数の住戸でも上述のように広さに差はあるが、1970年は不明ながら、表1-4にあるように、1980年以降、例外もあるものの世帯員数は減少の傾向にある。1980年といえば、HDB住宅に居住する世帯の比率が居住世帯の3分の2に達していた年であり、4～5人の家族が多かったことがわかる。しかし、2000年になると広めの住戸以外では2～3人の家族が多くなっている。HDB住宅以外でも、世帯員数は減少傾向にある（表1-4）。

HDB住宅以外の民間の住宅も含めた総平均では、1980年の5.1人から10年ごとに、4.4人、4.2人と減少している[122]。

家族の規模はなぜ変わるのか。家族の規模を左右するのは、先に述べたHDB住宅の入居要件、そして経済発展の程度、家族を形成する婚姻と出生率である。シンガポールにおいては、日本と同様、結婚が子どもを生み育てる社会的条件だからである。

HDB住宅申し込みには夫婦家族という要件がある。法律上の結婚をしない限り、子どもたちは親元から独立するのが容易ではない。政府資金が投入されているHDB住宅と違い、民間不動産が賃貸、分譲とも高額なためである。政府は、住宅供給を政府が望ましいとみなす家族を基本とする社会の形成に結び

---

120)　松澤・兒山　2000.
121)　*Report on Wages in Singapore, 2006* (MOM): T6-T7.
122)　*Singapore Census of Population 1990: Statistical Release 2, Households and Housing*: 17; *Census of Population 2000: Advance Data Release*: 78.

表1-4　住宅型式別居住者数　（単位：人）

住戸形式	1980年	1990年	2000年
HDB住宅			
1～2部屋	4.2	3.3	—
1部屋	—	2.9	2.0
2部屋	—	3.6	2.5
3部屋	5.1	4.3	3.4
4部屋以上	5.3	4.7	n/a
5部屋、高級	—	4.6	4.3
その他	—	3.7	4.2
HDB住宅以外			
集合住宅	3.9	3.8	3.6
戸建て	5.1	5.1	5.0
総平均	5.1	4.4	4.2

出典：*Singapore Census of Population 1990: Statistical Release 2, Households and Housing; Census of Population 2000: Advance Data Release.*

つけ、日本とは社会的文脈が異なるものの、結婚するまでは親と同居という「パラサイト・シングル」[123]状態を奨励していることになる。

　初婚年齢は男女とも上昇の傾向にある。女性の場合、1961年から1965年の平均は22.5歳[124]、1965年には23.8歳であったが、1990年には25.6歳に、2006年には27.3歳に、男性の場合、1965年には27.6歳であったが、1990年には28.3歳、2006年には30.0歳に上昇した[125]。以上の数値は女性憲章（Women's Charter）――ムスリム以外が対象で、重婚を禁止し女性の財産権を認めるなど夫と妻の平等な権利と義務を規定する1961年制定の法――に基づく婚姻の場合である。ムスリムを対象とするムスリム法（Muslim Law Act）に基づく婚姻の場合でも初婚年齢は上昇の傾向にあるが、男女ともムスリム以外の場合より、2歳から3歳若くなっている[126]。また、中国系住民の場合、政府に婚姻登録をしてからおよそ1年後に結婚式をあげ、結婚する習慣があるため[127]、実際の初婚年齢は1年ずれ

---

123)　山田　1999.
124)　*Report on the Census of Population 1970 I*: 66. この統計には男性の初婚年齢は扱われていない。
125)　*Statistics on Marriages and Divorces 2006*(DOS): 23.
126)　Ibid.: 41.
127)　2006年12月の調査による。

第 1 章　生活空間の国民化——住宅供給を中心に

込むことになる。

　出生率はどうか。合計特殊出生率は1950年代後半、6.2（5 年間の年平均）であったが[128]、1965年（以下の数値は居住者が対象）の4.66から1970年3.07、1975年の2.07と同年には人口置換水準に達し、2003年から2006年は1.25——日本が2005年に記録した最低値でもある——、ないしは1.26という水準にある[129]。

　出生率低下にはいくつかの要因が考えられる。住まいという面であげられるのは、ほぼ唯一の選択肢となったHDB住宅の住戸の狭さが小家族の選好を促がしたことである[130]。1970年代中期までのHDB賃貸住宅は23m^{2}から45m^{2}程度の広さの住戸がおよそ80％を占め、拡大家族向きではなく、育児に拡大家族の支援が得にくくなったという事情がある[131]。HDB住宅への転居は相互扶助のネットワークが形成されていた以前の地域社会とは無関係に行われたからである[132]。シンガポールの経済政策の形成に大きく貢献したゴー・ケンスイ（Goh Keng Swee）財務相は1965年、「拡大家族では就業者がひとえに経済的義務を負うため、貯蓄能力が減じ、もっと稼ごうという意欲を減じかねない」と拡大家族が経済的に好ましくないと述べている[133]。核家族世帯の比率はHDB住宅が大量に建設される以前の1957年には63.5％であったが、71.5％（1970年）、81.0％（1980年）、84.6％（1990年）と増加した[134]。

　小家族の選好にはさらに、子どもに高等教育を受けさせたいと思っているシンガポール人が多く、低所得層でなければ子どもを持つのは将来経済的に役立つからではなく心理的な満足や家名の継続を望むためという場合が多いことも考慮すべき点と思われる[135]。

　乳児死亡率の大幅な低下も出生率の低下をもたらした要因のひとつである。公衆衛生や医療の水準に左右される乳児死亡率は1965年には26.3であったが、

128）　*Population and Trends* (MOH): 19.
129）　*Singapore 2007, Statistical Highlights*: 46.
130）　Fawcett and Khoo 1980: 565-567.
131）　Castells, Goh and Kwok 1990: 228.
132）　Fawcett and Khoo 1980: 567.
133）　Goh 1995: 55.
134）　*Singapore Census of Population 1990 Statistical Release 5: Households and Housing*: 4.
135）　Chen, Kuo and Chung 1982: 110-113.

1970年には20.5、1975年には13.9、1980年には8.0と大きく低下し、出産行動を抑制したと思われる。西暦2000年以降の乳児死亡率は2.0から2.9であり、幼児死亡率と同じく、ほかの高所得経済と変わるところがない。

ほかに、粗死亡率の減少、住宅供給と同時進行した経済発展による生活環境の変化からの女性の労働力化と教育水準の向上（次節参照）、政府による家族計画のキャンペーンの影響（第3章参照）があげられる。

4　社会の変化

シンガポールにおける住宅供給は、公営集合住宅をシンガポール国民に供給しながらの国土全体の再開発であり、工業化という目的も併せ持っていたことは先にみたとおりである。シンガポール社会はどう変化したのか、住宅供給と関わりの深い労働集約型製造業と建設業の発展、工業化を支える教育に関わる変化、工業化に伴う女性の労働力化の進展と外国人労働力の増大を検討する。

4-1　工業化の進展

シンガポールの工業化においては、当初マラヤを市場とする輸入代替工業化が推進された。しかし、マレーシア連邦からの分離・独立により、シンガポールは輸出主導工業化に転換することになる。駐留英軍――国内総生産（GDP）の10～15％を占め、4万人以上を雇用していた――の1971年を期限とする撤退の発表（1968年1月）も工業化の必要性を大きくした。

◆労働集約型製造業の発展

HDBは、政府の開発政策に沿ってHDB住宅群のそばに戦略的に工業用地を整備し、輸出主導工業化政策によって進出した労働集約産業、そして立ち退き

---

136) *Singapore 2007, Statistical Highlights*: 63.
137) Ibid.: 83.
138) *The State of the World's Children 2006*: 98-101.
139) Lim and Ow 1971: 12.

などで移転せざるを得なくなった家内工業の誘致を進めた。その結果、政府の思惑通り、近隣のHDB住宅など住む若い女性が電子部品組み立てや縫製などの労働集約産業に勤めるようになった。これが、シンガポールが輸出主導工業化によって成長軌道に乗るひとつのきっかけである。

HDBは各団地の10％を労働集約産業用地にするという方針で、20〜40km^{2}の土地に、エアコンの効いた電子部品組み立て工場や縫製工場を設置し、5,000人程度の雇用を創出するという計画を持っていた。[140] たとえば、テロク・ブランガー（Telok Blangah）・ニュータウンでは全体の7.5％、トァ・パヨー・ニュータウンでは同じく10％、ベドック（Bedok）・ニュータウンでは18.5％の土地が工業用地に振り向けられた。[141]

労働集約産業の代表的な産業である電子産業の1970年から1980年の変化をみてみよう。電子産業の事業所数は35から168に、製造業に占める電子産業の労働者は9.3％から24.8％に、同じく産出高は5.5％から15.5％に増加している。[142]

◆建設業の発展

HDBは、驚異的とも言える速度で大量の高層集合住宅を建設していった。1960年代でも前半に5.4万戸、後半に6.3万戸であるが、1970年代以降は1990年代前半に少し割り込んだのを除き、年に10万戸以上建設している。なかでも1980年代前半は19万戸と飛び抜けて多い。

HDBのこうした住戸建設は道路や埠頭、工場などの産業基盤の整備とともに、鋼材、セメント、煉瓦、塗料、金物、合板の製造などの建設資材業、砂利供給業、そして輸送業の隆盛につながった。[143] 建設業は1961〜65年には年平均26.7％、1965〜69年には年平均13.6％、1961〜69年でみると年平均20.7％という成長を記録する。[144] 輸入された資材もあるが、およそ90％はシンガポール製で

---

140) *HDB Annual Report 1970*: 56.
141) トァ・パヨーに関して*HDB Annual Report 1970*: 52; ベドックに関して*HDB Annual Report 1972*: 41、テロク・ブランガーに関して*First Decade in Public Housing 1960-69*(HDB): 39より算出。
142) Lim and Pang 1981: 10.
143) *HDB Annual Report 1961*: 4-5; *HDB Annual Report 1966*: 49-50: Lim and Ow 1971: 6.
144) Lim and Ow 1971: 6.

あり、HDBは1961年の場合、直接、間接にそれぞれ4,000人規模の雇用を、同年から10年間にはおよそ960万人日に相当する雇用を創出したのである。HDBによる直接、間接の雇用創出は失業を緩和させ、経済成長に貢献する。建設業の発展はHDB住宅の建設のみならず、外資導入に伴う工場やオフィス用ビルの建設にも起因するが、GDPにおける建設業の比率を1960年、65年、69年とみると、順に2.1％、4.3％、4.4％と推移している。

建設業は1970年代から1980年代前半も、概して高い成長を続けるが、建設資材や労働者の不足を来したことも事実である。たとえば、HDBは他の政府機関と共同で1973年、建設業向けの小卒者の訓練、兵役修了者の建設業界への就職支援といった手段を採ったほどであった。

4-2　教育をめぐる変化

◆教育媒体言語の選択

第二次世界大戦後、学校のなかで最も多いのは華語校で生徒数も多かったが、徐々に英語校とその生徒数が増えていく。英国植民地政府の学費面での英語校優遇策に加え、華語校の政治化による華語校生の将来への危惧、英語の一定の運用能力の獲得による進学や労働市場での有用性が英語校への傾斜を導いたためである。1954年、英語校入学生が華語校入学生を初めて上回る。

1959年に成立したシンガポール自治政府も華語校の弱体化を図ったため、英語校生が急速に増加し、10年で華語系小学校への登録数は全体の11％強にまで

---

145)　*HDB Annual Report 1966*: 49.
146)　*HDB Annual Report 1961*: 4.
147)　Wong and Wong 1975: 88-89.
148)　Buchanan 1972: 240; Hassan 1976: 248-249.
149)　吉原　1980：252.
150)　Lim and Ow 1971: 4.
151)　*Yearbook of Statistics Singapore 1975/76*: 3; *Yearbook of Statistics Singapore 1985*: 3.
152)　*HDB Annual Report 1968*: 43.
153)　Quah 1987: 243.
154)　Soon 1988: 5.
155)　Wilson 1978: 182-183.
156)　MacDougall and Chew 1976; Wilson 1978.
157)　Wilson 1978: 143.

落ち込み、1980年代初頭には英語校以外の小学校への入学者はほとんどいなくなった。非英語校への入学者の減少については、華語校であった私立南洋大学が1975年から政府によって英語校化され、1981年に英語校、シンガポール大学（University of Singapore）に吸収されてシンガポール国立大学（National University of Singapore）となっていったことも影響していると思われる。政府が1987年からの全校の英語校化を決定するのは1983年である。

◆教育水準の上昇

　人口急増の結果、政府は小学校など教育施設の建設や拡充を進めると同時に、工業化推進のための学校、コースを用意して工業化を推進しようとする。学年によって授業を午前と午後に分ける学校二部制は施設不足解決の方法であった。一方、工業化と失業あるいは潜在的失業の可能性の高さから、人々の教育熱が高まる。

　1970年の国勢調査によれば、働き盛りである25歳から54歳の年齢階層——これ以上細かい年齢階層の区分はなされていない——についてみると、40.0％は学校に通ったことがなく、33.1％は小学校教育を、21.7％は中等教育を受けたことがある。しかし、15歳から24歳、6歳から14歳の年齢階層では未就学者は順に9.7％、5.2％となり、若年層における就学率の上昇を読み取ることができる。

　1990年、2000年の、年齢階層別（25歳から34歳、35歳から44歳、45歳から54歳）の最終学歴をみてみよう。あらゆる年齢階層で高学歴化が進み、2000年には25歳から34歳という年齢階層では、無学歴者および小卒がそれぞれ1990年の12.2％から4.3％に、31.2％から14.1％に減り、中卒以上が1990年の56.6％から大幅に増えて81.6％に、ポリテクニック卒および大卒が1990年の12.1％から35.3％に達した。45歳から54歳という年齢階層では、2000年に無学歴者が

---

158) *Report on the Ministry of Education 1978*(MOE): 1-1.
159) *Annual Report of the Ministry of Education 1965*(MOE): 3-4; Low, Toh, and Soon, 1991: 52-53.
160) *Report on the Census of Population 1970 I*: 118.
161) *Report on the Census of Population 1970 I*: 118より算出。
162) *Census of Population 2000 Advance Data Release*: 21.

19.8％、中卒以上が47.4％で、ポリテクニック卒および大卒が8.8％であるのと対照的である。

こうした高等教育の大衆化には、1990年代初頭にシンガポールで2つめの大学として南洋工科大学（Nanyang Technological University）が設置されるなど、高等教育の機会が拡大したことが関係している。無学歴者がいるのは、義務教育制度がなかった——2003年度の小学校1年生（6歳児）から義務教育（6年間）となった——ことに加え、小学校卒業は国家試験である小学校卒業試験（Primary School Leaving Examination）——試験科目は英語、民族母語（原則として、中国系住民ならば華語、マレー系住民ならばマレー語、インド系住民ならばタミル語）、数学、理科である——合格が条件となっているためである。合格率は1964年は63.7％、1965年は74.1％であったが、2002年から2006年の場合、98％台後半となった。[163][164]

工業化など社会の変化に伴い、教育水準が大きく上昇しているのである。

4-3　労働市場の変容

◆女性の労働力化

労働集約産業での働き口の増大に伴って、女性、特に10代後半から20代前半の独身女性の労働力率が飛躍的に上昇した。

1957年からの労働力率の変化をみると、男性の労働力率は独立以前から現在に至るまで大きな変化はみられないが、女性の労働力率は1970年前後を境に大きく上昇し始めている。最初の変化は独身女性の労働力率の上昇である。1960年代後半、多くの外国資本が労働集約的な工程の移転先として、投資環境の優れたシンガポールを選んだ結果、労働集約産業が特定層の女性に対する雇用を創出したこと、また経済構造の変化や技術革新などによって女性の役割観が変わってきたこと、世帯員が生産工程職につくことはHDB住宅に引っ越した家族が移転による生活費の上昇に対処するひとつの方法であったこと、が女性の労働力化の理由にあげられる。

---

163) *Annual Report of the Ministry of Education 1965*: 14.
164) *Education Statistics Digest 2007* (MOE): ix.

1960年代後半は世界貿易が拡大し、外国資本が労働集約的な工程を低賃金で処理できる場所を求めていた時期である。時を同じくして、シンガポール政府が労働集約産業の誘致に成功したことが、女性の労働力率の変化の背景となっている[165]。創始産業に指定されている電子産業では、まず米国の企業が、そして日本、ヨーロッパの企業がシンガポールに進出した[166]。シンガポールの政治経済を研究するロダン（Garry Rodan）によれば、同国の輸出主導工業化の成功を決定づけたのは1968年の電子産業の伸びであった[167]。

シンガポールが外国企業の誘致に成功した理由は何か。同国が政治的に安定し、魅力的な投資優遇措置を用意し、資本を優遇する労働諸法を整備し[168]、効率的な行政を行い、社会基盤の整備を進めるなど、外国資本が投資に際して重視する環境を整えたからである[169]。同国が1967年、東南アジア諸国連合（ASEAN）の設立に参加したことも、外国資本に地域的展望を与え、プラスとなった。ASEANは地域の平和と安全の確保を目的に掲げているからである。外国資本はまた、シンガポールでは英語で意思疎通が可能という点も評価した[170]。

労働集約産業では細かく単調な作業が繰り返される。そこで、男性より賃金が低く、従順で、そうした作業に向いていると想定された10代後半から20代前半の独身女性が雇用された。電子産業で生産工程関連職につく女性は1970年〜79年の10年間に、1974年〜75年の世界不況で大量解雇されながらも2.7倍に増えて12.8万人に達し、製造業における雇用比率は9.3％から24.8％に上昇する[171]。1972年に行われたシンガポール政府統計局（Department of Statistics）によるHDB団地内の雇用調査では、全6万人の被雇用者のうち、半数以上が工場で働き、その3分の2以上が女性であった[172]。生活費の上昇ゆえに、既婚女性も就労するようになる[173]。

---

165) Rodan 1989=1992: 98-103.
166) Lim and Pang 1981: 9.
167) Rodan 1989=1992: 101.
168) Pang 1978=1988; Deyo 1981.
169) Rodan 1989=1992.
170) Lim 1978: 13; Gopinathan 1980: 179-180; *Business Times* 電子版, August 27, 2004.
171) Lim and Pang 1981: 12-13。
172) *HDB Annual Report 1972*: 31-33.
173) Wong 1979.

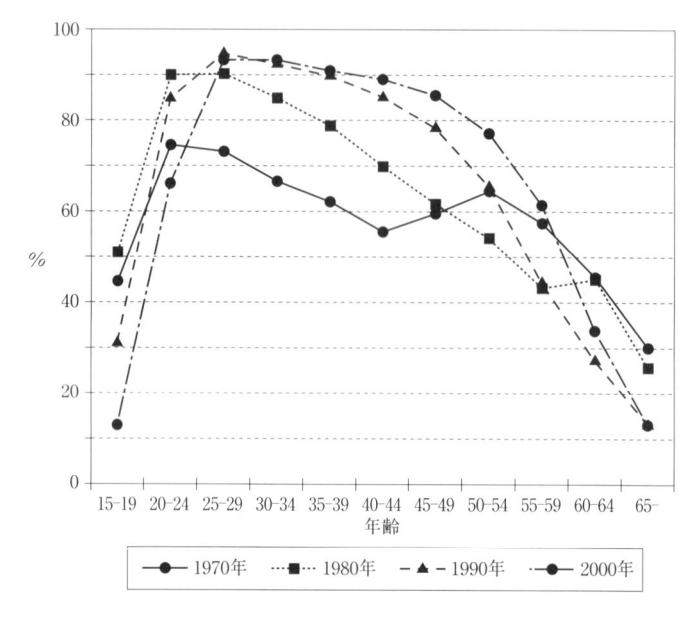

図1-4-1　労働力率　独身女性・年齢階層別

出典：Saw c1984; *Singapore Census of Population 1990: Economic Characteristics; Census of Population 2000: Statistical Release 3, Economic Characteristics*より算出。

　経済成長が続き、女性の雇用は運輸・通信業や金融・不動産業などの事務職やサービス職でも、また公務サービスでも拡大した[174]。これには女性の教育水準の上昇やHDB住宅居住に伴う生活様式の変化に由来する将来への展望が関わっている。図1-4-1は独身女性の、図1-4-2は既婚女性の労働力率の変化を年齢階層別に示したものであるが、雇用が独身女性から既婚女性に拡大していったことを明らかにしている。
　住宅供給は、労働集約産業に必要な労働力の供給を視野に入れてなされたと言えよう。

---

174)　Pang 1985: 19.

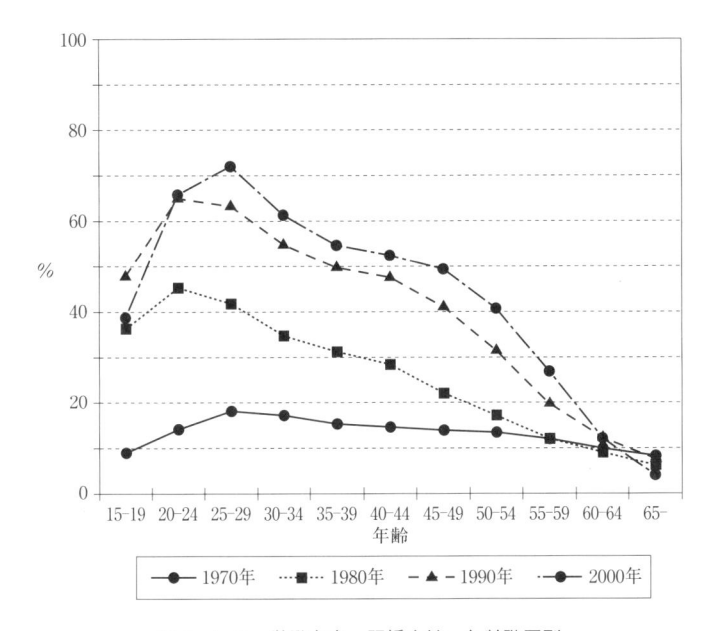

第 1 章　生活空間の国民化——住宅供給を中心に

図 1 - 4 - 2　労働力率　既婚女性・年齢階層別

出典：Saw c1984; *Singapore Census of Population 1990: Economic Characteristics; Census of Population 2000: Statistical Release* 3, *Economic Characteristics* より算出。

◆外国人労働力の増大

　1960年代後半には既に、急速な経済成長と人口増加率の低下に伴い、労働力需要が供給を上回るようになる。労働力需要を満たさねば、シンガポールの経済成長を減速させかねない。そこで導入されたのが外国人で、外国人は専門的技術職や未熟練・半熟練職など労働力供給が不足したり、シンガポール人が魅力を感じなくなったりした分野で働くことになる。男性であれば建設業や造船業、女性であれば家事サービス業、製造業（特に、生産工程職）などである。

　1970年から1980年への変化はどのようなものか。居住上の地位で10歳以上の労働力を分けてみると、10年間で非居住者——国籍、あるいは永住権を持たず、労働許可証や雇用許可証などで滞在する人々——に分類される労働力が男性で2.9倍に、女性で5.8倍に、平均では3.4倍に増加している。[175] シンガポール人の場合、男性は1.4倍に、女性は2.0倍に、平均では1.5倍にしか増加していないのと[176]

対照的である。

　また、非居住就業者で生産関連職に就く比率が同期間に男性は23.1パーセント・ポイント、女性は40.7パーセント・ポイント増加し、それぞれ63.9％、65.7％となっているが、男性の場合は専門職や管理職に、女性の場合はサービス職にも非居住者が多い。[177]

　出身地はどうか。1973年の好況時、全労働力の8分の1が労働許可証を持つ外国人と推定され、そのほとんどがシンガポールに隣接するマレー半島南部、特にジョホール州（State of Johore）出身であった。[178] 1965年までシンガポールとマレーシア半島部との間の移動は制限されていなかったため、マレーシア半島部は伝統的な労働力供給地と位置づけられてきた。しかし、人手不足が深刻化してきたため、1978年、シンガポール政府はタイやフィリピン、スリランカ、インド、バングラデシュ、いわゆる非伝統的供給地からも労働者の受け入れを認めるようになる。

　シンガポール政府はところが、人手不足を外国からの労働力供給だけで解消し続けようとしたわけではなかった。人手不足が激しい労働集約型製造業を人件費の高い同国が経済成長の基盤とし続けることは競争力の喪失を意味したからである。同政府は経済再構築に向けて、教育改革や就業者の再教育や訓練も実施する。同政府は1979年からは、高度技術・高技能・高生産性・高賃金の経済に向けてのいわゆる第二次産業革命に取り組み、外国人労働力への依存を減らそうと試みる。[179] 1982年に政府が導入した外国人労働者の雇用者への課徴金──課徴金額は職種によって異なり、また経済情勢などによって変動する──はこの一環である。このほか、政府は1982年1月、非伝統的供給地からの労働許可証保持者、すなわち未熟練・半熟練労働者を1984年までにゼロにしようとして、既婚女性の短時間雇用を企業に要請した。[180] しかし、短時間雇用は2年後の

---

175)　*Census of Population 1980 Singapore: Release No.4, Economic Characteristics*: 6 をもとに算出。
176)　Ibid.
177)　*Census of Population 1980 Singapore: Release No.4, Economic Characteristics*: 74; *Report on the Census of Population 1970* I: 96をもとに算出。
178)　Pang and Lim 1982: 549.
179)　Rodan 1989=1992: ch. 5.

第1章 生活空間の国民化――住宅供給を中心に

1984年6月でも被雇用者の2％強と広がらず[181]、外国人労働者を機械化などによってある程度減らした企業には政府が1986年まで制限付きで外国人雇用を認める[182]など、労働力の完全シンガポール人化は延期されていく。この第二次産業革命は結局、相変わらずの外国人労働力への依存、高付加価値分野への投資の伸び悩みなどで終わり、期待された成果を収めることはできなかった[183]。

政府は、1986年、労働力不足に対処するため、外国人労働者に対する政策を転換する。同政府は未熟練外国人労働力を短期滞在に限定して活用する一方、外国人技能労働者は同国の労働力として組み込むという経済委員会（1985年4月設置、委員長：リー・シェンロン（Lee Hsieng Loong）第二防衛相）の答申（1986年2月）を受け入れたのである[184]。1990年の時点で、外国人労働者は低めの見積もりでも15万人となった[185]。

外国人労働力の導入にはプラス、マイナスの両面がある。確かに受け入れ国は教育・訓練の費用をかけずに人手不足を補うことができるが、住宅や治安など社会的・経済的・政治的コストを負担することになる。未熟練・半熟練労働者の場合、若く、独身で、家族を連れてこず、出稼ぎ先、つまりシンガポールでシンガポール人と結婚せず、シンガポールに長期間滞在しないことがシンガポールで働くための条件になっているのは、こうしたコストの削減が目的である。

他方、シンガポールにとってプラスの大きい専門職・技術職労働者の場合、未熟練・半熟練労働者とは対照的に、永住権取得が比較的容易になっている。但し、ビルマ人の場合、インド人や中国人に比べて永住権取得が難しいなど、民族や出身地域による違いがある[186]。

---

180) Pan and Lim 1982: 552.
181) *Report on the Labour Force Survey 1983* (MOL): 14-15; *Report on the Labour Force Survey 1984*: 14-15.
182) Sieh 1988: 102.
183) Rodan 1989=1992: 233-239.
184) *The Singapore Economy: New Directions* (MTI): 109.
185) Pang 1992: 496.
186) 2004年3月実施の聞き取り調査による。ミャンマーへの国名の変更は、周知のように国民に信任されていない軍事政権によってなされた。このため、ビルマを使用した。

シンガポールは、経済成長の最大化はどうすれば可能かという見地から、外国人を処遇していると言えよう。

4-4　住宅供給と社会の変化

HDBによる住宅供給はシンガポールの風景を一変させたのみならず、社会をも大きく変えるものであった。高層集合住宅の建設は、労働集約型製造業はじめとする工業化計画とともにシンガポール全体の再開発の基幹部分であり、高等教育の大衆化や労働市場の変容を伴った。

5　生活空間の国民化

HDBによる住宅供給は住宅難の解消に終わるものではなく、工業化の進展との相互作用の過程で、家族にも社会にも影響を及ぼしてきた。家族や社会における変化をシンガポール国家との関係で整理する。

5-1　学校教育の拡大

工業化の進展とともに、初等教育が行き渡り、高等教育も量的に拡大し、高学歴化が進行した。学生を除く居住者（25歳以上）における教育年限中央値でみると、1980年の4.7年から、1990年には6.6年、2000年には8.6年、2005年および2006年には9.3年と、25年間でおよそ2倍になっている[187]。家庭とともに重要な社会化の場である学校での教育がシンガポールの人々の人生の一部としてしっかりと組み込まれたのである。

学校には私立学校もあるが、学校はすべて教育省の監督下にあり、原則として教育省が定めるカリキュラムに従い、教育省認可の教科書を使うことになっている[188]。学校では民族に関わりなく、英語を共通の教育媒体言語として使い、学校の規律・習慣に従い、共通の内容を学び、共通の試験に備える――国家レ

---

187)　*Singapore 2007, Statistical Highlights*: 60.
188)　本稿では、イスラーム宗教学校（madrasah）など宗教学校については扱わない。

ベルの試験の成績が各校の卒業要件、進学希望先の合否判定要件となる——ことで、シンガポール全土の子どもたちが学校という場を基盤としたひとつの国民的空間を共有することになる。学校教育は子どもたちに共通の知識・認識・習慣を獲得させ、工業化に必要な、かつ国家にとって望ましい「国民」を形成していった。

なかでも1966年に定められた毎日の学校行事は重要である。毎朝、授業開始前に児童・生徒と教職員が校庭などに集合して、シンガポール国家を象徴する国旗を揚げながら、国歌"Majulah Singapura"(マレー語で「前進せよ、シンガポール」の意)を歌い、国民のあるべき姿を掲げる「国民の誓い(The National Pledge)」——「われわれの誓い(Our Pledge)」とも呼ばれる——を唱和するという儀式である。これらの象徴については小学校5年生の社会科の教科書で詳しく取り上げられているが[189]、この儀式には5分ほどしかかからず、週に1回は校歌も歌う[190]。児童や生徒の下校前には国旗を降ろす儀式があり、二部制の場合、午前組が国旗掲揚などを、午後組が国旗降納を担当することになる[191]。シンガポールでは学校での国旗掲揚、国歌斉唱などの国家儀礼が日常的な、ごく自然なことになったのである。逆に言えば、多くの日本の学校のように日常的に国旗の掲揚と降納、国歌斉唱をしないのは不思議なことになった。

上に述べた学校での儀式はシンガポールの国民であるという意識を、校歌は学校や地域を愛する意識を、儀式の繰り返しのうちに子どもたちに刷り込んでいくと思われる。現在の国歌は1956年から1957年に書かれ、国旗は英国旗に代わる州旗(state flag)として創られたものであるが、1959年12月、新しい元首の就任時にシンガポール自治州の象徴として揃って公表され、シンガポール独立時に国旗、国歌として採用されたという経緯を持つ。

小学校1年生の社会科の教科書(2000年度から2006年度まで使用)を見ると[192]、ある課では教室の前方の黒板の上にはシンガポールの国旗が描かれ、別の課では校庭に教職員と全校生が集まって国歌を斉唱し「われわれの誓い」を唱和する

---

189) *Discovering Our World: Birth of a Nation- Social Studies 5A*および*5B*(CPDD).
190) 2005年8月の調査による。
191) Ibid.
192) *Discovering Our World: Our School- Social Studies 1*: 8-9, 36-37.

場面が掲揚途中の国旗、校旗とともに描かれ、ある児童が国旗掲揚と降旗を担当したがっているという設定になっている。ナショナル・デー（独立記念日）を勉強する課では「誓い」を唱和しようと書かれているほか、国旗の絵は教科書本文に 8 回登場し、表紙も含めると 1 冊の教科書で16回登場する。政治的な価値の伝達および習得に関わる国旗、国歌、「われわれの誓い」が学校教育において重要視されている証左である。

　国歌は国家語（national language）であるマレー語で書かれ、マレー語でのみ歌うことが許されている[193]ため、学校で意味を教わるものの、中国系住民など、マレー語に通じていない場合は意味がわからないまま諳んじていることも少なくない[194]。しかし、音楽は歌詞の意味がわかる場合ならばもちろんのこと、音や旋律を通しても歌う者や聞く者に何かを訴えるということが可能であり、アンダーソンの指摘するように音楽には国民統合の機能がある。

　　　たとえば、国民的祭日に歌われる国歌を例にとろう。たとえいかにその歌詞が陳腐で曲が凡庸であろうとも、この歌唱には同時性の経験がこめられている。正確に全く同じ時に、おたがいまったく知らない人々が同じメロディーに合わせて同じ歌詞を 発する。この斉唱のイメージ。ラ・マルセイエーズ、ワルツィング・マティルダ、あるいはインドネシア・ラヤを歌うことは、唱和の機会、想像の共同体を物理的共鳴のなかに現に体現する機会となる。……我々すべてを結びつけているのは、想像の音だけなのだ。[195]

　ラ・マルセイエーズはフランスの、インドネシア・ラヤはインドネシアの国歌であり、ワルツィング・マティルダは国歌制定（1984年）前のオーストラリアの国民的愛唱歌である。これらの斉唱が他と区別されるそれぞれの国民たることを自覚する機会となり、各国の国民の統合に資するのである。

　シンガポールでは荘重な音楽を伴う国歌斉唱は国旗掲揚と同時に行われる。国旗の掲揚はシンガポール人や民間の建物が国家と一体であることを表明するためであり、国歌斉唱に際しては尊敬を示すために直立していること、荘重さ

---

193)　The National Anthem-Guidelines, in The National Symbols and References, Singapore Infomap.
194)　2005年 8 月の調査による。
195)　Anderson 1991=1997: 238-239.

第1章　生活空間の国民化——住宅供給を中心に

と品格を失わないことが求められる[196]。

「国民の誓い」はシンガポールの初代外相ラジャラトナム（S. Rajaratnam）——1980年まで外相を、88年まで副首相などを務める——が1966年、1950年代および1960年代に同国で起こった人種暴動を念頭に原文を準備し、リー・クアンユー首相が手を入れ、内閣に提出した文書で、すべての公用語で公表されているが、唱和するのは教育媒体言語である英語の「国民の誓い」である[197]。「国民の誓い」を唱和する人たちは、国家への忠誠を具体的に示すために握りしめた右拳を左胸の前にもってこなければならない[198]。上記の小学校1年生の社会科の教科書はこの姿勢を「誓い」を述べようという部分で挿絵にし、権威に対する基本的な態度のあり方を子どもたちに絵でわかりやすく提示する[199]。「国民の誓い」には、「われわれシンガポール市民we, the citizens of Singapore」は「ひとつの統一ある民としてas one united people」、「われわれの国家／国民（our nation）」が幸福、繁栄、そして進歩を達成するために「誓う（pledge ourselves）」とあるように、ほかと区別される「まとまった、われわれシンガポール国民」が想像され、理想の国民社会としてのシンガポールが提示されている。「われわれの誓い」は、シンガポール国家への忠誠心を持つ国民を創出するための政治文書といってよい。

国歌も「われわれの誓い」も繰り返されることによって身体化し、国旗の掲揚・降納という儀式とともに子どもたちに運命共同体としての意識が促され、シンガポール国民の編成へとつながっていくと思われる。

工業化に伴い、国家の管轄下にある学校がシンガポールの人々にとって必要不可欠な生活空間として立ち現れ、学校による子どもたちの国民化が行われるようになったのである。

---

196) The National Flag-Guidelines, in The National Symbols and References, Singapore Infomap. 詳細は、Singapore Arms and Flag and National Anthem (Amendment) Actおよび Singapore Arms and Flag and National Anthem (Amendment) Rules 2007に定められている。
197) The Pledge, in The National Symbols and References, Singapore Infomap.
198) The Pledge-Guidelines, in The National Symbols and References, Singapore Infomap.
199) *Discovering Our World: Our School- Social Studies 1*: 30-31.

国歌	***Majulah Singapura*** Mari kita rakyat Singapura Sama-sama menuju bahagia Cita-cita kita yang mulia Berjaya Singapura Marilah kita bersatu Dengan semangat yang baru Semua kita berseru Majulah Singapura Majulah Singapura[200]
国歌の英訳	***Onward Singapore*** Come, fellow Singaporeans Let us progress towards happiness together May our noble aspiration bring Singapore success Come, let us unite In a new spirit Let our voices soar as one Onward Singapore Onward Singapore[201]
「国民の誓い」	***The National Pledge*** We, the citizens of Singapore, pledge ourselves as one united people, regardless of race, language or religion, to build a democratic society based on justice and equality so as to achieve happiness, prosperity and progress for our nation.[202]

---

200) *Discovering Our World: Birth of a Nation- Social Studies 5A*: 29.
201) Ibid.
202) Ibid.: 67.

第 1 章　生活空間の国民化——住宅供給を中心に

5-2　社会の創成

　HDBによる住宅供給は全島にわたって、植民地期とは異なる、民族や言語といった社会的分断に特徴づけられない社会を創ろうとするものであった。

　HDBが大規模再開発を行った際、初期には反対派、すなわち反政権派がHDBの事業の障害となることも少なくなかった[203]。整地や埋め立ては反政権派を分散させる役割を担ったが[204]、HDBは住戸の割り当て時、予防策をとり、移転することになった人々を1ヶ所に集めないようにした[205]。

　HDBはまた、政府による民族間関係管理のひとつの方法として、1970年代初頭から、申し込み順の入居を原則としながらも、街区ごとに国家レベルの民族比に近くなるように民族枠に関する規則を導入した[206]。言葉や習慣の異なる民族が隣近所に住んでいることで相互の理解が進み、1950年代のように民族や階層の違いに関わる問題が起こるのを防ごうとしたのである。

　当初からのHDB住宅の申し込み順受付制度では、民族ごとに地域的に集中する傾向があった。HDB住宅が普及する前は植民地行政を起源として民族別に、中国系住民の場合は使用言語別に棲み分けが浸透し、相互の接触も少なかった。「複合社会」（ファーニバル）だったのである。

　主要民族別の地理的分布を明らかにした1980年の国勢調査をみると、中国系住民、次いでインド系住民が都心指向が強く、マレー系住民が最も非都心指向と、地域によって民族の構成比がかなり異なっている[207]。

　1989年3月、政府は中古のHDB住宅販売にも民族枠の適用を、新規供給分も含めて初めて法制化する[208]。表1-5は近隣住区とブロックでの民族比の許容限度、およびシンガポール全体での民族比を示したものである。中古のHDB住戸には民族枠がなかったため、大規模再開発以前に集落のあった地域にマレー系住民が集まり、非明示的なマレー系住民の枠を大幅に超えてしまった。政

---

203)　*HDB Annual Report 1963*: 29; Gamer 1972.
204)　Gamer 1972: 66-82; George 1973: 102.
205)　*HDB Annual Report 1966*: 54.
206)　Chua 1997a: 140-141.
207)　*Census of Population 1980 Singapore: Release No.5, Geographic Distribution*: 23.
208)　Chua 1997b: 143.

表1-5　HDB団地における民族枠　(%)

民族	民族比	近隣住区	ブロック
マレー系	14.1	22	25
中国系	77.7	84	87
インド系・その他	8.2	10	13

注：民族比は1990年国勢調査による。
出典：Ooi 1993.

府はこうした状況に危機感を抱いたのである。

　マレー系住民はしかし、居住水準という点からは快適なHDB団地にはない「共同体」に属しているという感覚を求めていたのかもしれない。しかも、導入後かなり経つ民族枠の効果については疑問視され、民族間の相互理解は進んでいないと指摘されている。[209] 実際のところ、街で見ていると同じ民族のうちでの交友関係の方が多く観察される。少数民族、特にインド系住民にとってはさらに、民族枠によってHDB住宅の売買が困難になるという問題も存在する。[210] HDBによって形成された新しい社会はこのようなみえにくい問題も抱えているのである。

　他方、HDBのCPF利用持ち家制度による持ち家の多さも、国民、そして永住者がシンガポールに根を張ることによって、また住宅ローンの長期にわたる支払いが労働力率を上げることによって、国民と永住者の安定指向を強めるようになっている。HDBはHDB中古住宅の販売条件や増改築による住み替えの監督機関も兼ねるため、居住水準の向上を図ろうとする人々をCPFを通じて労働市場につなぎ止める役割も果たしてきた。

　1989年、HDBは条件付ながら、老朽化したHDB住宅を対象に改修（upgrading）を始めた。HDBの改修計画には、築後18年以上のHDB分譲住宅が対象の「主要改修計画（Main Upgrading Programme）」や築後10年以上18年未満のHDB分譲住宅が対象の「暫定的改修計画（Interim Upgrading Programme）」（1993年8月導入）、経済的にも機能的にも改修に適さない街区を再開発する

---

209) Clammer 1980: 77; Soh 1993: 32.
210) 2003年に行った聞き取り調査で指摘された点である。

第 1 章　生活空間の国民化——住宅供給を中心に

「選択的ブロック再開発計画（Selective En Bloc Redevelopment Scheme）」（1995年8月導入）などがある[211]。たとえば、築30年余で1階だけが商店になっている低層のHDB住宅は、この選択的ブロック再開発計画で下層階に商店が入る超高層のHDB住宅に建て替えられている。こうした再開発は、若年層の新しい団地への流出を食い止め、またエレベーターが各階に止まるようにする——建物の構造上、不可能な場合もある——など、古いHDB住宅の居住水準を新築に近づけて住みやすくし、資産価値の低下を防ぐためであるが[212]、それ以上に、与党人民行動党への支持率の高い選挙区への利益分配策でもある[213]。

改修された建物、あるいはこれから改修される建物には、「改修済みHDB団地（UPGRADED HDB ESTATES）」、あるいは「新しくなります　改修中（Getting a new look　UPGRADING）」「近日中に改修（UPGRADING Coming Our Way）」など、改修状況が外部にはっきりとわかるように、非常に大きな看板が目につきやすいところに立てられている[214]。HDB団地内の子どもの遊び場や駐車場でも「改修済み遊び場（UPGRADED PLAYGROUND）」など、HDB住宅の改修の場合と同じような看板が立てられ、当該選挙区の時の国会議員の名前が書かれている場合もある[215]。先に述べたように国民や永住者のおよそ9割がHDB住宅を持ち家、すなわち資産としている。したがって、HDB住宅所有者にはHDB住宅や周辺施設の改修は資産価値を左右する見過ごせない問題であり、HDBが立てるこのような改修状況を知らせる看板は政府広報として大きな役割を果たしている思われる。政府系の一般紙『ストレーツ・タイムズ』——公称日刊40万部、読者数123万人（2008年）——にはどのような投票行動をとった選挙区で住宅の改修が行われるのか報道される。

与党はHDB居住者に総選挙では単に国会議員を選んでいるのではなく、同時に居住区の居住環境改善を担当する都市協議会（Town Councils）（次項参照）の役員をも選んでいることになるという警告を発したが、実際、初めての「改

---

211)　*HDB Annual Report 1993/94*: 35-39; *HDB Annual Report 1994/95*: 42-46; *HDB Annual Report 1997/98*: 40-41など参照。
212)　Teo and Kong 1997: 444.
213)　Chua 1997b: 145-146.
214)　2005年8月の調査による。
215)　Ibid.

修」総選挙（1997年）で野党議員を選出した選挙区は無改修となった。野党議員を選出した選挙区は改修に不利という状況は変わらないままであった。[217]

　政府与党は、HDB住宅の改修は選挙での与党人民行動党支持に左右されるという条件を作った。改修は、再開発初期に建設されたHDB住宅の、他国の公営住宅でみられるようなゲットー化を防ぐ効果も兼ね備える。持ち家であればなおさら、住まいが美しく使いやすく、安全で安心できる場所であり、資産価値が上がることを望まない者はいない。政府は、住宅改修にこの与党支持という条件を付け加えることよって、国家的規模で新しく創られたHDB住宅中心の社会における政治的安定をいちだんと強固なものにしたのである。

　HDB住宅を中心とする生活空間、すなわちシンガポール社会は民族枠と改修という条件にしたがって政府が期待する国民の空間として再構成されるべきものとなった。

5-3　地域社会の育成と管理

◆住民組織

　HDB住宅は、基本的にはHDBの管理のもとにある。住民は新しく作られたHDB団地に地域ごと集団で移ってきたわけではなく、従来の地域共同体が移植されたわけではなかった。移転で、相互扶助のネットワークや共同体精神を失ったのである。[218]

　政府は従来の社会関係のあり方に代わる仕組みを作る。政府は地域を基盤とした住民組織を設立し、教養講座やスポーツ教室、スポーツ大会、幼児向けの教室を開いたり、住民の要望を聞いたり、政府の方針を伝えたり、日常のもめ事を解決したりする仕組みを作ったのである。政府系の住民組織とは、植民地政府による設立で、1960年から人民協会（People's Association）――1960年7月1日設立、HDBと同じく準政府機関――のもと、活発な活動を始めたコミュニティ・センター（Community Centres）、その上部組織関として1964年に設立されたコミュニティ・センター運営委員会（Management Committees of

---

216)　George 2000: 89-90.
217)　*Straits Times* 電子版, September 22, 2004.
218)　Austin 1989: 918-919.

第 1 章　生活空間の国民化——住宅供給を中心に

Community Centres)、1965年設立で選挙区単位の市民諮問委員会（Citizens' Consultative Committees)、そして1978年設立で選挙区よりも狭い地域を対象とする居住者委員会（Residents' Committees）である。[219]

　1960年から機能強化されたコミュニティ・センターは1970年代半ばに150カ所以上に上り、催しの参加者も年間5万人を超えて、人々に地域への帰属感を持たせ、民族の垣根を取り払うことに大きく貢献していたという。[220] ちなみに、1975年の総人口は226万人[221]、HDBに住むのは90万人程度であった。[222] コミュニティ・センターのこうした状況にもかかわらず、HDB団地内での共同体意識の欠如が社会統合を遅らせているという危機意識が政府に芽生え[223]、また、コミュニティ・センターや市民諮問委員会の場合、委員を務める地域に住んでいない指導者が委員会に十分貢献できるのかという疑問が広がり[224]、居住者が主体となる居住者委員会が作られるに至った。同委員会は住民ボランティアが支える仕組みとなっている。

　こうした政府系組織は、シンガポールでは地域共同体を自生的とする一般的認識は誤りであるという考え方から、「草の根組織（grassroots organisations）」と呼ばれる。[225] 日本などで使われる草の根組織という言葉には自生的な組織という意味が含まれているが、シンガポールでは意味内容が異なるのであり、与党の下部組織と考えられる。

　シンガポールの「草の根組織」とはどのようなものか。コミュニティ・センター運営委員会委員は国会議員による指名で華語教育を受けた中国系実業家、市民諮問委員会委員は華語教育を受けた中国系中小企業経営者、居住者委員会委員は上述の2組織と違って必ず域内の居住者でなければならず、英語教育を受け血縁にとらわれない者が多いが、どの委員会の委員も同時に他の「草の根組織」、また与党人民行動党で活発に活動していたりする。[226] これは1980年代の

---

219)　Seah 1987.
220)　Cheng 1985: 131-137.
221)　*Singapore 2007, Statistical Highlights*: 45.
222)　*HDB Annual Report 2005-2006*: 81.
223)　Cheng 1985: 130-141; Seah 1987: 186.
224)　Seah 1987: 188.
225)　Siddique 1993: 50-54.

事例であり、現在では活動の中心は世代交代で英語教育を受けた層に代わっていると推測される。

「草の根組織」ではまた、民族の違いに関わりなく活動し、どの民族にも中立的な英語で会議が行われる。民族や宗教の違いを超えてお互いの理解を深めるのに「草の根組織」は大きな役割を果たしているとされる。[227]

ただ、こうした組織の活動への参加は強制されているわけではなく、関心がある者だけが参加する仕組みで、参加率はそれほど高くない。[228]実際、隣近所を知り団地をよくしようとボランティアをしたところ、精神に障害があるか、人民行動党に入りたいのではないかと知人に思われ悩んだという10年以上前の経験が2004年の夏、主要英字紙の投書欄に掲載された。[229]ボランティア精神を軽視しないようにという趣旨の投書であるが、一般市民が政府系の組織に参加すること、すなわち少しでも政治に関わることはおかしいとする社会の風潮を反映していると思われる。

政府はまた、1989年以降、新設で、少なくともひとつの選挙区を単位とする都市協議会に、HDBが行ってきたHDB住宅の維持・管理機能を徐々に移し、住民参加を重視する仕組みを強化した。[230]

都市協議会の場合、国会議員が主導し、数名から最大30名の「草の根指導者」を委員に指名する。[231]国会議員はほとんど人民行動党員であり、「草の根組織」の活動に関わるのは人民行動党員となる。とりわけ、都市協議会を構成する選挙区では国会議員の選出が重要事項になる。こうした組織は与党人民行動党と密接な関係を有しているのである。

都市協議会については、単なる住宅管理機関ではなく、シンガポール人のコミュニティ精神の育成、シンガポール人としてのアイデンティティの形成を図る重要な国家機関であると国家開発相が述べている。[232]HDBは、都市協議会へ

---

226) Seah 1987: 190-191.
227) Cheng 1985: 136-137; Siddique 1993: 54-60.
228) 2005年8月実施の調査による。
229) *Straits Times* 電子版、August 31, 2004.
230) *HDB Annual Report 1989/90*: 41; *HDB Annual Report 1990/91*: 28; Ooi 1997: 146-147.
231) Ooi 1997.
232) Ibid.: 141.

の維持・管理業務の委譲により、賃貸借契約や保有地の管理に専念できると述べるが、HDBが資産管理不能に陥っていたことはない。[233][234]

HDBは住宅建設時にハードとしての地域共同体の社会基盤を作る一方、政府はそのソフトといえる複数の「草の根組織」、都市協議会を作り、政府と住民、住民どうしの政治的コミュニケーションを民族や階層、地域の別なく積極的に図り、かつ反与党の芽を摘み取る仕組みを作ったと要約できよう。しかし、政府による度重なる選挙区改変にもかかわらず、野党議員が選出される選挙区も存在する。

◆HDB団地の設計

HDBの住宅供給は、住戸の設計から建物の配置、用地利用計画、ニュータウン計画までと幅が広い。[235]

HDBの住宅供給にはどのような地域社会が構想され、現実の地域社会はどうなのか。

住戸型式はひとつの棟で複数の型式にしたり、型式の異なる棟を一定の地域に組み合わせたりして、社会経済的階層の均衡を図っている。したがって、ひとつの団地は所得階層や家族構成の異なる人々が住む、さまざまな型式の住戸で組み合わされることになる。階層間の軋轢など、問題が大きくなる前に解決に導くためである。

待ち時間が短くなるよう、エレベーターは4階か5階ごとに止まる——エグゼクティブ住戸とHUDC住宅は除く——が、エレベーターを待つ場所で住民が顔見知りになる。共用廊下やボイド・デッキ（void deck）——建物の1階部分にあり、郵便受けなど以外の部分は椅子や机のある開放空間や店舗、保育園、居住者委員会の事務所、住民の集まりなどのための貸し部屋などになっている——も同じく、住民の交流を深める場所となる。[236]

ボイド・デッキでは高齢者が集っていたり、子どもたちが遊んでいたりする

---

233) *HDB Annual Report 1989/90*: 41; *HDB Annual Report 1990/91*: 29.
234) Ooi 1997: 139.
235) Tan, Loh, Tan, Lau, and Kwok 1985: 57.
236) Ibid.: 71-77.

し、ホーカー・センター（hawker centres）――朝6時から晩11時まで営業することができる――になってる場合、近くの住民が食事をしに降りてきたり食事を買いに来たり、シンガポール風コーヒーや清涼飲料水を飲みながらおしゃべりを楽しんだりしている。評判の店には行列ができていたりもする。高齢者の場合、若者や子どもたちと違い、男女別に集まっているのが特徴である。しかし、同じ建物あるいは近所の住民ではあっても、特に働き盛りの世代は時間の制約もあって交流がそれほどあるようには思えない。

　HDBはまた、犯罪防止を狙って、通路が住戸を取り囲むのではなく通路を戸外から容易に見渡せる設計の板型棟（slab blocks）を建て、住民が互いに顔見知りになれる程度の住戸数を単位に共用の玄関を設けている。[237] 規律訓練型の権力の作動を思い起こさせる設計である。[238] 居住者の多くが高層集合住宅に住むことで、立て込んだ低層住宅に比べ、秩序維持が容易になったとされる。[239] しかし、HDB住宅の管理を政府系組織が行い、政府が発行する、個人を特定できる番号が割り振られ、住所、氏名、年齢、性別、民族などさまざまな個人情報を含む身分証明書――クレジット・カードと同じ大きさである――を居住者の成人の誰もが持つ社会であるということも秩序の維持に大きく関係すると思われる。身分証明書の番号は旅券番号でもあり、HDB住宅申し込み、預金、携帯電話の契約など生活のあらゆる場面で使われるからである。他方、持ち家の増加が地域社会の安全への住民の意識を高めているとされる。[240]

　ニュータウンは、その内部で一定限度ながら雇用もあり日常生活が成り立つように計画され、スカイラインや目印となる建物などが美しく、ほかのニュータウンと区別できる特徴になるように考えられている。景観も考え、視覚的アイデンティティが重視されているのである。ニュータウンには4,000～6,000戸を単位とするいくつかの近隣センター（neighbour centres）があるが、住民がアイデンティティを見いだす地域社会とするには大きすぎるため、HDBは400～800戸をまとめ、ひととおりの公共施設が揃った区（precincts）を作り、住民

---

237)　Chua 1997b: 121.
238)　Foucault 1975=1977.
239)　Austin 1989: 919.
240)　Ong 1989: 943-944.

が触れ合い、共同体意識を持つように工夫を凝らしている[241]。

　もっとも1960～70年代初頭、市街地のスラム地域に加え、HDB住宅が多く軽工業が立地する地域で少年犯罪や麻薬使用が多発したが、これは人口移動率が高いため、伝統的な社会制度が崩壊し、インフォーマルな社会統制がなくなったためとみられる[242]。また、1970年代半ばから1980年にかけての犯罪率の上昇も上に述べた少年犯罪や麻薬使用と原因を同じくするとみられるが、犯罪率の上昇に対して政府は交番を設置し（1983年）、居住者委員会は自警の見回りを実施した[243]。

　このように、HDB団地の設計には、居住者に準政府組織を通じて、移り住んだHDB団地の特定の地域にアイデンティティを見出させ、安定した地域社会の再興、発展を促すという目的も含まれていた。

　要約すれば、HDB団地の設計思想は生活空間を民族や言語による分断を過去のものとし、所有権や使途の曖昧な土地・空間のない、均質的で国民的な空間に造り替えようとするものであった。しかし上述のように、居住者は概して地域社会に無関心であって、民族の混住も形式の次の段階、すなわち日常的、自発的な交流に進んでいるとは必ずしも言えない。HDB住宅が普及する以前のような地域社会が形成されているかどうかは疑問と言わねばならない。

5-4　住宅供給と生活空間の国民化

　HDBによる住宅供給はシンガポール社会を大きく変えるものであった。何よりも大きな社会の変化は、居住者の実におよそ9割がHDB住宅、しかも持ち家に住むようになったことである。HDB住宅以外での持ち家率も変わらない。

　持ち家はその所有者と家族がシンガポールに定住し、そして労働力としての定着を意味する。企業寄りの法の整備などと同様、政府がその契機をつくり出した持ち家志向は労働力の定着を確実なものとすることにより政府の進める工業化の推進役を果たしたのである。加えて、定住によって住まう地域への愛着

---

241)　Tan, Loh, Tan, Lau, and Kwok 1985: 90-110.
242)　Chen and Tai 1977: 43-64.
243)　Austin 1989: 919-921.

も生まれてくる。HDBによる住宅供給は、住宅が持ち家となった場合はいっそう、下からの社会安定化要因として働いたとみてよい。

　他方、HDB住宅は賃貸の場合は言うまでもなく、持ち家の場合も購入から管理まで、中古物件の場合も一定限度、政府系組織が関与している。HDB住宅を住まいとすることは、入居した人々がいっそう政府の管理下に入ることを意味するのである。

　また、HDB住宅の供給と同時に進められた工業化に伴い、学校教育が普及した。学校教育は教育省が定める統一カリキュラムに基づく公的なものであり、学校では政府が工業化に必要と認める知識の習得、工業化を支える規律・習慣の身体化が重視されると同時に、国旗の掲揚・降納や国歌・「誓い」の斉唱によって子どもたちのシンガポール国民としての意識の涵養も行われてきた。加えて工業化は、争議の不存在などを目的とする労働者の権利の制限および賃金の統制――とりわけ、輸出主導工業化を牽引する多国籍企業のためである――を政府にとって必然としたゆえ、労働者は法的に、制度的に国家の統制下におかれることになる。こうした持ち家のあり方、学校教育の普及、政府による、企業寄りの労働環境の構築は、上からの社会の安定に貢献したと思われる。

　準政府機関であるHDBによる住宅供給は住宅供給単独ではなく、工業化の進展、公教育の拡大ともあいまって、大人も子どもも生活空間が国家の諸制度に覆われていく基盤となった。HDBによる住宅供給はシンガポールの景観を一変させ均質的な高層住宅と居住空間、西洋的な生活様式を普及させたのみならず、その持ち家制度と政府主導の工業化、学校教育の普及によって、HDB住宅が普及する以前とは対照的に、国家が社会を覆っていく、国家が社会の隅々にまで浸透していくという点において実質的に社会改造であった。HDBによる住宅供給は生活空間の国民社会化、国民化を導いたのである。

　以上、生活空間の国民化についてみてきたが、次章では生活空間の国民化に着手したシンガポール政府が、どのように住民の日常生活を言語と思考という側面から国民化していくのかを検討する。国民社会として再構築されつつあるシンガポール社会で生活する人々に一定の認識枠組みを持たせることによって、シンガポール国民としての確固たる意識を持つ住民から成る社会に変え、国民統合を効果的に進めるためである。

第2章 言語と思考の国民化

0 はじめに

シンガポールは、国際教育到達度評価学会（International Association for the Evaluation of Educational Achievement; IEA）が実施する「国際数学・理科教育動向調査 2003年調査（Trends in International Mathematics and Science Study [TIMSS] 2003）」で華々しい成績を収めた。第4学年（小学校4年生）は参加26ヶ国・地域のうち、第8学年（中学校2年生）は参加48ヶ国・地域のうち、数学、理科ともに第1位を獲得したのである[1]。しかも、第1位は初めてではなく、1995年も第8学年は数学・理科とも参加41ヶ国・地域中、第1位であった[2]。こうした達成の要因には参加者自身の能力や努力などとともに、教科書の内容や評価のあり方、教員の質、両親が受けた教育や蔵書といった家庭環境などが考えられる[3]が、シンガポールでは植民地時代から理数教育も含め、政府が教育を重視してきたわけではない。

英領期、植民地政府は下級官吏や英国系商社員の養成に重点をおき、英語で

---

1) TIMSS & PIRLS International Study Center(available at http://www.timss.bc.edu). あるいは、「国際数学・理科教育動向調査の2003年調査（TIMSS2003）―文部科学省」(available at http://www.mext.go.jp)。結果が公表されたのは、2004年12月14日である。
   調査の目的は、初等中等教育段階における児童・生徒の算数・数学および理科の教育到達度を国際的な尺度によって測定し、児童・生徒の学習環境条件等の諸要因との関係を参加国間におけるそれらの違いを利用して組織的に研究することにある（文部科学省）。
   ちなみに、日本の順位は、数学では小学校4年生が3位、中学校2年生が5位、理科では小学校4年生が3位、中学校2年生が6位であった（TIMSS2003 Highlights.）。
2) TIMSS & PIRLS International Study Center, available at http://www.timss.bc.edu.
3) 米国政府は、順位が参加先進国のなかでかなり下位に位置していたため、シンガポールにおける数学教育の研究に取り組み、成果を公表している。Witt, ed., 2005参照。

教育を行うキリスト教系の学校に支援を行ってきた[4]。シンガポールでは政府によって普通教育が構想されたことはなく、華語——中国系住民の母語は出身地域によって異なるが、20世紀初頭より出身地の異なる中国系住民の統合を図りナショナリズムを鼓舞する言語として学校教育に華語が使われてきた[5]——、マレー語、タミル語などをそれぞれ教育媒体言語とする現地語校の設置および運営はそれぞれの民族に任されていた。日本軍政下の教育も民族の違いを強調するものであった[6]。教育制度も教育内容も教育媒体言語により異なっていたのである。

1 教育制度の改革

第二次世界大戦後、植民地では独立の気運が高まった。1945年9月、再び英国による軍政が敷かれ、翌1946年4月、英国の直轄植民地となったシンガポールも例外ではなく、学校教育は民族意識を涵養する主要な手段のひとつとなる[7]。

学校には基本的に、教育を通じて人々を選抜して社会・経済的地位へと振り分け、その地位を正当化する機能があり、個人に社会的存在として必要な知識や価値、規範を身につけさせる社会化の機能もある。シンガポールにおける学校教育は、日本による占領開始（1942年2月）以前の水準への回復を目指すだけではなく、政治、経済、社会の変化を学校教育の機能に織り込んだ改革を目指したものとなった。

1-1 第二次世界大戦後の教育改革

1956年に出された『華語教育に関する、シンガポール立法議会の全党委員会報告（Report of the All-Party Committee of the Singapore Legislative Assembly of Chinese Education）』は「華語教育に関する」とは題されているものの、華語教育のみ

---

4) Wilson 1978: 126.
5) PuruShotam 1989: 507.
6) Wilson 1978: 112.
7) 明石　1997：293-294.

を論じるものではなく、戦後シンガポールの教育全般を方向づけた重要な報告書である。政府はこの報告書の勧告の内容をほぼ受け入れ、同年、『シンガポールの教育に関する白書　1956年第15冊（*Singapore White Paper on Education, No.15 of 1956*）』（以下、『1956年教育白書』）を公表した。同書の示す方針を見てみよう。

1　マレー語、華語、英語、タミル語の4種類の言語による教育の平等、
2　小学校での2言語教育、中学校での3言語教育の導入、
3　シンガポール・マラヤ指向の教科書とシラバスの使用（公民を含む）、
4　マレー語の国家語としての指定、
5　産業社会形成の基礎としての理科と数学の重視。[8]

　小学校での2言語教育では第1言語に各民族の言葉、すなわち華語、マレー語、タミル語が、第2言語として英語が想定され、マレー語の第2言語化は教員数から限定されることになる。また、中学校での3言語教育は平均以上の能力のある者だけが可能と認識されていた。[9]

　この『1956年教育白書』の内容は当然ながら、当時のシンガポールの状況を反映したものである。すなわち、シンガポールの独立は政治、経済、どちらにおいても可能とは考えられなかったこと、したがってマラヤ連邦との緊密な関係を維持し将来統合するためにマレー語を政治的に重視する必要があったこと、華語教育を受けた人々や華語校生は華語や華語文化が軽視され就職や進学が困難であることから差別感を抱き、時にはデモや労働組合の支援などで警察との衝突までに発展していたこと、ひとつの政治的単位としてのシンガポールの将来を考えると各民族にそれぞれの言語での教育の平等を保障し教育内容に一定の方向性を持たせることによってシンガポールおよびマラヤへの愛着を高めて指向の異なる人々を統合する必要があったこと、第二次世界大戦後の人口急増と中継貿易の凋落に対処するために雇用を創出し経済機会を拡大する産業化を進める必要があったこと、である。

　『1956年教育白書』はしたがって、教育方針の変更によって多民族よりなるシンガポール社会の安定を目指したものといって差し支えあるまい。1954年、

---

[8]　Tham 1989: 478.
[9]　Wilson 1978: 218-219.

英語校入学者が華語校入学者を上回り、マレー語校へのマレー系住民の入学比率が同年に1946年以下になったことに示されるように、英語校の需要が拡大しつつあり、4言語の平等が既に名目になっていることが子どもを持つ親たちにも政府にも明らかであった[11]。しかし、多民族社会における教育政策として、4言語の平等の公的な表明が重要であったと思われる。政府はまた、華語校の非政治化を目的に学校への補助金と引き替えの政府管理を導入し、華語校は徐々に政府の管理下に入るようになる[12]。人々は学校教育を通じてシンガポール社会での生活に必要な知識や行動様式を獲得していく。政府による学校の管理は、シンガポール一律の教育制度への一歩であった。

政府は『1956年教育白書』の方針に従って1958年、専門的な技術教育を行うシンガポール・ポリテクニック（Singapore Polytechnic）を開校する。他方、1956年、東南アジアで初めて華語で教育を行う大学である南洋大学が中国系住民の有志によって設立された。

1-2 自治政府・マレーシア連邦時代の教育改革

1959年6月、シンガポールは外交権以外を有する、英連邦内の自治州となった。政権を握ったのは同年5月の総選挙で圧勝を収めた人民行動党である。住宅事情の改善と並ぶ課題は、急増する学齢期の子どもたちを受け入れる学校の整備と失業者を減らす経済成長の確保であった。

この時期の教育の基本は次のようである。

1 4言語、すなわちマレー語、華語、タミル語、英語による教育の平等、
2 多民族共同体を統合する試みとしての、4公用語と、新国家における国家語としてのマレー語の確立、
3 若者に工業部門での雇用に必要な技能や態度を身につけさせるための数学、理科、技術科目の勉強の強調、
4 国家に対する忠誠の構築[13]。

---

10) Ibid.: 142-143.
11) Ibid.: 133, 142-144.
12) Ibid.: 223.
13) *Report on the Ministry of Education 1978*: 2-1.

1959年12月、リー・クアンユー首相は人種、文化、言語の多様性はシンガポールの豊かさの一部であるが、忠誠心の拡散を許す余裕はない、とラジオを通じて言明している。[14]

　統合校（integrated schools）は子どもたちのあいだで民族間の接触を増やし、相互理解を深めるためのひとつの方法として1960年に導入された、2または3の現地語校を1ヵ所にまとめ、校長を1人とする学校である。統合校はしかし、民族の統合もさることながら、現地語校を政府の管理下に置くための制度であった。[15] 国家への忠誠を培うために、国旗掲揚や「誓い」のほかに、政府は1959年、「倫理（Ethics）」を導入している。

　1961年、いわゆる『チャン・チェウ・キャット報告（*Report of the Commision of Inquiry into Vocational and Technical Education in Singapore*, chaired by Chan Chieu Kiat)』が学校教育制度の職業・技術教育への分化の必要性を勧告した。その結果、中等教育レベルの職業・商業学校などが設立され、ポリテクニックやジュニア・カレッジの拡大および再編成が行われた。

　1965年までに初等教育は誰もが受けるものとなる。

1-3　独立初期の教育改革

　シンガポールは1965年8月9日、マレーシア連邦からはからずも分離・独立することになった。独立はマラヤという輸入代替工業化における後背地を失うことを意味した。

　独立、そして工業化の方策としての輸出指向工業化への転換は、言語・教育政策にも変化をもたらさずにはおかなかった。マレー語を共通語として強調する必要がなくなり、マレー語教育を充実させる必要がなくなった。技術教育の必要性は減じないものの、外国資本を誘致するには、労働力が基礎的な英語の理解力と運用能力を備えていることがプラスに作用するため、シンガポール政府の英語重視はより鮮明になる。

---

14)　Rodrinruez 2003: 15.
15)　Tremewan 1994: 84.

◆2 言語教育

　1965年シンガポール共和国独立法 (the Republic of Singapore Independence Act 1965) は言語に関する規定を設ける。同法第7条は、マレー語、華語、タミル語、英語が公用語であること、国家語はマレー語であり、ローマ字で表記されることを定める。[16] 国家を表徴し、代表する国歌がマレー語であり、国歌はマレー語でのみ歌うことが許されているのは先にみたとおりである。シンガポール国軍 (Singapore Armed Forces) での号令にはマレー語が使われているものの、学校での必修科目にはならなかった。

　シンガポール政府は1966年、英語を必修化し、シンガポール独自の2言語教育を導入する。英語を教育媒介言語とする英語校では各自の民族母語を、非英語校、すなわち華語校、マレー語校、タミル語校でも全員が英語を学ぶことになった。同年から、非英語校の小学校1年から数学と理科は英語で教えられる[17]など、シンガポールの2言語教育は英語の基軸化とともに進められたという点において言語の標準化に関わる言語政策ではなく、言語の地位に関わる言語政策である。4言語の平等という、どの民族に対しても公平にみえる政策のもとの2言語教育は、英語校への児童の集中という状況のなかで、進められることになった (図2-1)。

　人口の4分の3を占める中国系住民の言語――中国系住民の共通語は、学校教育では使われていない福建語であった――を唯一の公用語としなかったのは、諸民族の融和と中国系住民中心のシンガポールがマレー系民族中心のインドネシアやマレーシアに囲まれているという地政学的位置を考慮したからである。マレー語の特殊な位置づけも同様の理由によっている。

　リー・クアンユー首相は独立して間もない1965年10月、華人総商会 (Chinese Chamber of Commerce) の会合で、複数の公用語の必要性とマレー語の位置づけに関して次のように述べている。

　　(W)e are a multi-racial nation; as such, the official language of our nation should also be multi-farious in nature. ...

---

16)　Available at http://statutes.agc.gov.sg/.
17)　Seah and Seah 1983: 242.

図2-1 言語媒体別児童在籍比率

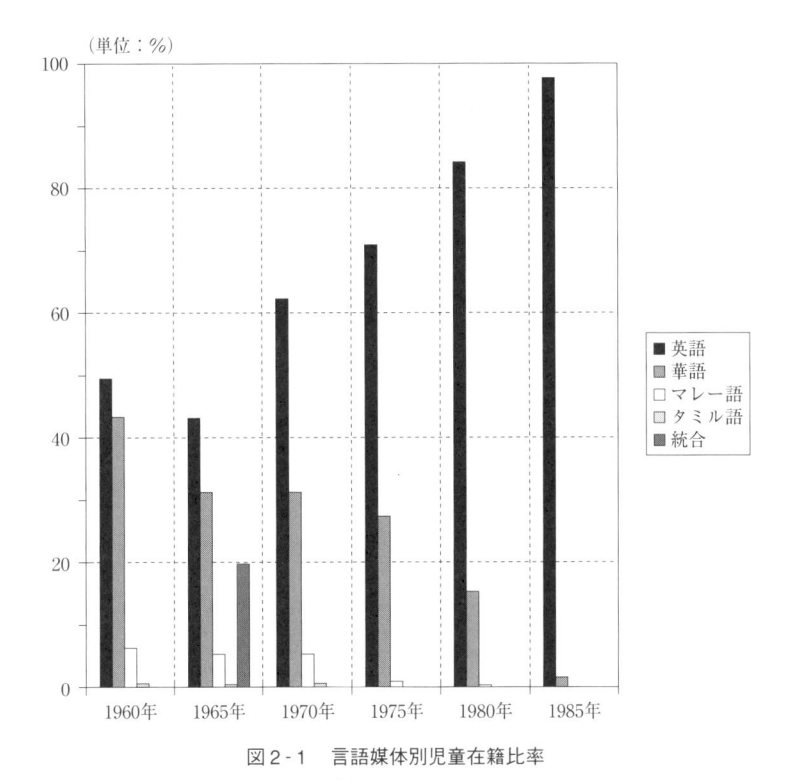

出典：Low, Toh, and Soon 1991(1960年); *Annual Report of the Ministry of Education 1965*(1965年); *Yearbook of Statistics Singapore 1985/86*(1975～85年)

Why have we to accept Malay as our National Language? For on principle, that is correct. Why must we have four languages, and at the same time let them have an equal position? The reason is, this is good for our country. ...[18]

なぜ英語が重視されたのか。シンガポールは英国の植民地であったため英語を公的に使い続ければ記録や行政、司法の断絶が起こらないことに加え、国際的な言語であり科学技術の発展に必要な言語であること、諸外国の投資者が使う言語であること、どの主要民族の母語でもなく平等に競争できる中立的な言

---

18) Rodringuez, ed., 2003: 153-154.

語であること、したがって、その中立性から国民統合の手段となりうるためである[19]。同国のマレーシア連邦からの分離・独立は先にみたように、中国系住民とマレー系住民の政治的・民族的対立を原因としていた[20]。

世界のほとんどの国家は多民族国家であり、多言語国家である。多言語国家が常に分裂の傾向を有するとは限らないが、国家としての統一を考えたとき、アンダーソンも指摘するように[21]、互いにことばの通じない人々が「われわれ」という意識を持つきっかけはなく、国民としての統合の障害となる。国民統合をどう図るかということは第二次世界大戦後独立した多言語国家に共通の課題であり[22]、シンガポールも例外ではなかった。特定の1言語、シンガポールの場合は英語、を教育媒体言語とする学校教育は国内における言語を統一し、国内の情報伝達を改善し、人々の相互理解や交流を促進することに役立つ。

英語の重視は、なかでも経済開発政策の方向性と国民統合に密接に関連している。独立後のシンガポールは人的資源に頼るほかなかった。そこで、電子部品の組立など労働集約的な産業に特徴づけられる輸出指向工業化を成功させるために諸外国の企業を誘致し、政治的に安定した国家を作り上げる必要が新興独立国としてのシンガポールに、同国の与党人民行動党にあった[23]。英語はどの主要民族の母語でもないという点で民族的な中立性を持つため、シンガポール政府が社会の基本的な考え方と位置づける実利主義、実力主義を支えることができ、同政府が経済的な実績を上げて正当性を獲得するための実用言語と位置づけられたのである。

国民統合は他方、経済開発と政治的安定を支える基盤となる。そのため、学校での国歌の斉唱や国旗の掲揚・降納などの儀式に加え、多くの言語集団間の意思疎通の障害をなくし、そのことによってシンガポール人という国民を思い描けるように、シンガポール人共通の言語として民族的に中立である英語を公用語の中心とすることには意義があった。

---

19) De Souza 1980: 206-207; Gopinathan 1976: 76; 岡部 1984; Tay 1993: 13.
20) Rodan 1989=1992: 110-115.
21) Anderson 1991=1997.
22) Fishman c1968.
23) Rodan 1989=1992: ch.4.

華語の場合はどうか。華語は中国系住民の民族母語に指定されたが、華語を母語とする中国系住民は1957年においても総人口（約145万人）の0.1％に満たなかった[24]。シンガポールの中国系住民は中国南部の広東省や福建省に起源を持つ場合が多かったからである。にもかかわらず、華語が中国系住民の民族母語として選ばれたのは、先にみたように、中国からの移民やその子どもたちが通う学校では統合やナショナリズム鼓舞のために華語が使われてきたからであり[25]、出身地ごとに分かれて住む傾向が強く、中国を指向しがちな中国系住民を政治的、社会的に統合しようとしたためである。

　マレー語は、マレー系住民が東南アジア島嶼部で共通語として使っていたため、大きな問題ではなかった。

　ところが、タミル語の場合、タミル語を母語とするインド系の人々は50～60％であり[26]、同じインド亜大陸に出自を持つ場合でも言語系統がタミル語とは大きく異なる人々も多く、マレー語を選択する場合も少なくなかった。

　こうした民族母語の導入については、英語の場合と異なり、民族母語の学習を通じて精神的なよりどころや伝統的な価値観を失わせないようにという目的からであった。民族母語の学習は文化の維持のための「文化の底荷（cultural ballast）」と位置づけられたのである。

　2言語教育の実施にはしかし、障害もあった。小中学生の急増に伴う教員の不足である。シンガポール政府はこれに対し、教員養成校に在学中の学生が、実際の教員の指導を受けながら講義を行うという方式を採用し、教員の不足を乗り切った[27]。また、教員の英語力も問題であった[28]。

　要約しよう。シンガポール独自の2言語教育は、まず、シンガポールが多民族・多文化社会であることへの政策的関与の内外への公的表明であった。また同時に、民族母語によって伝統的価値観の崩壊をくい止めながら、実用言語としての英語を通じて実利主義、実力主義を浸透させ、経済発展を図るための基

---

24) *Report on the Census of Population 1957*: 68.
25) PuruShotam 1989: 507.
26) *Report on the Census of Population 1957*: 68.
27) Wong and Gwee 1972: 64.
28) Gopinathan 1976: 77.

盤であった。英語の「行政言語 (the language of administration)」としての位置づけに、その役割は明白である。

英語重視の2言語教育を基盤とした言語・教育政策は、学校で、また1979年以降は政府キャンペーンとして社会的に実施されていく。

◆理数・技術教育

数学と理科は1966年、小学校1年から非英語校でも英語で教えられるようになり（前述）、1969年には小学校卒業試験の後、英語力によって学術、技術、職業の3コースに生徒たちは振り分けられるようになった。1973年に産業訓練庁 (Industrial Training Board) が、1979年には産業訓練庁などを統合して職業・産業訓練庁 (Vocational and Industrial Training Board) などがつくられ、中等教育において技術訓練の機会が提供される。

高等教育においては、工学、経営、会計が特に重視された。

◆価値教育

英語による競争的な教育のバランスを取るために価値教育が行われ、民族母語による文化の継承、国歌と「誓い」の斉唱、国旗の掲揚・降納に加え、1967年、小学校と中学校で「倫理」に代わって「公民 (Civics)」が必修科目となった。但し、「公民」は無試験科目である。1972年に小学校卒業試験から「歴史」がなくなり、小学校では74年に「公民」は「歴史」、「地理」とともに「生きていくための学び (Education for Living)」に再編される。科目数を減らし、言語学習に時間を割くためであった[29]。美術や音楽も民族母語で教授された科目である。

ここで、価値教育の例として、シンガポール教育省発行の教科書『生きていくための学び』をみてみよう。1970年代半ばから1980年代初めにかけて発行された小学校3年生第2学期用タミル語版の「序言」には教科の目的が述べられている（抜粋）。

＊この教科書シリーズが書かれることの狙いは3つである。それはすなわち、
1 国づくりの狙いをしっかり理解して愛国心も責任感も持ち合わせたよき市民

---

29) *Report on Moral Education 1979*(MOE): 2.

にわれわれの生徒たちがなるよう、彼らを助けること。
2　われわれの生徒たちが丈夫な体も、明晰な心も、よき行いも身につけた者であるための助けとなるように、彼らにわれわれの歴史的背景をも、地理的環境をも、東洋・西洋の伝統、文化といったものの大いに評価される価値をもしっかり理解させること。
3　調和も協力もある。多民族・多文化の国をつくるべく社会、自然環境をわれわれの生徒たちがしっかり役立てていくように、一個の人間と社会、自然環境との間にあるつながりを、彼らにしっかり理解させること。

＊最初のクラスに当てられる課は大部分、倫理と道徳に力を入れている。第3クラスとそれより上の諸クラスにあてられる課は、公民、歴史、地理といったものを基本にして成り立っている。

＊われわれの子どもたちに均一、差別なき国家意識をも共同体意識をも形づくるように、マレー語、華語、タミル語といった3言語いずれにおいても同形式の課になっている。ではあっても、この3言語の者いずれのあいだにも、生活様式の違いに応じて必要な知識を教師たちはその都度与えることが望ましい。

＊子どもたちに、よき考えも、よき行儀作法も、よき行いも形成されるよう助けることこそ、「生きていくための学び」の狙いである。というわけで、これを単一言語の教科のように学ばせることがあってはならない[30]。

　同じシリーズの教科書で小学校4年生用、6年生用の「序言」も上記の抜粋部分については共通である。
　「序言」にみられる「愛国心」、「責任感」、「東洋・西洋の伝統」、「多民族・多文化の協調」、「国家意識」、「共同体意識」など、徳目も含む言葉は、経済成長と政治的安定というシンガポールの国家目標を遂行するための手段としての、国民を形成する教育という面を色濃く反映している。
　同じシリーズの小学校6年生第2学期用の「われわれの母国シンガポール」と題された、見開き2頁の第10章は国民の形成を目指す教育の最たる例であろう。制服を着て整列した子どもたち——計6列で、前4列が男子、後2列が女子である——が青空にはためくシンガポール国旗に敬意を払って立っている、(あるいは加えて、国歌を斉唱し誓いを唱和している) 半頁近くの大きさのカラーの

---

30)　『生きていくための学び』小学校3年生第2学期用。追手門学院大学教授正信公章氏に翻訳していただいた。

挿絵（向かって左側の頁の上半分）に「われわれの国旗に敬意を払う」という説明がつき、第10章は次のような本文で結ばれている。

> いま、われわれの国は独立国。だから、われわれの運命を決定する責任はわれわれの手にこそある。シンガポールの豊かさをいっそう増すよう、われわれはみな頑張らなければならない。われわれの国が前進するよう、われわれひとりひとりみな、われわれの政府と一致協力しなければならない。われわれの国の商業も工業も成長していくよう、われわれはわれわれにできることをしなければならない。シンガポールはわれわれの母国。というわけで、われわれの国に愛着を持つことも、それをたたえて守ることも、いっときもわれわれは忘れてはいけない[31]。

向かって右側の頁の下半分は、発展するシンガポール都心のカラー写真である。この写真と上述の挿絵は国家という抽象的な枠組みをわかりやすく伝えようとし、挿絵はまた国旗というものに対してあるべき身体技法を明示する。この第10章の本文（およそ１頁分）には「われわれ」という言葉が13回出てくる。「われわれの国」、「われわれの運命」、「われわれの政府」など頻出する「われわれ」という言葉は、シンガポールという国家への帰属意識やシンガポールという同じ国家に住んでいても出会うこともない見知らぬ人々との連帯意識、運命共同体としての意識を育み、国旗という視覚的象徴を伴うことによっていっそう子どもたちにシンガポール国民としての自覚を促す記述となっている。

『生きていくための学び』という教科書は国家にまつわる一定の価値を子どもたちに伝え、国民の形成を図ろうとするものと思われる。言うまでもなく、子どもたちが内面化する価値や態度に関しては授業で使われる教科書など明示的な知識や文化だけではなく、教授法など潜在的なカリキュラムの影響も考えねばならない。また、学校教育だけが子どもたちに影響を与えるわけではなく、家庭での教育やメディア環境も影響を考えるにあたっては考慮すべきであり、学校教育から子どもたちへの直線的な影響を想定することはできない。愛国心を持つように教育されることと、愛国心を持つことは別だからである。しかし、シンガポール政府によって「期待される人間像」が小学校の教科書の学習内容として示されていることは、教育がシンガポール国家のためのものであり、シ

---

31) Ibid.

ンガポール国民を形成するための教育であることを端的に示すものと思われる。

1-4 教育改革の評価と新機軸

英語に重点をおく言語政策と一体化した教育は成果を上げたのか。シンガポール政府の評価は2つの報告書にまとめられている。

◆『1978年教育省報告書』と「新教育制度」

シンガポールの言語・教育政策上、非常に大きな意味を持つのは1979年2月に出された『1978年教育省報告書』[32]――座長がゴー・ケンスイ副首相兼防衛相であったことから『ゴー報告書』とも呼ばれる――である。それは、リー・クアンユー首相の指示により編成されたチームが1979年2月に首相に提出した報告書で、教育における損耗(education wastage)を指摘し、英語力を基準とした能力別学級編成(streaming)を提案、同国の教育制度の最大の特徴である選抜主義的性格を強めるきっかけを作ったからである。もっとも、既に1960年代、2言語教育の成果が芳しくなく、両言語とも中途半端な運用能力しか持たない層を作り出していることをシンガポール政府は十分に認識していた。[33]

教育における損耗とは、2言語教育を含めての達成水準の低さ、早期退学の多さ、落第率の高さ、退学者の就業可能性のなさである。具体的には、小学校1年入学者の3分の2強しか小学校卒業試験に合格しないこと、[34]退学後に英語も母語も文盲化する生徒がいること、40%に満たない生徒しか2言語の最低水準の言語運用能力を獲得していないこと、小学校卒業試験などの結果から学校間格差が大きいこと、徴兵された英語校出身者でGCE-O (Singapore-Cambridge General Certificate of Education-Ordinay) 水準――後期中等教育のひとつである大学予備校(pre-university)の入学などに必要な前期中等教育修了を認否する国家試験――不合格者の場合、11%しか英語が使えないこと(防衛省(Ministry

---

32) *Report on the Ministry of Education 1978.*
33) Buchanan 1972: 59.
34) 合格率は1987年には86.5%、1996年には95.5%に達した(*Straits Times* 電子版. July 31, 1999.)。

of Defence)、1975年)、などがあげられている[35]。なかでも、小学校卒業試験やGCE-O水準の受験者の60%以上は言語科目(2科目)の1科目か両科目で落ちている[36]。

『ゴー報告書』はこうした実情をふまえ、子供たち全員が同一内容の学習をするのは教育制度の欠陥であるとして、小学校および中学校での能力別学級編成の導入を提言したのであった。この提言の盛り込まれた「新教育制度(New Education System)」に含まれる能力別学級編成は小学校では1979年度の3年生から、中学校では1980年度の6年生から実施されることになる。小学校の場合、「新教育制度」では、小学校3年終了時の学力試験によって、2言語・普通(normal)コース、2言語・快速(express)コース、または単一言語(monolingual)コースと、4年生からの子どもたちの進路を基本的に3つのコースに振り分ける。学力試験は、英語、民族母語、数学の3科目で、英語と民族母語は2倍の配点である。この試験でいい成績をとるための学力競争が加速されることになった。単一言語コース終了の場合や、小学校卒業試験でよい成績を収められず進学できなかった場合など、大半は技術・職業教育の講座を受けることになる。

学校での振り分けの構想をみておこう。絶対的なものではなくコース間の移動もありうるが、大学予備校までを12年で修了する「聡明(brilliant)」が8%、同じく14年以内に修了する「平均以上(above average)」が31%、中等教育までを11年から最大15年(理論値)で修了する「平均(average)」が41%、小学校を8年から9年で修了する「劣等(poor)」が20%となっている[37]。英語力について「劣等」の20%には、職場で困らないように、中国系住民ならば簡単な英会話ができるように、マレー系住民かインド系住民ならば話せて書けるようにしたいとしている[38]。

「新教育制度」での能力別学級編成とは、何度もの試験によって、将来の指導者となりうる層を選ぶ過程となる一方、成績不振者に対する職業訓練などによって産業界の要望にも応えられるような仕組みなのである。

---

35)　*Report on the Ministry of Education 1978*: chs.1 and 3.
36)　Ibid.: 1-2.
37)　Ibid.: 6-4.
38)　Ibid.: v.

「新教育制度」の成果はどうか。1980年代半ばには、小学校卒業試験やGCE-O水準での2言語の成績が大きく上昇し、小中学校の退学率も大幅に下がった[39]。退学率は『ゴー報告書』では小学校、中学校、それぞれ29％、36％であったが、能力別学級編成導入後、それぞれ8％（1977年度小学校入学生）、6％（1975年度小学校入学生）に下がったのである[40]。しかも、GCEの水準が一定に保たれているなか、GCE-O水準での試験結果には大きな改善がみられる[41]。「新教育制度」はしたがって、教育損耗を非常に低く抑えることに成功したと言うことが出来よう。

しかるに、英語と民族母語双方の水準低下をリー・クアンユー首相をはじめ、研究者やジャーナリストは指摘し続けている[42]。

たとえば、1991年のシンガポール政府報告書『小学校教育の改善』でも、シンガポールの実用言語としての英語の運用能力を強化する必要が論じられ[43]、同年に発行された、シンガポールの第二世代指導層が同国の将来像を論じた政府文書『ネクスト・ラップ ——2000年のシンガポール——』でも就学前教育における英語の重視がうたわれている[44]。2000年に始まった「よい英語を話そう」運動（Speak Good English Movement）（第3章参照）も英語コミュニケーション能力の欠陥という認識に立つものであり、シンガポール政府からみると、国民一般の英語の運用能力は十分ではないということになる。

『ゴー報告書』は他方、価値教育についても述べている。道徳は全クラス、全コースで教えられるべきであること、代わりの教材が準備でき次第、「生きるための学び」と中学校の「公民」を廃止することを勧告する[45]。理由は、「生きるための学び」はコミュニティ・センターの利用など、道徳観の形成に関係ない項目が多く、役に立っていないこと、「公民」は国会議員でさえ知らない

---

39) Soon 1988: 25-28.
40) Ibid.: 28.
41) Ibid.: 29-32.
42) MacDougal and Chew 1976; *Bilingualism in our Society* (MOC): 21; 田中 2002: 185; Goh 1999.
43) *Improving Primary School Education* (MOE): i.
44) *Singapore: the Next Lap* (GOS): 34.
45) *Report on the Ministry of Education 1978*: 1-5.

憲法の詳細について教えるなど無意味というものである。さらに、社会の英語化に伴う文化の喪失についても無視できないとし、各民族にそれぞれの文化の歴史的起源を教えることでその危険を克服できるとする。[46]

リー・クアンユー首相が『ゴー報告書』に対してよせた回答もみておきたい。「どの子も 9 年間の教育で、意識下に文化の"ソフトウェア"を身につけずに卒業すべきではなく」、「第 2 言語を教える主要な価値は道徳的価値を伝え、文化的伝統を理解すること[47]」にある。特に華語については、「華語を教え学ぶことの最大の価値は社会的・道徳的振る舞いに関わる規範、すなわち、人間と社会と国家について主として儒教の信念や考えを伝えることにある[48]」と記している。

あるべき教育の姿についてはリー・クアンユー首相の考えは次のようである。

> ... to educate a child to bring out his greatest potential so that he will grow into a good man and a useful citizen.
>
> ... the litmus test of a good education is whether it nurtures citizens who can live, work, contend and co-operate in a civilised way. Is he loyal and patriotic? Is he, when the need arises, a good soldier ready to defend his country? ... Is he filial, respectful to elders, law-abiding and responsible? ... Is he tolerant of Singaporeans of different races and religions?[49]

個人の資質を最大限に伸ばすことで、国を愛し、いざというときには国のために立ち上がり、年長者を敬い、遵法精神と責任感を持ち、人種や信仰の異なる同胞に対して寛容の精神を持つように子どもを導く、これがリー・クアンユー首相の考える望ましい教育の目的なのである。

◆『1979年道徳教育報告書』

1979年に出されたもうひとつの報告書が『1979年道徳教育報告書（*Report on Moral Education 1979*）』である。座長がオン・テンチョン（Ong Teng Cheong）

---

46) Ibid.
47) Ibid.: v.
48) Ibid.
49) Yip, Eng and Yap 1997: 16.

交通・通信相（後に、第5代大統領）であったことから、この報告書は『オン報告書』とも呼ばれる。

『オン報告書』も「生きるための学び」と「公民」のさまざまな問題点を指摘する。「生きるための学び」については、シンガポールの歴史や地理など関係のない題材が入っている、高度に抽象的な概念が子どもたちの発達段階に合っていないなどを、「公民」については、理由を十分に説明せずに行動を命令したり禁止したりしている、国際連合など道徳に関係のない項目が多い、徴兵の必要性など非常に重要な問題について記述が不十分であることなどを指摘し、両科目に連続性がないことも指摘する。そして、ひとつの科目に統合すべきであると勧告した[50]。また、宗教教育が道徳教育に役立つとも述べている[52]。

この2つの政府報告書、『1978年教育省報告書』と『1979年道徳教育報告書』は、シンガポールの教育をより競争的なものに、またいっそう価値志向的なものに変える原点になった。教育制度の中核に能力別学級編成が厳格に組み込まれ、価値教育にいっそうの重点がおかれるようになったのである。

ここで、リー・クアンユー首相の英語重視の教育に対する評価、両報告書に関わる教育面の新機軸についてもみておかねばなるまい。

◆リー・クアンユー首相による英語重視の教育に対する評価

1974年、リー・クアンユー首相は、英語での教育を受けた中国系住民に、子供たちを中学校に進ませるつもりならばその教育環境を考慮してまず華語系小学校に入れるように勧めたと報じられている[53]。確かにリー・クアンユー首相自身、長男で2004年8月首相に就任したリー・シェンロン氏を含む子どもたちを華語系小学校に通わせた後、英語系中学校に進学させた。リー・クアンユー首相は英語の使用価値を十分に認めながらも、英語にさらされるあまり、先人から受け継ぐべき過去の文化や遺産を身につけずに終わってしまう事態を危惧し

---

50) *Report on the Moral Educaiton 1979*: 4-5.
51) Ibid.: 8.
52) Ibid.: 12.
53) Gopinathan 1980: 178.

ていたのである。首相在任最後の年、1990年の夏には、1965年、つまり独立時からやり直せるならば、文化的価値がわれわれの強みであることを考えて、華語系の小学校を残した教育制度にしたであろう、と述べたほどであった。

華語校出身の中国系住民と英語校出身の中国系住民とでは、性格や価値観、行動規範に違いがあると言われているのである。すなわち、華語校出身の、控えめで責任感が強く、勤勉で落ち着きがあり、伝統文化を尊重するという。これに対し、英語校出身者の場合、単純で自己中心的で落ち着きがなく、享楽的でさえあり両親や目上の者を尊敬しないという。リー・クアンユー上級相は回顧録で同様の内容を述べ、1980年から始まった特別補助計画校（次項参照）はこの点、伝統的な華語校にあった礼儀正しさや規律を受け継ぎ、規律が緩みがちな英語校よりも優秀であると評価する。

リー・クアンユー首相は1977年の訪米に際し、シンガポールの経済発展の代価を言語・教育政策との関連において次のように述べた。

> Amongst the more unexpected changes was the adoption of contemporary Western attitudes to work by our young. There is the same desire to avoid taking jobs which are considered demeaning or are dirty or heavy....
>
> Perhaps, if we had not made the learning of the English language compulsory in all schools, exposing a whole generation to the mass media of the English-speaking world, television, newspapers and magazines, these values and attitudes may not have been absorbed. But without the English language, we might not have succeeded in teaching so quickly a whole generation the knowledge and skills which made them able to work the machines brought in from the industrial countries of the West.

まったく予想しなかったことに、若者は西洋のさまざまな望ましくない価値や態度を吸収してしている。しかし、英語の学習を義務化して英語世界のマス

---

54) Rodringuez 2003: 222, 235.
55) Gupta 1997: 25.
56) Buchanan 1972: 277; Kuo 1977: 25-26. 現在では異なるとLau（c1999）は述べる。
57) Lee c2000: 179.
58) De Souza 1980: 215.

メディアにさらさなかったなら、西側工業国の知識や技術をこれほど素早く吸収することはできなかったであろう、と英語重視の2言語教育が功罪相半ばであると述べたのであった。

◆特別補助計画校の設置

シンガポール政府は1979年、特別補助計画校 (Special Assiastance Plan Schools) を一部の華語校に設置した。南洋大学（華語校）のシンガポール大学（英語校）への吸収に象徴されるように、華語校が消えゆくなかの設置であった。

特別補助計画校とは第1言語である英語と第2言語である華語を同水準で学ぶ中学校であり、したがって基本的にマレー系住民やインド系住民ではなく、中国系住民の、しかもエリートの学校である。小学校卒業試験の結果がシンガポール全体の上位10％以内で、しかも華語と英語の成績が上位でないと、入学できない。学校設立の目的からして当然ではあるが、中国文化の素養があるかどうかは入学の前提にはなっていない。特別補助計画校は当初9校であったが、2000年に10校になった。

この特別補助計画校に対しては、英語校で教育を受けた中国系住民でさえ国民の統合に反するのではないかと疑義を寄せたほどである[59]。シンガポール政府の目的は、平均的な児童・生徒の第2言語の水準を下げても、一部の学校では第2言語の高い水準を維持するためであった[60]。

◆才能教育の実施

1984年、シンガポール政府は才能教育 (gifted educaiton) を導入する。シンガポールの場合、才能教育とは拡充教育であり、発見学習などによって才能児の思考技術の発達を促し、創造的な才能を養うものである。

小学校4年から中学校4年までの計7年間の才能教育プロジェクトには毎

---

59) George 2000: 176-177.
60) 1985年に、小学校卒業試験と大学入学のためのGCE-A (Advanced) 水準試験で、第2言語の合格に必要な水準が下げられた。これは女子生徒の第2言語の成績がよく、女子生徒の方が男子生徒よりも数多く大学に入学できるため、男子生徒を大学により多く入学させるための措置であった (Tremewan 1994: 112-113)。

年、2段階の選抜試験を経た小学校4年生の上位1％（毎年およそ500人）が参加する。高度に選抜主義的なプロジェクトであり、初等教育段階で才能教育プロジェクトに参加していても、中等教育段階での参加は自動的ではなく、小学校卒業試験をはじめとする試験の結果や学業成績によってその参加が決められる。実力主義の徹底である。

　才能教育はまた、国家の進歩と繁栄に資する人材を養成することを目的とし、社会や国家に奉仕する気概を持つ、責任ある指導者としての資質を身につけることを才能児に期待する。

　政府は同プロジェクト参加者の追跡調査を行い、『ストレーツ・タイムズ』も才能教育プロジェクト参加者の活躍を定期的に報道する。

　一般の人々にはしかし、同プロジェクトはエリート主義と映り、才能児への惜しみない教育投資に対する社会への還元が見えにくいとされている。[61]

1-5　教育制度の統一と実力主義

　1983年12月、シンガポール政府は1987年1月に始まる1987年度からのシンガポール全土一律の教育制度（national stream）への統一を発表する。国家的な教育制度の確立であり、国民の形成に向けて大きく前進することになる。実際のところ、4言語は決して平等ではなかった。小学校卒業後の雇用と進学を視野に入れ、一般に現地語校より教育水準の高い英語校へ入学する児童が増え続け、華語校だけが残っていた1983年には英語校への入学が全児童の99％に達したからである。実利主義に基づく子どもたちの親の選択の結果であった。この政府決定によって、民族にかかわらず、一律の教育制度、すなわち英語重視の2言語教育に基づく能力別学級編成が子どもたちを包摂することになる。子どもたちの親も否応なしに英語を基軸とする教育制度に関わりを持つことになる。

　シンガポール政府は何ら強制的な措置を採らずして、子どもたちの親の意向による選択だけで、英語中心の2言語教育を核とする、単一の教育制度への移行を成し遂げた。教育制度のより合理的な運用が可能になったのである。文化的にみるならば、いわゆる方言が社会の表から消えていくことを意味していた。

61）　*Straits Times* 電子版　January 2, 2008など参照。

教育制度の統一は教育内容の統一であり、同一教科書、あるいは内容が同等の教科書の使用を意味する。教育内容の統一は政府にとっては国民意識の統一がいっそう容易になる一方、社会にとっては進級・進学のための選抜における実力主義が貫徹することになる。さらに、学歴が実力主義によって得られる以上、学歴という資源が教育終了後の職業的地位や所得に変換され、その差異がシンガポールでは非常に明確なため、実力主義は広く社会的に共有されるものとなっていく。

　1987年、シンガポールの教育制度は国家的な制度に統一され、シンガポールの人々、とりわけ学校教育を受ける子どもたちとその親の言語と思考は政府により認識と解釈の枠組みを与えられることになる。

2　シンガポール社会と「アジア的価値」

　シンガポールの教育制度は同国の経済開発のあり方と密接に結びついている。教育制度が経済開発に資するように改革されてきたのは先にみたとおりである。

　英語中心の2言語教育を特色とする教育制度はしかし、問題を孕むものでもあった。その問題とは、英語中心の教育を通じての、個人主義をはじめとする西洋的価値観の広がりである。これは、リー・クアンユー首相、そして『ゴー報告書』によっても指摘されたように、英語による教育を受けることによって英語文化の基底にある個人主義によって西洋的価値観が広がるということである。西洋的価値観に反対する与党人民行動党政権は、政府キャンペーンや学校教育を通じてシンガポールの人々に「アジア的価値」を浸透させることによって、西洋的価値観の広がりを防ごうとする。シンガポール政府が考える「アジア的価値」とは、同政権がシンガポールの経済発展と政権支持の基盤となったと考える、勤労や倹約を重んじ、個人よりも家族や地域社会を、さらに国家の秩序を上位におく考え方である。

　シンガポール政府が展開する「華語を話そう」運動における華語とは西洋化が著しいと政府がみる中国系住民に対して伝統的な中国の文化的アイデンティ

ティの確立を促す言葉である。また、「日本に学ぶ」運動における日本とは、西洋的価値によってではなく、「アジア的価値」によって発展したとシンガポール政府がみる日本である。「宗教知識」の一科目「儒教倫理」や「共有の価値（Shared Values）」には、同政府が国民に実践を望む価値である家族の絆や社会的義務の重視、そのことを通じての国家指導者への恭順など特定の「アジア的価値」が含まれている。

2-1　「華語を話そう」運動

　シンガポールは、常に何らかの政府キャンペーンが行われている「キャンペーン国家」である。その内容はライフスタイルや礼儀作法から国民意識の昂揚にまで及び、「草の根組織」や政府機関が実施の中心となるが、言語の使用も言語・教育政策の一環として政府キャンペーンの対象になってきた。まず対象になった言語は華語である。[62]

　毎年秋――シンガポールは北緯1度に位置し1年を通じて気温は30度に近いが、北半球の季節を使用している――1ヶ月間の恒例行事となった「華語を話そう」運動は1979年に始まった、中国系住民を対象とする政府による社会運動である。[63]前年の1978年2月にリー・クアンユー首相が、中国系住民は中国系諸語（特に福建語）ではなく華語を使うことが緊要であるとテレビ対談で述べたことが契機であった。リー・クアンユー首相自身、華語の重要性を強調するために、選挙時の野党対策を除いて、福建語での演説をやめたと回顧録で述べる。[64]華語を解しない高齢者などに対しては選挙対策として福建語を使ったのである。

　「華語を話そう」運動は、文化的には中国系住民の英語使用への傾斜が個人主義など好ましくない西洋的価値観を広めているとのシンガポール政府の懸念に裏打ちされたものである。政治的には、英語で教育を受けた閣僚が同国を牽

---

62) *Singapore Infomap*＜http://www.sg-World Famous Campaign City＞には各種キャンペーンが紹介されている。
63) Kuo 1984; 田中　2002参照。
64) Lee c2000: 179.

引し英語の中心化が計られるなか、華語で教育を受けた中国系住民に対する懐柔策という側面も否定できない。1978年、華語系の南洋大学の入学者減と水準低下に対して、英語系のシンガポール大学との共同キャンパス構想が政府によって実施されたところだったのである。

　学校教育に関しては、『ゴー報告書』が指摘しているように、中国系児童の場合、家庭言語が福建語や潮州語など中国系諸語であって華語ではなく、学校での華語と英語の学習が負担となって、どの言語も文化も中途半端であるとの認識がシンガポール政府にはあった[65]。中国系諸語は漢字という表記法を共有しているものの、話し言葉における音調の差が非常に大きい。そこで、家庭でも華語を話すようにすれば、学校に通う児童の負担が減り2言語教育の成果が上がると考えられたのである。1979年の標語「多講華語、少講方言！」(Speak More Mandarin & Less Dialects ！)は「華語を話そう」は運動の目的を端的に示している。

　対外的な事情もあった。ひとつは、中国が1978年末に改革・開放路線への転換を決定し、シンガポールの市場として中国が有望視されたからである。もうひとつは、シンガポールが東南アジアの平和と安全の確保を目的とするASEANの設立（1967年）に参加し、国際環境も中国の外交政策の転換によって1970年代末には大きく変化したことから、同国の中国性を顕在化させても問題はないとの政治的判断もあったからである。

　「華語を話そう」運動にはテレビやラジオ、新聞、特に華字紙[66]、各幇の同郷組織、「草の根組織」が大きく貢献した。メディアが政府の管理統制下にある[67]ことを考えれば、メディアの役割は驚くに当たらない。たとえば、シンガポール放送公社 (Singapore Broadcasting Corporation) は、人気のある、香港の連続テレビドラマを広東語から華語に吹き替えて放送した[68]。また、この運動の初期には、華語校で学んだ中国系住民も非常に積極的に反応した。

---

65)　*Report on the Ministry of Education 1978.*
66)　1980年の普及率は90％である（Kuo 1984: 51.）。
67)　検閲は国外事情よりもむしろ国内事情に対して厳しく、外国のテレビ番組や映画、コマーシャルには輸入制限はないが、検閲を免れるわけではない（George 2000）。新聞に対する規制に関して、Seow 1998参照。
68)　Kuo 1984: 54.

もっとも、1980年代、中国系の人名の華語読みへの変更はうまくいかず、地名の華語読みへの変更もすべて順調にいったわけではなかった[69]。
　国勢調査によれば、華語の使用はほかの中国系諸語とは逆に増加の傾向にあり[70]、シンガポール政府は1990年国勢調査の報告書（1993年発行）において、「華語を話そう」運動の成功を結論づける[71]。2002年秋には、米国やインドネシア、タイなどからの外国人がシンガポールの語学学校の短期華語講座に参加するのは、華語と英語が使われているという同国の言語環境を外国人が好むためであるとする政府系紙による報道もあった[72]。
　近年では「華語を話そう」運動のホームページも開設され、中国系住民の伝統や文化、華語の学び方、華語のホームページへのリンクなどの情報に加えて、中国系住民が祝う旧暦の新年向けに電子版年賀状が用意されていたりする[73]。ただ、一般には年賀状の交換は西暦で行われている。
　現在、口語水準の上昇が課題とされ、華語文化への幅広い関心を呼び覚ますことにより課題の解決を図ろうとしている[74]。
　同運動の対象は中国系諸語を話す中国系の中高年層から、英語を話す中国系の青年層へと、華語の普及と中国の台頭を踏まえて変化している[75]。

　「華語を話そう」運動は中国系住民の共通語としての華語の普及に貢献した。しかし中国系住民についても、ほかの民族についても、この運動には考えるべき点が残されている。

2-2　「日本に学ぶ」運動

　労働の場においてシンガポール政府は1980年から「日本に学ぶ」運動を展開

---

69) Gopinathan 1998: 26-27.
70) *Census of Popation Singpore 1990: Literacy, Languages Spoken and Education*: 5; *Census of Population 2000: Advance Data Release*: 28. このほか、池田 1993: 8.
71) *Census of Population Singapore 1990 Literacy, Languages Spoken and Education*: 5.
72) *Straits Times* 電子版, September 23, 2002.
73) Speak Mandarin Campaign, available at http://spkmandarin.cbn.com.sg/.
74) Ibid.; *Straits Times* 電子版, October 30, 2007.
75) Gopinathan 1998: 25; Singapore Government Media Release, September 9, 2001.

した。[76]

シーレス（Dr. B. H. Sheares）大統領の「今後の極めて重要な課題（*The Vital Tasks Ahead*）」と題された第5国会開会演説（1981年2月）には、日本から何を学ぶべきかが次のようにはっきりと示されている。

> Singaporeans are maturing as a nation with our own life styles and our own aspirations. We can learn from the West and Japan. We want their technology and knowledge, but our basic values, the essentials of our philosophy of life, must be preserved. We cannot imitate the life styles or the ephemeral fancies of other peoples without doing damage to ourselves. However, we can benefit by importing from America, Europe and Japan the latest advances in medical science, computer software, the manufacturing process for high-technology products to upgrade our economy. We can learn from Japan how to organise our society so that we become a more cohesive and a more united nation, with each Singaporean keenly aware of his responsibility to his family, to his fellow workers, to his employer and to his country.[77]

シンガポール人は独自の生活様式と抱負を持つ国民として成熟しつつあり、欧米や日本から学びたいと思っているが、学びたいのは技術や知識であって、われわれの生活に関わるさまざまな基本的な価値は大切に守っていきたい。日本からは社会がどのように組織されているかを学んで、シンガポール人の一人ひとりが家族や職場の仲間、雇い主、そして国に対する責任を十分に自覚して、シンガポールがいっそうまとまりある社会になるようにしたい、という演説である。日本社会を見習って経済発展をという演説と要約できよう。

シンガポール政府は、大統領の演説にあるように、日本の経済的成功を労使協調や伝統的価値観に求め、企業別組合や企業内福祉、品質管理（QC）サークルなどを推進した。

しかし、何の問題もなくすべてが受け入れられたわけではなく、企業内福祉には人気がなかった。[78]「日本に学ぶ」運動にあたって同政府は、好ましいと思[79]

---

76) Leggett 1988; Rodan 1989=1992: 210-216; 田中 2002: 142-144.
77) *The Vital Tasks Ahead* (GOS).
78) Lin 1984: 22-24.
79) Leggett 1988: 188.

われる日本的諸制度の一部を選び、労働者の利益が特定企業に結びつけられることなど否定的側面は無視したのであった[80]。

シンガポール政府は日本の経験から同国の発展にプラスと認められる「アジア的価値」を選択した。選択の基準はシンガポール社会との親和性ではなかったのである。

2-3 「宗教知識」の導入

教育の場においても、シンガポール政府はアジア化によって西洋的価値観の広がりに抗しようとした。1981年、『1979年道徳教育報告書』の勧告に従って国家への忠誠や社会的責任を説く「存在と成長（Being and Becoming）」が試験的にある中学校で実施された。また、「公民」を発展させた華語教材「良き市民」が小学校で導入され、80％以上の小学校で使われた。そして、メディアを動員した儒教キャンペーン（1982年）に続き、中学校高学年での必修選択科目としての「宗教知識」が導入される（1984年）[81]。

「宗教知識」とは、儒教倫理、イスラーム宗教知識、聖書知識（旧教）、聖書知識（新教）、仏教学、ヒンズー学、世界宗教、シーク学で構成される科目であるが、眼目は、中国に関わる「儒教倫理」であった。ただ、儒教は倫理であって宗教ではないので、他の宗教と対立するのではなく、他の宗教を補う普遍的なものと理由づけされ、多民族社会において伝統とみなされる諸宗教が動員されたという。使用言語については、儒教倫理では英語か華語、イスラーム宗教知識ではマレー語か英語、聖書知識では英語、仏教学では英語か華語、ヒンズー学とシーク学では英語が使われることになった。儒教倫理が英語でも学習できることは、華語の運用能力が低下するなか、生徒たちの理解と試験での成績、教員の確保が優先された結果である。

儒教倫理はなかでも英語使用層が増加している中国系の生徒が対象とされ、儒教における家族の絆や努力、忍耐、社会的義務の重視を現代のシンガポール

---

80) Rodan 1989=1992: 214-215.
81) 田中 2002; Tamney 1988; Wong 1996.

に適合するよう政府が解釈した。したがって、経済活動や女性の軽視、宗教間の歴史的確執などの側面は同政府に都合のよいように修正された[82]。しかも、内容はシンガポールの日常生活とかけ離れていた[83]。

　道徳教育は以前より行われていたが、家族構造から国連までを含み、あまりにも範囲が広いため、現行の道徳に代わる、宗教学による道徳教育の改善などが『1979年道徳教育報告書』で勧告されたためである[84]。また、「宗教知識」導入の背景として、日本や韓国などアジアNICsの発展によって儒教の経済発展に対する適合性を主張する新儒教主義の興隆もあげられる。「宗教知識」導入の前年には、儒教の現代的解釈のために東アジア哲学研究所（Institute of East Asian Philosophy）が設立され、ハーバード大学から招かれたツー・ウェイミン（Tu Wei Ming）教授が儒教教育に指導的役割を果たすことになった。

　表2-1は民族別の宗教を示したものである。中国系住民の信仰する宗教が、仏教、中国伝統信仰（traditional Chinese beliefs）・道教が72％強、キリスト教が11％弱、無宗教が17％弱（1980年）という状況下において、「宗教知識」が導入されたことがわかる。

　結局、「宗教知識」においては、政府が重要視する儒教倫理に中国系住民の支持が集まらなかった。1989年の調査では、選択する生徒が20％を切り、仏教学や聖書知識を下回ったのである[85]。また、シンガポール政府は授業における宗教活動や他宗教の批判を禁止し、いかなる宗教紛争への言及も避けるように指導した[86]。

　しかし、1980年代後半に入り宗教が活性化した——英語で教育を受けた中国系住民の若者がかなりの数、キリスト教に改宗し、また仏教が興隆した——こともあって、「宗教知識」は5年後の1989年、必修選択科目から選択科目へと変更され、東アジア哲学研究所も1990年には政策研究所（Institute of Policy Studies）へと衣替えされた。

---

82) 田中 2002: 154; Tamney 1988: 120-124.
83) 田中 2002: 155-157.
84) *Report on the Moral Education 1979*.
85) Wong 1996: 288-289.
86) Tamney 1988: 115, 121.

表 2-1 民族別宗教 　　　　　(単位：%)

民族／宗教	1980年	1990年
華人		
キリスト教	10.7	14.0
仏教	34.1	39.3
中国伝統信仰・道教	38.4	28.4
イスラーム教	0.1	0.2
その他	0.1	0.1
無宗教	16.6	18.0
マレー人		
イスラーム教	99.6	99.6
その他	0.5	0.4
無宗教	0.1	0.2
インド人		
キリスト教	12.5	12.2
イスラーム教	21.7	27.0
ヒンズー教	56.5	52.6
その他	8.1	7.0
無宗教	1.2	1.2
その他の民族		
仏教	5.7	6.9
キリスト教	72.4	60.6
イスラーム教	13.1	24.7
ヒンズー教	0.5	0.7
その他	2.4	2.3
無宗教	5.9	4.8

出典：*Singapore Census of Population 1990: Statistical Release 6, Religion, Childcare and Leisure Activities.*

　「宗教知識」においても、シンガポール政府は効率的な統治と経済発展に必要と認められる価値を選択して子どもたちに提示したのである。

2-4 「共有の価値」の提示

　シンガポール政府は「宗教知識」の選択科目化でもって、西洋化の望ましくない側面の広がりに抗する試みをやめたわけではなかった。西洋的価値観にさらされている社会として、同政府は中国的な価値観の押しつけにならず、全民族が共有できる「アジア的な価値」を国民に提示する。

　1991年1月、国民に提示された「共有の価値」がそれである。リー・クアン

ユー首相の「第一に社会、第二に社会の一部として個人」という発言（1988年）が基礎となっている[87]。「共有の価値」は当初、「国家イデオロギー（National Ideology）」と名づけられていたが、仰々しくないよう、また諸価値の持つ意味が正確に伝わるよう、変更された[88]。

『「共有の価値」に関する白書』は、確たるシンガポール人のアイデンティティというものが形成されていないうえ、英語を話す先進世界からの影響を、英語による教育を受けた世代は翻訳を介さずに吸収している、と述べる[89]。問題はしたがって、次のようである。

> If the present generation does not guide new generations growing up in a different environment, who knows what values they will pick up. They may inadvertently lose their bearings, or jettison values which have underpinned Singapore's success, ...[90]

「共有の価値」は、このままでは、若い世代がシンガポール政府からみればとんでもない、個人を何よりも大切にするなどという「西洋的な価値」を身につけてしまい、現在の経済的な豊かさの基盤となった、地域や社会を個人の都合より優先して考えるという価値観を失いかねない、というシンガポール政府の危機感から出ていると言えよう。

『「共有の価値」に関する白書』は中国系住民以外のシンガポール人に儒教的価値を押しつけるつもりは毛頭ないとする一方、多くの儒教的理想がシンガポールに有意であり、なかでも「君子」による政府という概念は同国にしっくりくると述べる[91]。シンガポールの経済的成功が人民行動党長期政権の支持基盤となってきたからこそ、それを支えてきたと政府が考える価値観の変化が政府にとって問題なのである。

「共有の価値」は4つの公用語で公表されているが、英語では次のようである。

---

87) Nair 1994: xii.
88) "Our Shared Values," in Quah, ed., 1999: 118.
89) White Paper on "Shared Values," in Quah, ed., 1999: 106-107.
90) Ibid.: 107.
91) Ibid.: 113-114.

・Nation before Community and Society above Self
・Family as the Basic Unit of Society
・Community Support and Respect for the Individual
・Consensus, Not Conflict
・Racial and Religious Harmony[92]

　「共有の価値」は、地域社会よりも国家を、個人よりも社会を重視し、社会の基本単位として家族を位置づけ、個人に対する地域社会の支援と尊重を要請し、対立することなく合意によって物事を解決し、人種間・宗教間の寛容と調和を強調する。政府からみて望ましいシンガポール人とはよって、個人ではなく家族を社会の基本的単位と考え、多民族・多文化のシンガポール社会において互いを尊重し、衝突を回避し、シンガポールという国を大切にし、シンガポールという国にアイデンティティを見いだす人々ということになる。

　「共有の価値」は人民行動党政権が理想とするシンガポール人によるシンガポール社会のあり方を端的に描くものである。ところが、「共有の価値」は大々的に報じられたにもかかわらず、シンガポールの人々は無関心か否定的であった[93]。しかし政府としては、西洋化の否定的側面の影響を可能な限り抑えるために、是非とも広めたい「アジア的価値」である。

　シンガポール政府は、家族は社会の基盤という考え方に基づき、1994年、「シンガポールの家族の価値（Singapore Family Values）」（次章参照）を打ち出し、1999年、21世紀シンガポールの構想『シンガポール21』[94]においても「家族の強い絆——われわれの礎、われわれの未来」をシンガポール社会を支える5つの根本概念のひとつにあげている。

　家族が社会の基礎的な単位であることはシンガポールに限らないが、家族が社会関係の基礎であり、人口を再生産して社会化する役割を持つゆえ、国家のあり方を左右する家族に、日本が総力戦体制の確立に向けて家族に大きく介入したのと同様、さらなる経済成長を目指すシンガポール政府は大きな関心を寄せていると思われる。

---

92)　Quah 1999, ed.: 121.
93)　Chiew 1999.
94)　*Singapore 21* (GOS).

「華語を話そう」運動によって華語はかなり普及したものの、「日本に学ぶ」運動や中学生の「宗教知識」選択は政府が望んだような結果を伴ったわけではなかった。シンガポール政府はこの失敗に鑑み、自らが定義する「アジア的価値」を「共有の価値」として社会に提示する。シンガポールの人々の考え方や振るまい方の核となるもの、あるいは人々を繋ぐものの創成を学校と社会での価値教育で実現しようとしたのである。

「アジア的価値」とはつまるところ、シンガポール政府の政治的・経済的な動機によって選ばれた価値の集合であり、必ずしもシンガポールの人々がよりどころにしてきた、あるいはシンガポールの人々を律してきた価値ではない。政府が「アジア的価値」を浸透させようとしたのはそのためであり、効果的な統治と経済成長の加速を意図したからにほかならない。

3 学校での価値教育

シンガポールの人々に共通の体験や考え方があれば、「共有の価値」にあるような個人よりも社会を、地域社会よりも国家を優先する価値観を補強できると政府が考えたのが学校で、また社会で行われることになった「国民教育 (National Education)」である。

3-1 「国民教育」の導入

「共有の価値」は、1997年以降、「国民教育」として学校教育で基盤を与えられることになる。シンガポールの独立以降に生まれた世代がシンガポールのマレーシア連邦への編入や同連邦からの分離・独立、国家建設の苦難などシンガポール現代史をよく知らないことが1996年、明らかになったことをきっかけに、ゴー・チョクトン (Goh Chok Tong) 首相が1996年9月、「教師の日大会 (Teachers' Day Rally)」で、「国民教育」の導入を示したのである。首相演説の核心を引用する。

> National Education goes beyond book knowledge. It is an exercise to develop instincts that become part of the psyche of every child. It must engender a

shared sense of nationhood, an understanding of how our past is relevant to our future. It must appeal to both heart and mind.[95]

「国民教育」は、単に子どもたちの持つシンガポールについての知識を増やすのではない。「国民教育」とは子供たちにシンガポールの歴史が決して平坦な道ではなかったことを体得させ、シンガポール国民としての一体感を持たせ、シンガポール国家に対する責務を自覚させるための教育という位置づけである。

「国民教育」が子どもたちに伝えるべき内容は、以下のように6つのメッセージに要約されている。

1　*Singapore is our homeland; this is where we belong.*
　　We want to keep our heritage and our way of life.
2　*We must preserve racial and religious harmony.*
　　Though many races, religions, languages and cultures, we pursue one destiny.
3　*We must uphold meritocracy and incorruptibility.*
　　This means opportunity for all, according to their ability and effort.
4　*No one owes Singapore a living.*
　　We must find our own way to survive and prosper.
5　*We must ourselves defend Singpore.*
　　No one else is responsible for our security and well-being.
6　*We have confidence in our future.*
　　United, determined and well-prepared, we shall build a bright future for ourselves.[96]

ここでも「われわれ (we)」という人々に一体感を与える言葉が頻出する。シンガポールはわれわれの故郷であり、人種と宗教の調和を保ってひとつの運命を追求し、実力主義、汚職との無縁を原則に、シンガポールを社会的にも防衛し、一致団結し将来に備えることでシンガポールの未来を確固たるものにする、という内容である。このメッセージには「国民教育」を準備する委員会に、

---

95)　Tan and Wan 2003: 3.
96)　Ibid.: 5.

防衛省からの委員も入っていることが反映されていると思われる。要約すれば、「国民教育」とは、愛国心の涵養のための教育と言えよう。

　リー・シェンロン副首相は1997年、「国民教育」の開始にあたって、国民が結束し、シンガポールの歴史的・社会的な事実を知って国家に帰属感を持ち、未来に自信を持つようになることが目的であると上記の点を簡潔に述べている[97]。

　シンガポールについての事実のなかには政府の統治原則、すなわち、1）実力主義の貫徹、2）教義の正しさではなく、結果の重要性、3）指導力の基軸性も含まれている[98]。これは、実力主義が教育現場、そして労働市場における原則としてシンガポールの人々に幅広く受け入れられ、人民行動党政権が高度経済成長の実現、生活水準の大幅な向上という点において確たる実績を上げ、またそれが歴代の政府指導層による統治の正当性に結びついているということを政府として再確認したものと思われる。

　「国民教育」には教育水準別の目標もある[99]。小学校では「シンガポールを愛する（Love Singapore）」——シンガポールに関するさまざまな事実を知り、国家への帰属感を持つ——、中学校やポリテクニックでは「シンガポールを知る（Know Singapore）」——良き市民としての価値を内面化し、同国の生存と成功がいかに豊かな生活にとって必要かを理解する——、そしてジュニア・カレッジなどの大学予備校、大学では「シンガポールを導く（Lead Singapore）」——同国をめぐる地政学を理解し、自らの才能を国家のために捧げる気概を持つと同時に、地域社会に奉仕し弱者へのいたわりを持つ——である。

　「国民教育（NE）」の学校教育における位置づけをみてみよう[100]。

1　NE is part of Total Education.
2　NE must be instilled in the teachers and principals first.
3　NE must involve every teacher.
4　NE must appeal to both the heart and mind.

---

97)　NE Branch, 2003.
98)　Ministry of Education (MOE) website.
99)　Ibid.
100)　National Education Branch, 2003.

5 NE must develop thinking.
6 NE must be reinforced by society.

　「国民教育」は単一の科目ではなく教育全体の一部であって、教育媒体言語を問わずあらゆる科目で「国民教育」を体得した教員と校長を通じてその精神が生徒に身体化されるべきで、社会的取り組みによっていっそう実をあげるべきという位置づけである。

　「国民教育」の目的と理由、具体的な学習内容については、小学校社会科(Social Studies)の教科書「われわれの世界の発見(Discovering Our World)」シリーズの6年生前期用の Our Progress As a Nationでも「われわれの教育」という章で3頁にわたって、学習水準の異なる2コースともほとんど同一の記述と同一の写真で扱っている。[101] どちらのコースであっても、「国民教育」は同じ比重を持つと解釈できる。

3-2　学校教育にみる「国民教育」

◆「国民教育」の方法と内容
＜カリキュラムの改定＞　「国民教育」の中核となる科目である社会科、公民および道徳、歴史、地理、大学入学のための論文のカリキュラムの改定が行われた。有機的な構成で、より鮮明に「国民教育」の観点を打ち出したのである。
　このカリキュラム改定はカリキュラムが単に一定の知識の伝達を組織化したものではないことを示している。カリキュラムがシンガポール社会において職業的・専門的価値を権威的に配分すると同時に、シンガポールという社会的・政治的文脈に照らして国民統合を図るために必要な公民的価値や道徳的価値の権威的配分を行う社会的構成物であることを示すものである。[102]
＜歴史的に重要な日に関する学習＞　シンガポール史にとって重要な日をどの世代も十分自覚することを目的とする。
　学校で教科書を使って学習することにより、一定の範囲の知識をシンガポー

---

101)　*Discovering Our World: Our Progress As a Nation- Social Studies 6A*, EM 1/2：54-56;
　　　Discovering Our World: Our Progress As a Nation- Social Studies 6A, EM 3: 52-54.
102)　熊谷　1993．

第 2 章　言語と思考の国民化

ルの子どもたちが共有することになり、思考の共通化の基盤ができあがる。

* 全面防衛の日（Total Defence Day、2月15日）：1942年、英領下のシンガポール が日本に陥落した日
    * 全面防衛とは、戦時だけではなく平時においても国家としての強靱性を社会の各方面で日常的に高めるために、軍事的防衛のみならず、経済的（経済力）、心理的（愛国心と国への誇り）、社会的（民族融和と弱者への援助）、民間（緊急事態への対応）防衛の強化を狙った考え方。1984年に導入された。
* 国際友好の日（International Friendship Day、2学期の第3金曜日）：外交の重要性を確認する日
    2005年度の場合（4月8日）、同国が関係を深めつつあるサウジアラビアとアラブ首長国連邦の人々と文化の展示を17校が協力して行った[130]。
* 人種調和の日（Racial Harmony Day、7月21日）：1964年、独立の契機となった人種暴動が起こった日
    スポーツなどで他民族の友人を作り、自分の民族母語以外の会話クラスに参加することなどが奨励されている[104]。
* ナショナル・デー（National Day、8月9日）：シンガポール独立を記念する日
    祝典（後述）以外に、ナショナル・デーの前後には首相らがシンガポールの将来構想を発表し、国家に貢献した人々には叙勲が行われ、『ストレーツ・タイムズ』に発表される。

＜学習旅行＞　目的は博物館や美術館（の特設展）、記念碑などを訪問してシンガポールの過去を学び、その制約を理解し、今までの成果を十分に認識することである。

小学校社会科6年生前期用の*Our Progress As a Nation*では、第二次世界大戦の戦跡、具体的にはバトルボックス（Battle Box、後述）訪問を事例としている[105]。

博物館の展示や記念碑は特定の解釈の展示であり[106]、教科書と同じように思考の共通化を図るものと考えることができる。

---

103)　MOE　website.
104)　Ibid.
105)　*Discovering Our World: Our Progress As a Nation- Social Studies 6A*, EM 1/2: 55; *Discovering Our World: Our Progress As a Nation- Social Studies 6A*, EM 3: 53.
106)　木下　2002：124.

＜奉仕活動＞　子供たちが社会的な責任感を育み、地域社会やシンガポール国家の状況の改善に誰もが関わることができることを理解させるため、1年間に6時間、奉仕活動が義務となった。

　上記の小学校社会科6年生前期用教科書では、公園の清掃活動と高齢者施設訪問の写真を事例として載せている。[107]

＜NE小テスト＞　小学校6年と中学校4年で、NE小テスト──シンガポールについての基本的事実のコンピューター・ゲーム──を1998年から受けることになった。

＜NEショー：NDPのプレビューへの参加＞　愛国心を喚起しナショナル・デーの重要性を知ってもらうために、シンガポールの小学校5年生全員がナショナル・デー・パレードのプレビューであるNEショーに参加することになっている。

＜ナショナル・デーの祝典＞　ナショナル・デーの歴史的重要性と厳粛さを児童・生徒に体得させるために、学校で15分の式典が他の行事よりも格式を重んじて行われる。

　上記の小学校社会科6年生前期用教科書でも、「人種調和の日」と同じ程度に歴史的に重要な行事として、この式典の写真を載せている。[108]

◆シラバスにみる「国民教育」

　カリキュラムを具体的に運用するためのシラバスには「国民教育」が埋め込まれている。民族母語で学ぶ科目からみてみよう。

　「小学校公民および道徳シラバス」（2000年導入）は「共有の価値」、「『共有の価値』に関する白書」の家族の項に則った「家族の価値」（次章参照）を基本に、目標としてシンガポールを愛し社会や国家の福祉に貢献する人材の育成を掲げる。[109] シラバスは子供たちが家族、学校、社会、国家と関係を広げるなかで、家

---

107) *Discovering Our World: Our Progress As a Nation- Social Studies 6A*, EM 1/2: 56; *Discovering Our World: Our Progress As a Nation- Social Studies 6A*, EM 3: 54.
108) *Discovering Our World: Our Progress As a Nation- Social Studies 6A*, EM 1/2: 54; *Discovering Our World: Our Progress As a Nation- Social Studies 6A*, EM 3: 52.
109) Civics and Moral Education Syllabus, Primary School, available at http://www.moe.gov.sg.

族を大事にして親孝行をし、学校に忠誠心を持ち、良き市民となって社会の法規を守り、国を愛し守る、有能な指導者を正しく評価し実力主義を信奉するという方向に構成されている。国旗や国歌、「誓い」は低学年で学ぶ。中学校以降は英語での「公民および道徳」となり、同国の政治などより高度な内容となる。

英語で学ぶ科目に移ろう。たとえば、2000年からの「小中学校数学シラバス」には、「国民教育」を国家的で現代的な問題を例にすれば数学に組み込むことができるとある。具体的には中学校向けに「日本のシンガポール占領は何日間だったか、シンガポールの歴史と防衛を議論せよ」、「水と電気の消費に関して学び、家庭や学校での消費量削減方法を議論せよ」という例があげられている。[110]

「小学校美術工芸シラバス」(2000年導入) は「国民教育」が組み込まれていることを冒頭に示す。[111] そして、全学年、シンガポールの歴史や文化遺産としてシンガポール芸術を鑑賞し、それらに誇りを持つことを学習成果として期待し、どのテーマ（人々と生物、美術品、場所と行事、経験、伝統と文化）にも組み込まれるべきと述べる。

2000年からの「中学校低学年地理シラバス」は1995年版を改定し、「国民教育」の観点をシンガポール事例研究に取り入れた。[112] 具体的には、人口の高齢化——96年、国民と永住者、すなわち居住者に占める60歳以上の割合は10.0％になった[113]——や水の供給や埋め立て——シンガポール島の南の海岸線やジュロン島などはかなりの土地がが埋め立て地である——、環境保護などであり、学習目的には同国の戦略的脆弱性や制約、これらを克服するための戦略、同国の生存のための本能を培い国家の将来への自信をつけることが含まれている。校外学習の勧めもあり、国内の東海岸公園地域の埋め立て地の利用やハイテク産業、半島部マレーシアの米作などが例にあげられている。また、機会費用や脆弱性などの概念も学習することになっている。

2005年実施の「小学校理科シラバス」は、科学技術の環境への影響、シンガポールの緑化などの学習に「国民教育」が盛り込まれうることを注として示す。[114]

---

110) Wong 2003.
111) Arts and Crafts Syllabus, Primary, available at http://www.moe.gov.sg.
112) Geography Syllabus, Lower Secondary, available at http://www.moe.gov.sg.
113) *Singapore, 1997 Statistical Highlights*: 50

同年実施の「中学校低学年用理科シラバス」も同じ方式である。海水の脱塩化技術の項で、同国のニューウォーター（NEWater）――隣国マレーシアから大量の水を購入している同国は高度の下水処理技術を開発し、半導体工場などで使っている――に触れ、"No one owes Singapore a living"という「国民教育」のメッセージを伝えるよう注で促している。[115)]

◆教科書にみる「国民教育」

政府が認可する教科書は子供たちの社会化の一手段である。

＊小学校社会科

小学校社会科の教科書「われわれの世界の発見」シリーズ[116)]（1999年～2001年発行）の副題をみてみよう。4年生以降は各学年前期用と後期用の計2冊で、5年生と6年生は前期・後期とも学習水準の異なる2種類の教科書があるが副題は同じである。

 1年：Our School
 2年：Our Neighbourhood
 3年：Our Heritage
 4年：Our Physical Environment、The Dark Years
 5年：Birth of a Nation、Needs of a New Nation
 6年：Our Progress As a Nation、Our Links with Other Countries

学習内容の導入などには、どの教科書でも主要民族、すなわちマレー系、中国系、インド系、そしてその他の民族の代表としてヨーロッパ系の子供たちの絵が特定の民族に偏ることなく、平等に登場する。教科書はA4版に近い大きさのカラー印刷である。

1年生向けの教科書の副題は「われわれの学校」であるが、学校を舞台にして全面防衛の日などシンガポールにとって重要な4日間や教師への尊敬、国歌と「誓い」の斉唱・国旗掲揚および降納を学ぶ。重要な記念日についてみると、「全面防衛の日」の単元では誰もがシンガポールのために貢献できることを自

---

114) Science Syllabus, Lower Secondary, available at http://www.moe.gov.sg.
115) Ibid.
116) *Discovering Our World, various issues.*

第2章　言語と思考の国民化

覚し、「国際友好の日」の単元では世界にはいろいろな人々がいて言葉が異なり、「人種調和の日」の単元では一緒になって、もっと幸せにという"The More We Get Together"——歌詞は下記のようであり、米国ではキャンプの時によく歌われる——をクラスで歌って民族母語の歌を教え合い、「ナショナル・デー」の単元ではいろいろな人々がひとつになってシンガポールという国をつくっていて（One People, One Nation, One Singapore）、シンガポールのさまざまなことについて誇らしく思う、という学習内容である。各単元は見開き2頁で構成されている。

  The More We Get Together
         Written by: Unknown
         Copyright: Unknown
  The more we get together, together, together,
  the more we get together, the happier we'll be
  'cause your friends are my friends and my friends are your friends
  The more we get together, the happier we'll be.

　2年生で家族の誕生日や母の日、民族ごとの結婚式やお祭り、居住者委員会の行事を学ぶ。各民族は典型的な服装や食べ物、祭事の挿絵によって、わかりやすく提示されている。3年生以降は少しずつ視野を拡大し、まず近代までのシンガポールの歴史（重要人物や歴史的遺産を含む）を学ぶが、中国系、マレー系、インド系、ヨーロッパ系の人々がそれぞれシンガポールの発展に関わっていることが偏ることなく紹介されている。4年生ではシンガポールの地理（埋め立てを含む）、第二次世界大戦、戦後シンガポールの諸問題を学ぶが、学年後半に使用する教科書 *The Dark Years* で日本によるシンガポール占領をしっかり学習する。5年生で第二次世界大戦後から1960年代までのシンガポール史（国旗などの国家の象徴、「共有の価値」を含む）と現代シンガポールの諸問題（水、食糧、燃料、住宅、防衛）を、6年生で同国の発展（工業化や交通機関、教育）と東南アジアの歴史や地理、他国との経済的・軍事的・社会的協力を学習する。
　小学校社会科では6年間で社会のあり方と歴史の教訓、戦後のシンガポール政治の成果と課題を学ぶというしくみである。
　ここで、4年生の後半で使われる教科書、*The Dark Years* [117]の目次をみておこ

う。日本による占領には1章が当てられている。

1	Singapore before the War	3
2	The Coming of War	11
3	War in Singapore	19
4	Singapore under Japanese Rule	29
5	The End of War	41
6	Remembering People and Places of World War II	47
7	Problems after the War	57
8	Strikes and Riots	65
	Those Painful Years	76

「第4章　日本支配下のシンガポール」での学習内容は、第4章の扉に記されている。

・Japanese Treatment of the People
　＊Case of the missing Chinese men
・Shortage of Food
・How People Helped One Another in Difficult Times
・Making Life in Singapore More Japanese
　＊Encouraging the learning of the Japanese language
　＊Controlling newspapers, radio programmes and films
　＊Celebrating Japanese festivals

　第4章は、シンガポールの人々が日本占領下で、どのような生活を送らねばならなかったのか——日本人がシンガポール人をどのように扱ったのかということ、行方不明者のこと、食糧が不足したこと、困難な時代に人々がお互いに助け合ったこと、日本語を学習させられたこと、新聞やラジオ、映画が日本軍の管理下に置かれたこと、日本の祝祭や宮城遙拝に従わねばならなかったこと——をはっきりと子どもたちに伝える内容となっているのである。
　米国による日本への原爆投下については、「第5章　戦争の終結」で見開き2頁を使い、原爆投下に至る経緯と原爆投下による日本の降伏が、広島、長崎

117)　*Discovering Our World: The Dark Years-Social Studies 4B.*

に落とされたそれぞれの爆弾の絵とキノコ雲、焼け野原の写真とともに、記されている。本文は長崎への原爆投下を記し、次のように締めくくられている。

> Three days later, the USA dropped a second atomic bomb on Japanese city, called Nagasaki. More people died. Finally, the Japanese surrendered.[118]

長崎への原爆投下でより多くの人々が亡くなり、最終的に日本は降伏した、となっている。

しかし、同じ頁に記されている要点を記した文章は次のようである。

> The dropping of the atomic bombs made Japanese surrender.[119]

原爆投下は日本の降伏の原因であったという記述である。

4年生の後半に使用する教科書には戦争の記憶に関わる章がある。「第6章 第二次世界大戦に関わる人々と場所を思い出して」である。ここでの学習内容を第6章の扉の記述からみておこう。

- Men of Courage
    * Adnan bin Saidi
    * Lim Bo Seng
- Places That Remind Us of World War II
    * Kranji War Memorial
    * The murals at Changi Camp
    * The underground bunkers at Fort Canning
    * Civilian War Memorial

第6章では、第二次世界大戦中、シンガポールや東南アジアのために戦い死んでいった有名、無名の人々、なかでも日本軍の犠牲になったアドナン・ビン・サイディ (Adnan bin Saidi) とリム・ボーセン (Lim Bo Seng)、戦争の犠牲になった一般の人々を振り返り、捕虜になった人々の苦難の生活を偲び、英軍が日本軍と降伏の交渉を行った場所など戦争を思い起こさせる場所について学

---

118) Ibid.: 43.
119) Ibid.

習する。この章の最終頁にはシンガポールでの第二次世界大戦に関わる重要な場所11ヶ所を示す地図が名称ともに載せられ、何が起こった場所か説明してみようと、案内役の女の子が呼びかけている。第6章はしたがって、小学生に戦争に関わる公的な記憶を伝え、その共有を促す章と言うことができよう。

* 中学校歴史

中学校1・2年生の歴史教科書『われわれの過去を理解する　シンガポール：植民地から国家へ』(1999年発行) [120] の構成をみてみよう。第6章の「The Shonan Years」とはシンガポールが「昭南島」と改名された、日本によるシンガポール占領期間を指す。

Message to Pupils		iii
Our Modern Beginnings		
Chapter 1	The Founding of Modern Singapore	3
Chapter 2	The Immigrants: They Came They Settled They Contributed	17
Chapter 3	The British as Rulers	35
Our Vulnerability		
Chapter 4	External Events That Affected Singapore	51
Chapter 5	World War II and the Fall of Singapore	67
Chapter 6	The Shonan Years: Surviving the Horrors of War	89
Our Tumultuous Years		
Chapter 7	End of War and Post-War Problems	111
Chapter 8	Waves of Unrest: Strikes and Riots after the War	129
Our Road to Independence		
Chapter 9	Road to Self-Government	147
Chapter 10	Joining Malaysia	169
Chapter 11	On Our Own: Separation from Malaysia	183
Building Our Nation		
Chapter 12	Journey in Nation-Building	203
Chapter 13	Housing the People	221
Chapter 14	Building Up Our Defense Force	239
How to Use the Internet		257
Acknowledgements		258

---

120) *Understanding Our Past: Singapore from Colony to Nation* (CPDD).

本書は目次からわかるように2～3章、あるいは各章ごとに提示して要点を示すほか、写真や資料を多用し、図書館での学習や接続先を明示してインターネットでの学習も勧めている。また、シンガポールにおける徴兵制導入などには観点の異なる資料を提示して設問への解答と理由を尋ねたりしている。

日本との関係については、比較的多くの頁を割いている。第5章「第二次世界大戦とシンガポールの陥落」、第6章「昭南時代　戦争の恐怖を生き延びて」で東南アジア、特に同国での日本軍と日本軍政──リム・ボーセンなど抗日運動の英雄や日本占領下の状況──について詳細に記述し、独立や国防の重要性へと発展させ、現代シンガポールに関連づけているのである。

第6章「昭南時代　戦争の恐怖を生き延びて」で学習することは、連合国軍の捕虜と現地の一般市民の日本による扱い、日本占領下の生活、抗日団体、日本占領からの教訓であり[121]、学習細目は次のようになっている。

1　Coming under the New Masters
2　Meeting Their Fates
 2.1　The Allied Prisoners-of-War
 2.2　The Local Civilians
3　Living the Days of Darkness
 3.1　Fear
 3.2　Hardship and Suffering
 3.3　Propaganda
4　Fighting against the Japanese
5　Drawing Lessons from the Japanese Occupation

第6章は、小学校4年生での学習を前提に詳述されていると言ってよい。

日本への原爆投下については、ほぼ3頁が当てられている。原爆の投下とその影響を学習するほか、トルーマン大統領の原爆投下決定に関わる、対立する勧告が資料として提示され、学習者一人ひとりが見解を述べるように促されている。しかし、この課題を提示する直前、原爆投下の影響を述べる文章は次のように結ばれている。

---

121) Ibid.: 90.

The tragedy in Japan continued when another atomic bomb 'Fat Man' was dropped on Nagasaki on 9 August. This took about 40,000 lives and finally brought the Japanese to the surrender table, resulting in a quick end to the war in the Pacific Region.[122]

二発の原爆は日本に悲劇をもたらしたが、日本が降伏に向かうことになり、太平洋地域での戦争が急遽終わることになった、という見解が示されているのである。

小学校、中学校の教科書における歴史記述を日本による戦争と支配との関連でまとめておこう。記述の客観度が高く、抑制のきいたものであること、そしてそれらを日本の教科書は取り上げていないということである[123]。シンガポールの記述が決して特殊なのではなく、首藤 (1997) によれば、これらは東南アジア諸国の初等、中等教育での歴史教科書の共通点なのである[124]。

＊中学校公民および道徳教育

中学校の「公民および道徳教育 (Civics and Moral Education)」では、1年生で「国民の誓い」やシンガポールという国家を象徴する国旗、国歌、国花、獅子、紋章、および国旗、国歌、「国民の誓い」についてのふさわしい振る舞い方を[125]、2年生で全面防衛を[126]、3年生で民族や宗教の多様性がシンガポールというひとつの国家を作っていることを[127]、4年生で国家安全保障について学ぶことに[128]なっている。

「家族関係」も重視されているが、これについては次章の「学校教育にみる「家族の価値」」で述べる。

---

122)　Ibid.: 127.
123)　石井・五味・笹山・高埜　2007；藤岡（代表）2007；佐藤・木村・岸本　2007；鈴木ほか　2007.
124)　首藤　1997.
125)　*Civics and Moral Education Pupil's Book 1B*: 17-28.
126)　*Civics and Moral Educaiton Pupil's Book 2B*: 15-27.
127)　*Civics and Moral Education Pupil's Book 3A*: 11-83.
128)　*Civics and Moral Education Pupil's Book 4B*: 21-27.

第2章　言語と思考の国民化

　学校教育の場においては、教科書という政府系メディアを使った「国民教育」によって子どもたちにシンガポールの歴史や現状認識の共有、非共有の共有を図り、シンガポール国家への共属感、シンガポール国家との運命共同体意識を持たせる工夫が凝らされていると言うことができよう。
　学校教育だけが前述のように、子どもたちに影響を与えるわけではない。メディア環境は1990年代後半以降、インターネットの普及――シンガポール政府は企業活動の拡大ために情報化を他国に先駆けて進める一方、印刷物やインターネットなどに対する検閲、管理を行っている[129]――などによって激変している。したがって、子どもたちへの影響には、隠れたカリキュラムと言える、成績評価の方法など学校教育における歴史教育の位置づけや家庭での教育、学校外の情報も含まれることになる。しかし、小学校6年間、中学校4年間――近年は中学校を卒業して進学する割合が90数％である[130]――に政府認可の教科書を使う授業によって、子どもたちは一定の認識を共有するものと思われる。

4　使用言語の変化

　英語中心の2言語教育の結果、使用言語はどう変化したのか、1980年から20年間の変化をたどる。

4-1　識字率の変化

　西暦2000年に実施された国勢調査によれば、15歳以上の識字率は92.5％である。1990年の国勢調査に比べて3.4ポイントの上昇で、どの民族においても上昇している。[131]
　1990年実施の国勢調査――2000年の国勢調査報告には年齢階層別の識字率は示されていない――では、十分予想されることであるが、若年層（10歳未満を除く）ほど識字率が高くなっている。[132]

---

129)　George 2000.
130)　*Singapore 2007 Statistical Highlights*: 60.
131)　*Census of Population 2000 Advance Data Release*: xiv.

表2-2　識字人口における公用語識字率

総平均　　　　　　　　　　　　　　　　　　　　（単位：％）

公用語	1980年	1990年	2000年
英語	56.0	65.5	70.9
華語	59.6	62.2	64.7
マレー語	16.6	16.3	16.8
タミル語	3.3	3.7	3.6

中国系住民

公用語	1980年	1990年	2000年
英語	52.5	59.2	67.6
華語	77.0	79.1	82.2
マレー語	1.2	1.6	2.8
タミル語	－	0.0	0.0

マレー系住民

公用語	1980年	1990年	2000年
英語	65.8	72.0	79.7
華語	0.3	0.5	0.3
マレー語	95.7	95.9	97.3
タミル語	0.1	0.1	0.1

インド系住民

公用語	1980年	1990年	2000年
英語	67.4	80.2	87.0
華語	0.5	1.0	0.7
マレー語	18.3	27.1	24.9
タミル語	47.6	50.5	51.3

その他の住民

公用語	1980年	1990年	2000年
英語	94.6	92.2	90.4
華語	3.3	5.4	5.9
マレー語	32.2	31.1	26.8
タミル語	0.3	0.2	0.3

出典：*Census of Population 1990: Statistical Release 3, Literacy, Languages Spoken and Education*（1980年）；*Census of Population 2000: Advance Data Release*（1990・2000年）

識字人口における公用語の識字率をみてみよう。表2-2から、その他の民族を除いて、英語の識字率の伸びが明らかである。その他の民族での英語の識字率の低下は、シンガポールへの移民の流入によると推測される。各民族における民族母語の識字率については、2言語政策の成果と考えられる。

4-2　話し言葉の変化

まず、家庭でよく使う言語の変化を1980年、1990年、2000年と追ってみよう。1980年と1990年は「主要家庭言語（predominant household language spoken）」——家庭で家族の多くが使う言語——で、1990年と2000年は「家庭で最も頻繁に話されている言語（language most frequently spoken at home）」——家庭で家族に話しかけるときに最もよく使う言語——で、それぞれ比較可能であるが、1980年から20年間を同じデータで追うことはできない。しかし、「主要家庭言語」と「家庭で最も頻繁に話されている言語」のデータは非常に近似しているので、傾向を把握することは可能である。図2-2は、1980年に関しては「主要家庭言語」のデータを、1990年、2000年に関しては「家庭で最も頻繁に話されている言語」のテータを使い、家庭でよく使う言語を示したものである。英語と華語の使用が顕著に増加している。これに関し、2000年の国勢調査報告は、2言語教育と「華語を話そう」運動が実を結んだと述べる[134]。他方、マレー語とタミル語の使用には大きな変化はみられない。

家庭でよく使う言語を世帯主の民族別でみるとどうか。図2-3に示されるように、中国系住民における英語と華語の伸び、中国系諸語の落ち込み、そしてインド系住民における英語の伸びが目立っている。1990年の国勢調査報告は、中国系住民における華語の伸び、中国系諸語の落ち込みは「華語を話そう」運動を反映したものと判断している[135]。

---

132) *Singapore Census of Population 1990: Statistical Release 3, Literacy, Languages Spoken and Educaiton*: 55-58.
133) *Singapore Census of Population 1990: Statistical Release 3, Literacy, Languages Spoken and Educaiton*: 6, 101.
134) *Census of Population 2000: Advance Data Release*: 27.
135) *Singapore Census of Population 1990: Statistical Release 3, Literacy, Languages Spoken and Educaiton*: 5.

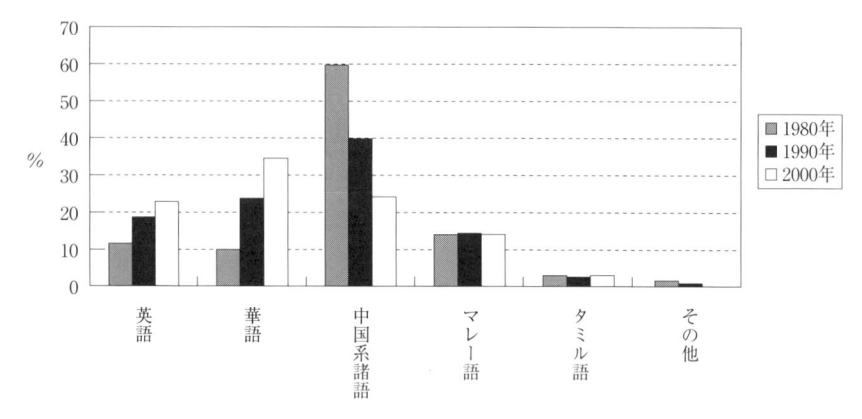

図2-2　家庭でよく使う言語

出典：*Singapore Census of Population 1990: Statistical Release 3, Literacy, Languages Spoken and Educaiton*(1980年); *Census of Population 2000 Advance Data Release*(1990・2000年)

　次に、年齢階層別にみてみよう。2000年実施の国勢調査において、年齢階層別（5歳以上が対象）の「家庭で最も頻繁に話されている言語」は40代前半までは英語がほぼ20％以上であるのに対し、40代後半からはその率が徐々に低くなっている。[136] この傾向は1990年国勢調査でも同じであった。[137]

　ところが、世代ではなく世帯主の民族によって、年齢階層別（5歳以上が対象）の「家庭で最も頻繁に話されている言葉」を区分すると、様相は異なる。

　2000年の国勢調査で世帯主の民族別に家庭で最も頻繁に話されている言葉をみると、マレー系の家庭の場合「家庭で最も頻繁に話されている言葉」として92％弱がマレー語をあげる一方、中国系の家庭の場合には華語が最も多くおよそ45％、次に中国系諸語が31％、英語が24％弱、インド系の場合にはタミル語が最も多く43％弱、次に英語が36％弱、そしてマレー語が12％弱となっている。[138]

　1990年実施と2000年実施の国勢調査と比べてみよう。1990年の国勢調査でマレー系の家庭の場合「家庭で最も頻繁に話されている言葉」として94％弱がマレー語をあげており、2000年の場合と大きく変わらない。しかし、1990年の国

---

136) *Census of Population 2000 Advance Data Release*: 97をもとに算出。
137) *Singapore Census of Population 1990; Statistical Release 3, Economic Characteristics*: 95.
138) *Census of Population 2000: Statistical Release 3, Economic Characteristics*: 97をもとに算出。

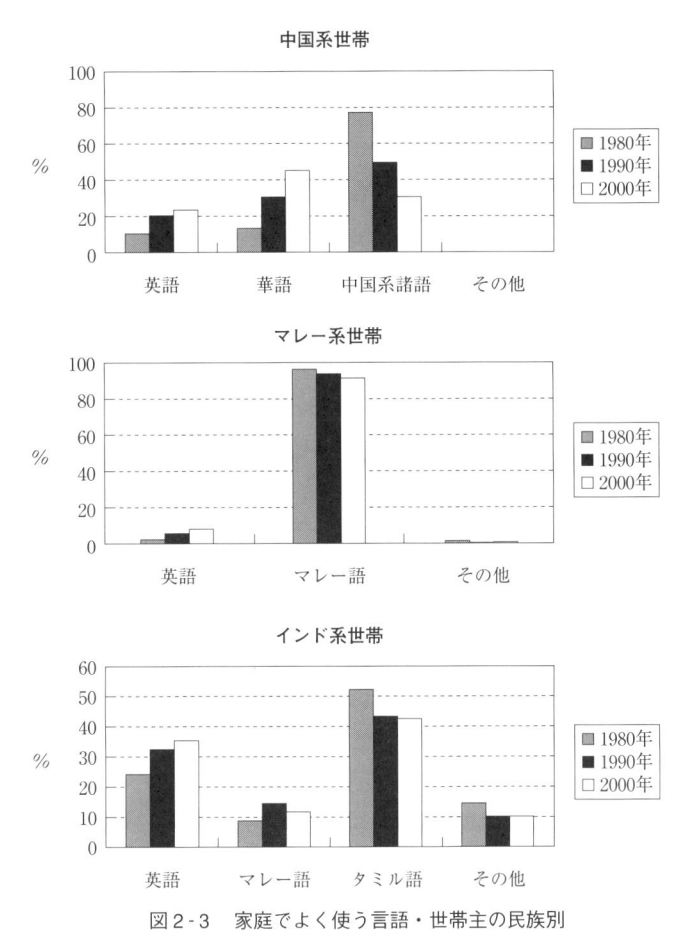

第2章　言語と思考の国民化

中国系世帯

マレー系世帯

インド系世帯

図2-3　家庭でよく使う言語・世帯主の民族別

出典：*Census of Population 1990: Statistical Release 3, Literacy, Languages Spoken and Education*(1980年); *Census of Population 2000: Advance Data Release* (1990・2000年)

勢調査では中国系の家庭の場合には中国系諸語が最も多くおよそ50%、次に華語が30%弱、英語が20%弱、インド系の場合には英語が最も多く34%弱、次にマレー語が15%強、そしてタミル語が43%弱をあげている。[139] 2000年の国勢調査

---

139) *Singapore Census of Population 1990: Statistical Release 4, Economic Characteristics*: 101をもとに算出。

では、中国系の家庭では華語と中国系諸語が逆転して華語が優勢となり、インド系の家庭ではタミル語と英語が逆転したのである。中国系の家庭での変化に関しては、世代交代と2言語教育、「華語を話そう」運動の影響ではないかと推測される。

4-3　国勢調査の限界

　複数の言語を併用している場合、国勢調査のような大規模な調査では把握しがたい側面も存在する。たとえば、「家庭で最も頻繁に話されている言語」といった場合、決して正確な使用頻度や時間をもとに把握されたものではない。結局、回答者がある言語を話すことにした方が格好がいいと考えた結果であったり、ある民族として政治的な理由などで望ましいと考えた結果であったりするなど、回答は客観的とは言い難い。最も上手に話せる言葉が必ずしも最も頻繁に話されているとは限らないし、上述のように世帯主の民族による使用言語の違いも無視できない。

　シンガポールでは職場や学校における言語の使用に関する大規模な調査は実施されていない。たとえば、1990年のHDB調査――この調査の規模や方法は不明である――では、市場やホーカー・センターでは中国系住民における華語の使用は50％に達していない。[140] 実際には、一連の発話において複数の言語あるいは変種（varieties）が登場する場合が少なくない。多言語併用社会においては相手の民族や場所、場面によって個々人が複数の言語あるいは変種を使い分けたり、織り交ぜたりするのはごく普通のことなのである。

4-4　民族母語の位置

　シンガポールにおける使用言語の変化はしかし、英語の普及と中国系住民における華語の普及とまとめてしまうわけにはいかない側面を持っている。民族母語の状況をみてみよう。

　英語の普及をどう評価するかについてリー・クアンユー首相のプラス・マイナス両側面があるという発言は先にみたが、1991年3月の小学校教育に関する

---

140)　Goh 1999: 99.

検討委員会報告『小学校教育の改善』においても同様の趣旨の発言をタン (Dr. Tony Tan) 教育相がしている。少々長いが、引用する。

> With few natural resources, Singapore has had to industrialise rapidly and export its services to survive and prosper. Under these circumstances, it was natural that English as the language of international business, should evolve to become the common working language in Singapore. Using English as a common working language has another advantage besides the economic dimension. As English is not the mother tongue of any of the three main races in Singapore, it serves as a means to facilitate communication between people of all races in our multi-racial society.
>
> Using English as our common working language, however, has one disadvantage. With constant exposure to western media, particularly television, the possibility of our children losing their Asian cultural values and losing touch with their Asian heritage is very real.
>
> We do not wish to be a pseudo-western society. While we need to learn and use English to master technology and enhance our competitive edge in the international business community, we should not let the use of English override the importance of keeping our links to our cultural roots strong and healthy. That is why the learning of the mother tongue is so important as a means to remind our children of who they are and where they come from.[141]

英語はシンガポールの発展に、また民族間の意思疎通に必要だが、英語を無自覚に使っていると文化的なよりどころをなくしてしまいかねない、だから民族母語を学んでアイデンティティと文化的出自を確固たるものにする必要があるという発言である。同書は、小学校において英語と数学の基礎学力と健全なアジア的価値が身につけられるだけの民族母語の能力をどの子も持てるような教育制度に変更することを求めている。ただ、アジア的価値の何たるかが説明されているわけではない。

ゴー・チョクトン首相も『小学校教育の改善』が出される前年、1990年11月の首相就任演説においてアイデンティティや文化的価値に関わる民族母語の重

---

141) *Improving Primary School Education*（頁数記載なし）.

要性を訴えていた。

> To enhance our identity and cultural values, we must teach our mother tongue better in schools, so that our children will learn to love the language, and not be put off by it. We need to use our mother tongue more, especially to impart values, so that we will remain Asian, and not become over-Westernised and deculturalised.[142]

　タン教育相とゴー・チョクトン首相の演説は民族母語の学習が政府の思惑通りには役立っていないことを示すものであろう。シンガポールの子どもたちは学校で英語と民族母語の2言語を学ばねばならない。リー・クアンユー上級相も2言語政策が子どもたちにかなりの負担であることを認めている[143]。公用語であるマレー語、華語、タミル語、英語は平等とされているが、あらゆる公的なものが4言語で表されているわけではない。教育で使われる言語が英語であるように、社会でも基本は「行政言語」となった英語である。他方、とりわけマレー語には社会的・文化的背景が華語やタミル語以上にあるにもかかわらず、マレー語、タミル語という民族母語から社会的・経済的に価値のある英語への傾斜が強まるとともに[144]、マレー語も含め民族母語の水準の低下あるいは停滞を招く結果となっている[145]。英語が教育媒体言語となり、民族母語が試験のための科目になっていることが否定的に作用していることは確実である。

　英語で教育を受け、タミル語を話すインド系住民が発する「タミル語で食べていけるのか」という問いはシンガポールにおいて英語の持つ経済的価値を如実に反映している[146]。また、華語を使う中国系住民と異なり、英語を使う中国系住民にとっては家系や姓、慣習、信仰が華語より重要であり[147]、インド系住民にはマレー語と並んで英語の使用がもともと多かったことも[148]民族母語の水準低下

---

142)　Goh 1999: 80.
143)　Lee c2000: 181.
144)　Kamsiah and Bibi Jan 1998; MacDougall and Chew 1976; Saravanan 1998; Xu, Chew and Chen 1998.
145)　*Bilingualism in Our Society*: 21; Pan 1989: 32; Goh 1999: 72, 83; ; Kamsiah and Bibi Jan 1998: 188-189; MacDougall and Chew 1976: 295; Saravanan 1998: 163.
146)　Saravanan 1998: 161.
147)　Baetens Beadsmore 1998: 86.

第 2 章　言語と思考の国民化

に関係していると思われる。

　しかも、どのような水準の言語でどのような文化が維持できるのかは明らかではない[149]。たとえば、華語も英語と同じく単語や構文にシンガポール独特の表現方法が使われるなど現地化されている[150]が、中国と社会的・文化的文脈の異なるシンガポールにおいてそうした華語を話すことがどれだけ中国の伝統文化の維持につながるのであろうか。華語の普及は事実である。しかし、言語外現実が異なれば、言語による範疇化の仕方も変わり、意味づけも変わってくる。意味づけとは文化にほかならない。話し手の華語の水準もさまざまであるうえ、西洋文化が支配的ななか、書記体系が整っているにもかかわらず日常会話中心の華語で、どれほどの文化が継承できるのか、政府が繰り返し主張するように西洋的価値観の浸透に対抗できるような心性が育まれるのかどうか、さだかではない。華語で書かれた書籍はごく一部の書店でしか扱われておらず、華字紙は若年層にはあまり読まれていない。中国系住民の民族母語となった華語の普及は中国系諸語の公的な地位低下を導いている。

　さらに、華語の普及を図ってきた「華語を話そう」運動はシンガポールの人口の 4 分の 3 を占める中国系住民を対象にしている。このため、クァー（Jon S.T. Quah）の指摘するように[151]、マレー系住民やインド系住民を無視してシンガポール政府が同国をいっそう中国系住民中心の国にしようとしているのではないかとの懸念が、運動の初期から中国系ではない住民に共有されるという結果をもたらしている。

　民族母語の衰退を示す事例も報告されている。伝統的と考えられる宗教行事に英語が使われるようになってきた例である[152]。ある小乗仏教の寺院の場合は多くの信者が華語や中国系諸語を使わないためであり、ヒンズー教の寺院の場合はタミル語の識字率が低くなったためである[153]。中国系の若年層においては英語教育の影響で伝統的な礼節に関する華語の単語を理解することが困難になり、[154]

148）　Mani and Gopinathan 1983: 107-111; Saravanan 1998: 156-158.
149）　Baetens Beadsmore 1998: 92.
150）　Kuo and Jernudd 1994: 86; Richards and Tay 1977: 142; Tay 1993: 17.
151）　Quah 1999: 57-58.
152）　Saravanan 1998: 165-166.
153）　Clammer 1980: 92-93.

道教では英語の小冊子が関心を高めるのに大いに役立った。[155]

　こうした祭事にまつわる変容はしかし、民族母語の衰退のみに帰せられるべきではない。HDBなどによって高層集合住宅を大量に建設するという都市再開発の過程で出身地や言語による棲み分けを崩壊させ、文化の形骸化を推し進めてきたのはシンガポール政府とされる[156]からである。[157]2001年夏の『ストレーツ・タイムズ』によれば、シンガポールの建物の90%はこの40年間に建てられている。[158]中国系寺院の移転をめぐって、HDBと信者・地域住民が激しく対立し、解決に数年を要した事例もあった。[159]シンガポールはその成り立ちから「不自然な」[160]国とも言われてきたのである。政府によって、従来の生活様式から切り離された人工的な環境が作られ、世界的にみて高い生活水準が実現したものの、古くからの宗教施設や集会所などが取り壊されて時には新興住宅地にそれに代わるものが建てられたり、一定の地域が現代的な装いを加えられつつ歴史的景観保存地区に指定されたりしている。[161]現在のチャイナタウンは後者の一例である。また、主要民族を代表するとされる「文化公演（cultural shows）」に典型的なように、相互理解を目的に視覚に訴える公演などが公的に催されたり放送されたりしている。国土面積と人口規模、工業化という面も考慮せねばならないが、文化の継承に関わる環境が大きく変わっているのである。

　近年のシンガポール観光産業庁（Singapore Tourism Board）の標語は「新しいアジア、シンガポール（New Asia-Singapore）」、そして「ユニークリー・シンガポール（Uniquely Singapore）」であり、同庁が発行するシンガポール旅行のパンフレットや広告、絵葉書には必ずデザインされた標語が入っている。標語は中国世界、マレー世界、インド世界、ヨーロッパ世界、アラブ世界とさまざまな地域の祭りや伝統行事、料理、そして民族色豊かな土産物から欧米の一流

---

154)　合田 2001: 59.
155)　*Straits Times* 電子版, March 12, 2001.
156)　山下 1985; Castells, Goh and Kwok 1990: 306-318; Gamer 1972.
157)　Babb 1976:195, 201; Benjamin 1976; Clammer 1980: 108-109; Koh Tai Ann 1980; Leong Wai Teng 1989.
158)　*Straits Times* 電子版、2001年8月9日。
159)　佐々木 1985: 251-252.
160)　Kwok and Kwa c1999: ix.
161)　Chua 1997b.

ブランド品までの買い物が手軽に楽しめる、アジアと西洋の文化の共存するシンガポールを集約的に表現したものと言える。同政府が観光資源として適切とみなす文化とは、観光客、言い換えれば消費者向けの容易に理解することができ、楽しめるもの、消費できるもののようである。

民族母語は真の意味において母語ではないことが決して少なくない。先にみた国勢調査に明らかなように、民族母語は中国系住民の場合は殆ど母語ではないし、インド系住民でもおよそ半数は母語ではないのである。

リー・クアンユー上級相は、民族母語が文化的アイデンティティに重要であると、英語の重要性を認めつつも、回顧録で次のように述べる。

> [I]f we were monolingual in our mother tongues, we would not make a living. Becoming monolingual in English would have been a setback. We would have lost our cultural identity, that quiet confidence about ourselves and our place in the world.[162]

もはや母語だけでは生きていけないし、英語しか話さないなら文化的な根無し草になって自信も失うだろうという見解である。

民族母語はしかし、シンガポール政府の考える伝統的な価値観や文化を維持するという目的とは別のところに位置してきたようである。同国における民族母語の特殊性と伝統的なるものの位置づけからすれば無理からぬことかもしれない。結果として、民族母語は英語の十分な運用能力を持たない人々の持つ、実利主義や実力主義にはなじまない価値や感情を表現するという役割を担ったのであった。[163]

シンガポール社会における1980年から2000年に至る20年間の使用言語の変化は次のようにまとめられる。中国系、マレー系、インド系住民に関しては、民族の系統によって程度に差はあるものの、英語の使用が増えている。中国系住民の場合、中国系諸語の使用が減り、華語の使用が増えている。中国系諸語の

---

162) Lee c2000: 181.
163) Tan 1998:61.

使用は2000年の国勢調査によると、年齢では55歳以上の中国系住民が中心といい結果であった[164]。マレー系住民の場合、マレー語の位置づけは識字言語、話し言葉のいずれにおいても揺るいでいない。インド系住民の場合、タミル語の使用が減る傾向にあるが、中国系住民における中国系諸語ほどではない。

　民族母語はアイデンティティや文化的価値に関わる重要性を政府により付与されている。しかし、政府は一貫して経済成長を重視しているため、民族母語は経済的有用性が高くない限り、実利主義、実力主義が普遍的なシンガポール社会では積極的な評価の対象にはならないと考えられる。

　近年における華語は経済的有用性の高さゆえに重視されている民族母語である。華語に対する積極的評価は中国の改革・開放と急速な経済成長に由来するものであり、シンガポール政府が重視してきた民族母語の持つ価値とは異なるものの、シンガポール社会に根づいた考え方である実利主義、実力主義の双方に通じるものである。政府は特別補助計画校に加え、華語と華語文化（特に、古典・現代文学）を学ぶ特別コースを1990年から特定の高校に設置し始め、華語の高度の運用能力を持ち、華語文化にも造詣の深いシンガポール人を養成しようとしている。現実には多くの中国系住民は各学校の卒業資格の獲得や上級校への進学に必要な試験（OまたはA水準）が終われば華語の勉強をやめてしまい、華語は話せるがあまり読めなかったり、書けなかったりする場合が多く[165]、公文書の英語から華語への翻訳が低水準であることが指摘されている[166]。言うまでもなく、華語で初歩的な日常的な会話ができるだけでは中国との経済関係の向上は難しい。華語が言語行動のあり方や歴史、伝統と言った文化的背景なども含めて学ばれ、公的に使われる機会が増えるならば、華語にまつわる文化が華語使用者に蓄積されていく可能性が開かれていると言えよう。

　シンガポールの人々はしたがって、英語を基軸とする2言語政策の結果、英語での意思疎通が若い世代であればあるほど無理なく行えるという点においては英語により統合されている。しかしながら、シンガポールで一般に英語が通

---

164)　*Census of Population 2000: Advance Data Release*: 29-30.
165)　2005年夏などの調査による。
166)　*Straits Times* 電子版. April 26, 2001.

用するということはどのような種類の英語が使われているかや人々の英語の運用能力がどの程度であるかを何ら示すものではない。これはどの社会のどの言語についても言えることである。次節では、これらを検討する。

5 シンガポールにおける言語と社会

政府が考案したシンガポール独自の2言語教育の影響はどのようなものか、シンガポール社会の状況と人々の行動をみてみよう。

5-1 識字言語からみたシンガポール社会

識字言語はシンガポール社会をどのように特徴づけているのか。識字言語の違いからは第一に、識字言語は所得に大いに関係するということがわかる。識字言語と所得の関係を示す図2-4は、2000年国勢調査の報告書に識字言語と

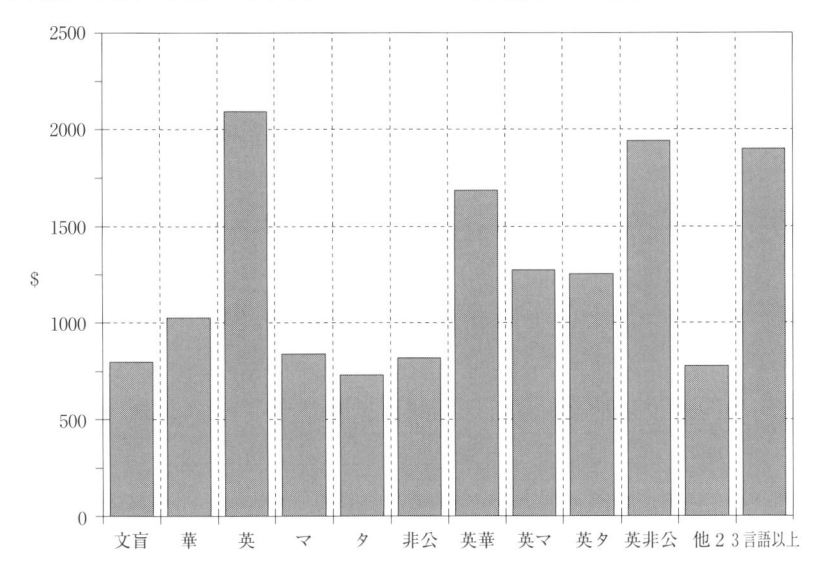

図2-4　就業人口における識字言語別平均月額所得（1990年）

出典：*Singapore Census of Population 1990: Statistical Release 4, Economic Characteristics.* をもとに作成。

英：英語；華：華語；マ：マレー語；タ：タミル語；非公：非公用語；他2：他2言語

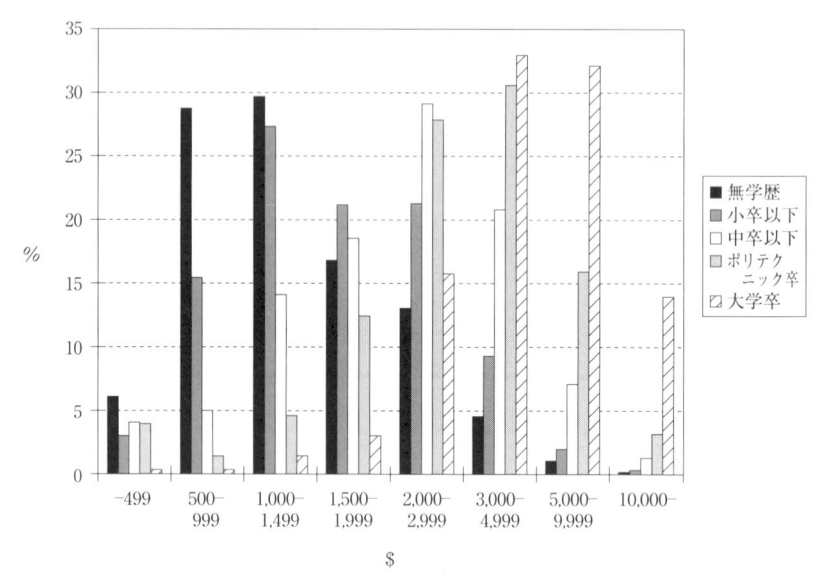

図2-5　就業人口における学歴別月額所得分布（2000年）
出典：*Census of Population 2000: Statistical Release 3, Economic Characteristics*をもとに作成。

所得の関係を示す図や表が掲載されていないため、1990年国勢調査報告書から作成したものである[167]。識字言語が英語である就業人口（15歳以上）の所得は、図2-4に示されるように、英語の非識字層を上回っている。識字言語が英語ならば、所得が高いという傾向は、1980年国勢調査でも確認できる[168]。英語と華語の識字は高所得につながっているが、英語以外の識字は高所得にはつながらないと言ってよい。このように、英語識字層に対して高所得につながる雇用機会が開かれているという傾向は植民地期にみられた傾向と変わっていない[169]。

また、学歴が高いほど所得が高いことが就業人口での学歴別所得を示した図2-5から明らかである。1980年国勢調査、1995年世帯調査でも同様の結果が出ている[170]。言語、特に英語の運用能力が学歴に結びつくという教育制度からすれば、識字言語と学歴、所得の相関関係は十分に予想できる。

---

167) *Census of Population 2000*, various issues.
168) *Census of Popuation 1980: Release No.8, Languages Spoken at Home*: 6-7.
169) Wilson 1978.

第2章　言語と思考の国民化

　シンガポールでの学歴と所得の関係で特筆すべきは、大卒の所得の高さが際だっているということである[171]。2000年国勢調査報告書では学歴別の平均所得は明らかにされていないが、1990年国勢調査報告書によれば、大卒の所得はポリテクニック卒に比べるとほぼ2倍、中卒に比べるとほぼ3倍である[172]。

　民族別にみると、どうであろうか。図2-6は1990年、2000年の民族別の学歴分布を示したものであるが、各民族における学歴の上昇が読み取れるほか、中国系住民やその他の民族の学歴が両年とも、マレー系住民やインド系住民に比べて相対的に高い。その結果、民族別の職業別分布を示した図2-7からわかるように、各民族ともホワイトカラー化が進んでいるほか、中国系住民やその他の民族の場合、管理職や専門職に従事する率が1990年、2000年とも、高くなっている。インド系住民の場合、行政・管理職や専門職従事者の増大は永住者の増加のためである[173]。こうした学歴や職業の分布は、民族間の所得格差として現れることになる。月額所得の平均と中央値を示した表2-3には、中国系住民とその他の民族の所得が総じて高いことが示されている。

　もう少し詳しくみると、識字言語が英語であっても、どのような変種の英語を使うかによって、社会的な位置づけが異なっている[174]。イギリス標準英語に近いシンガポール標準英語を使いこなせるならば社会の上層に位置しうるのに対し、そうではなく、地域的な影響を強く受けたシンガポール特有の英語しか使えないならば社会的には上層に位置し得ない。逆に、シンガポール標準英語が使える場合、民族、そして国境にとらわれない横の繋がりを持ちうるし、シンガポール英語もある程度使うことができるので縦の繋がりも持つことがで

---

170)　*Census of Population 1980 Singapore: Release No.7, Income and Transport*: 46; *General Household Survey Singapore 1995: Release 1, Socio-demographic and Economic Characteristics*: 31.

171)　*Singapore Census of Population 1990: Statistical Release 4, Economic Characteristics*: 143-144; *Census of Population 2000: Advance Data Release*: 81. 但し、高学歴であるほど性別による所得格差は大きい。たとえば、1990年を例にとると、小卒の場合、男性の所得は女性の所得の1.3倍弱であるが、大卒の場合は1.6倍近い（*Singapore Census of Population 1990: Statistical Release 4, Economic Characteristics*: 143-144.）

172)　*Singapore Census of Population 1990: Statistical Release 4, Economic Characteristics*: 144 より算出。

173)　*Census of Population 2000: Advance Data Release*: 44.

174)　*Straits Times* 電子版, July 25, 1999；*Straits Times* 電子版. August 15, 1999.

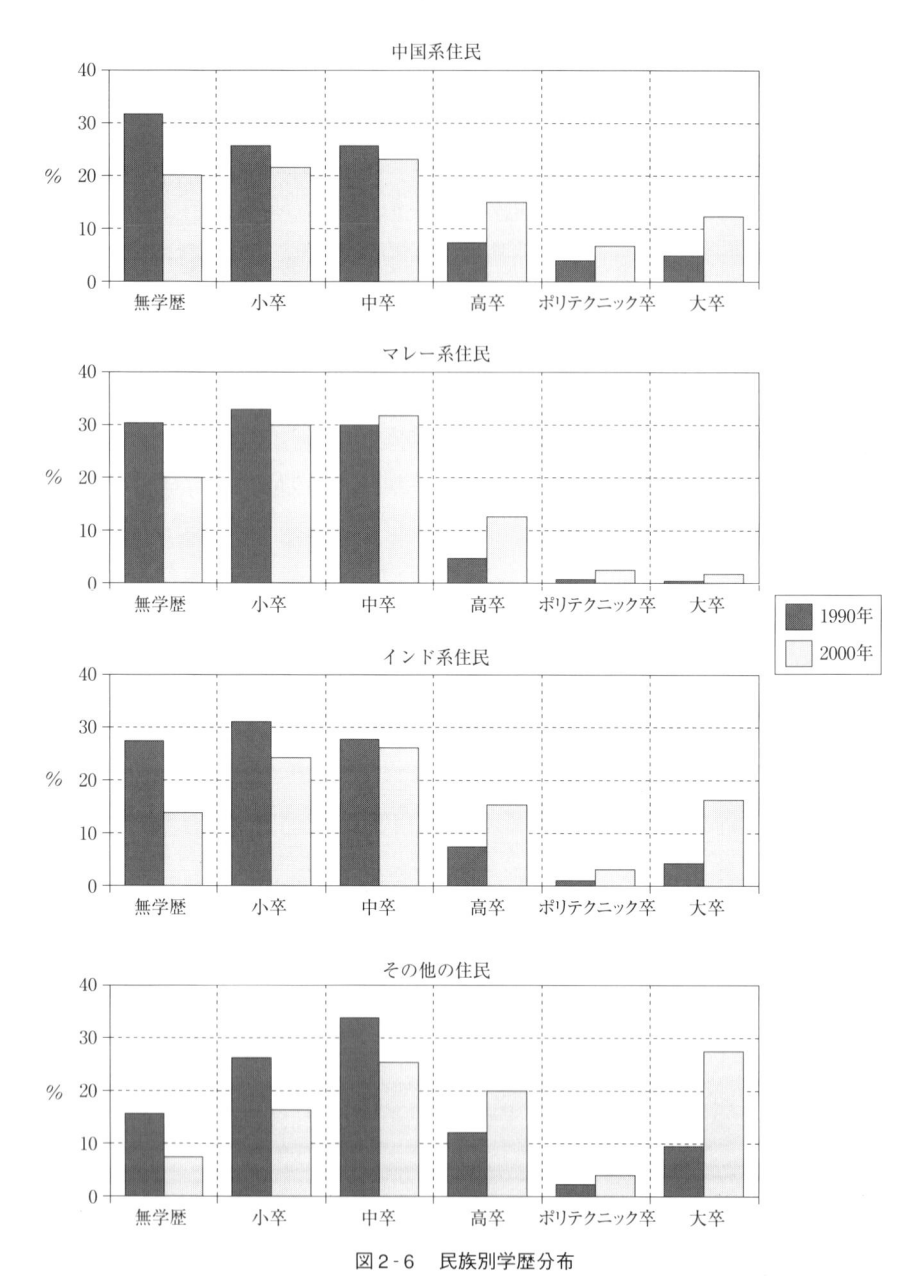

図2-6　民族別学歴分布
出典：*Census of Population 2000: Advance Data Release*をもとに作成。

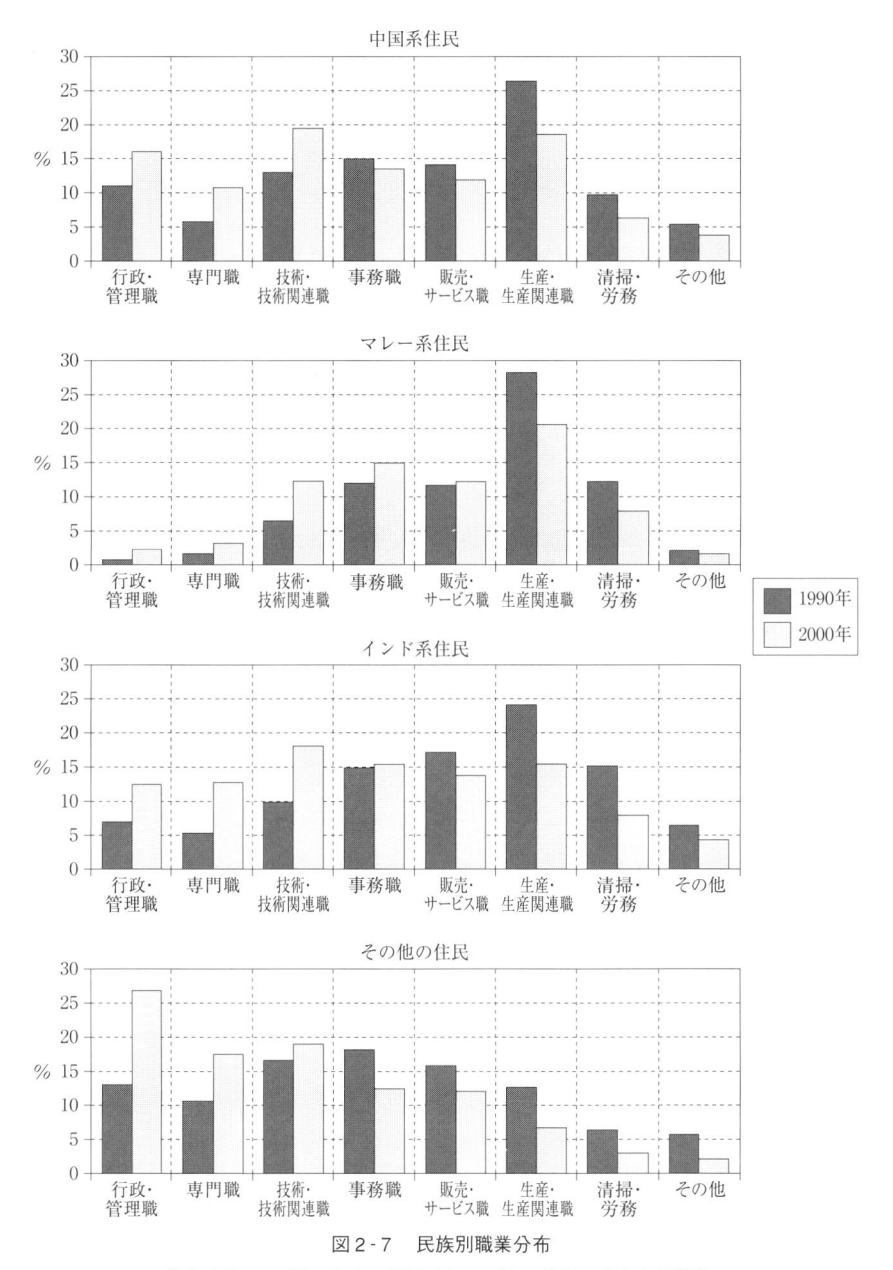

第2章　言語と思考の国民化

図2-7　民族別職業分布
出典：*Census of Population 2000: Advance Data Release*をもとに作成。

表2-3　民族別月額所得の平均と中央値

<1990年>　　　　　　　　　　　　　　　　　　　　　　　　　　　（単位：ドル）

	中国系住民	マレー系住民	インド系住民	その他の住民
平　均	1,582	1,099	1,373	2,113
中央値	1,139	954	1,011	1,418

<2000年>

	中国系住民	マレー系住民	インド系住民	その他の住民
平　均	3,237	2,040	3,093	5,349
中央値	2,335	1,790	2,167	3,019

出典：*Census of Population 2000: Advance Data Release* をもとに作成。

きる[175]（シンガポールの英語について、第3章参照）。こうした英語を使う階層は社会的地位の高い「言語貴族（linguatocracy）」[176]なのである。

　要約すれば、シンガポールでは識字言語によって社会が階層化されているということである。具体的には、英語、そして華語という識字言語によって、社会階層の頂点に中国系の人々、その他の民族が最も多く位置し、次にインド系、そしてマレー系がというように、社会が階層化されている。

　識字言語およびその運用能力はシンガポール社会を階層化する要因なのである。

5-2　識字言語しての英語からみた国内労働市場

　英語力は労働市場において有意であり、多国籍企業での雇用に関わっている。この英語力は学業成績の基盤であるが、学業成績がよくなければ、徐々に職業教育コースに振り分けられていく。すなわち、シンガポールの教育制度は英語力が労働市場参入の時期を決定づける制度なのである。したがって、早期に労働市場に参入する割合が高いと、労働力の教育水準が低迷し、低学歴層に対する職業訓練の必要性がいっそう高まることになる。

---

175)　Platt 1977:90-93; Tay 1993:19, 22-23.
176)　Pendley 1983.

表 2 - 4　学歴別就業人口の比率　(単位：％)

最終学歴	1980年	1990年	2000年
小卒以下	72.4	53.3	30.1
中卒	16.3	28.5	27.4
高卒・ポリテクニック卒	7.7	12.2	26.7
大卒	3.6	6.0	15.8

出典：Census of Population Singapore 1990: Statistical Release 4, Economic Characteristics (1980・90年); Census of Population 2000: Statistical Release 3. Economic Characteristics をもとに算出(2000年)。

　1973年の場合、中学校に進学したのは小学校入学者の半数、大学予備校に進学したのは小学校入学者の12分の1にすぎなかった。[177] 近年はしかし、就業人口の教育水準が上昇している。学歴別の就業人口を示した表2-4に明らかなように、1980年から20年間に小卒以下の就業人口の割合は72％強から30％へと減少する一方、高卒以上の割合は11％強から43％弱へと増加した。大卒だけをみると、4％弱から16％弱へという急速な伸びを示している。

　就業者の学歴が上昇した理由は4つ考えられる。

　第1は、前述の「新教育制度」の効果としてもたらされた小学校での落第率の低下である。そのため、小学校卒業試験に合格する小学生が増え、上級校への進学率が高まるからである。[178]

　第2は、シンガポール政府が、国策として実施している産業構造の高度化政策のために、また産業界の要請を満たすために、大学の増設や定員増、合格率の調整などによって高等教育の充実を図ってきたことである。[179]

　第3は、本来は勤労者の老後資金に予定されていたCPF積立金の一部が、1988年から国内の大学で学ぶ子どもたちの学費に使えるようになったことである。このことは、シンガポール人学生が海外に流出するのを防ぐためである。[180]

---

177)　MacDougall and Chew 1976: 307-308.
178)　これに関連して指摘されている問題点は、雇用者の側からの本来ならば不要な高学歴の要求が進学率高率化の原因となり、その結果「学歴インフレ」を引き起こしているという点である (Low, Toh and Soon 1991: 108.)。
179)　Ibid.: 111.
180)　Ibid.: 144-145.　但し、適用は全日制のみである。

学生の海外流出はたとえば、1990年の場合、シンガポール国内の高等教育機関の不足もあって、シンガポール人の大学生の3分の1、およそ1万人がシンガポール国外で勉強していたのである。[181][182]

第4は、政府の諮問機関である経済計画委員会（政界と産業界の指導者から構成される）が、1991年、就業人口における工学系教育を受けた人たちの水準を引き上げるために、工学系の高等教育・職業教育の入学者数をそれぞれ年に3～5％増やすように勧告したことである。[183]

こうしたことによってシンガポール政府は大学を増やす方針をとった。政府は南洋工科大学を1991年に、シンガポール経営大学を2000年に、シム（SIM）大学を2005年に設置した。[184]シム大学は放送大学を発展させた大学であり、勤労者も入学対象とする特色ある大学である。

シンガポールではこのように高等教育の大衆化につながる政策が採られている。高等教育の大衆化により大学生の学力が低下しているという意見もある[185]が、就業者全般の教育水準の上昇を図るという点では政府の高等教育政策は適切であったと言えよう。

就業人口の学歴はこのように上昇の傾向にあるが、若年層でも必ずしも高等教育を受けるわけではなく、既に長く働いている人たちもいる。しかし、労働市場からの要求水準は上昇するばかりである。そこで、政府や産業界、政府系の全国労働組合評議会（National Trade Union Congress; NTUC）――1963年、与党人民行動党は国内治安法を発動し、労働組合を与党支持のこの労働組合だけに

---

181) Rodan 1989=1992: 373.
182) *Singapore Census of Population 1990: Statistical Release 4, Literacy, Languages Spoken and Education*: 10-11.
183) *Strategic Economic Plan*: 56. シンガポール政府はまた、1991年、『ネクスト・ラップ――2000年のシンガポール』において、シンガポールを「インテリジェント・アイランド」にすると表明した（*A Vision of An Intelligent Island: IT 2000 Report*: 67.）。「インテリジェント・アイランド」は技術・知識集約型産業の基地というべきものである。このようなシンガポール政府の政策もまた、就業者の学歴上昇をもたらす要因のひとつと言えよう。
184) すべての高等教育機関の運営がうまくいっているわけではない。たとえば、EDBの誘致によって2007年に初の外国大学としてニュー・サウス・ウェールズ大学（オーストラリア）のシンガポール校が開校したが、学生が集まらず1学期で閉校した。
185) 2000年夏の調査による。

集約した――、人民行動党はこうした層を対象に基礎教育や実地訓練を行ってきた。たとえば、職業産業訓練庁（1979年設置）による職業訓練計画、EDBと進出企業による合同訓練計画、人民行動党と全国労働組合評議会による「技能訓練のための基礎教育（Basic Education for Skills Training）」――小学校中退者などに英語や数学を教える講座――である。政府はまた、主要企業などに自前の訓練所を設立するように促してもいる。[186] さらに、EDBなどが実施する訓練計画の資金として、使用者は政府が1979年に設立した技能開発基金に従業員数や月額給与に応じて毎月一定の金額を納めなければならない仕組みになっている。[187]

ただし、訓練生の英語や数学の水準の低さが職業訓練の障害であり、[188] シンガポール特有の、英語に福建語、マレー語などが混じった口語英語、シングリッシュ（Singlish）（次章参照）が原因であるとリー・クアンユー上級相が指摘している。[189]

5-3　識字言語としての英語と国外への移住

英語の運用能力が高い場合、一般に教育水準も高く労働市場では優位に立つことができる。ところが、1980年代後半には、英語力、そして経済力を背景にオーストラリアやカナダ、米国、ニュージーランドなど英語圏への家族での移住がかなり顕著となり、[190] 年によっては総数が1万人を越えたこともあった。[191]「頭脳流出」を案じるリー・クアンユー首相は、1989年のナショナル・デー大会演説で、国外への移住についての調査を指示し、一般の意見を求めている。[192] 1960年代以降、米国やカナダ、オーストラリア、ニュージーランドが移民政策を転換し、アジアからの教育ある移民を受け入れ始めたのが痛手であったとリー・クアンユー上級相は述べる。[193]

シンガポール政府は国外への移住者数や移住者の移住先を公表していない

---

186) Low, Toh and Soon 1991: 94.
187) たとえば、*1997 Singapore Yearbook of Manpower Statistics* (MTI): 170-171. 参照。
188) 『朝日新聞』1990年11月24日; *Improving Primary School Education.*: 6, 9; Low, Toh and Soon 1991: 93.
189) *Straits Times* 電子版. August 15, 1999.
190) Chew 1990; Chew and Chew 1992; Hussin Mutalib 1992: 85.
191) Chew and Chew 1992: 99.
192) Sullivan and Gunasekaran 1994: 1.
193) Lee c2000: 165-166.

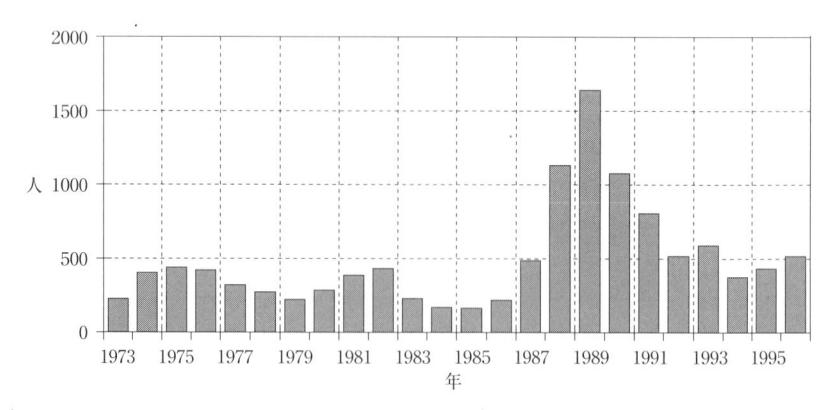

図2-8　シンガポールからカナダへの移住者数

出典：*Immigration Statistics, various years; Citizenship and Immigration Statistics,* various years より作成。

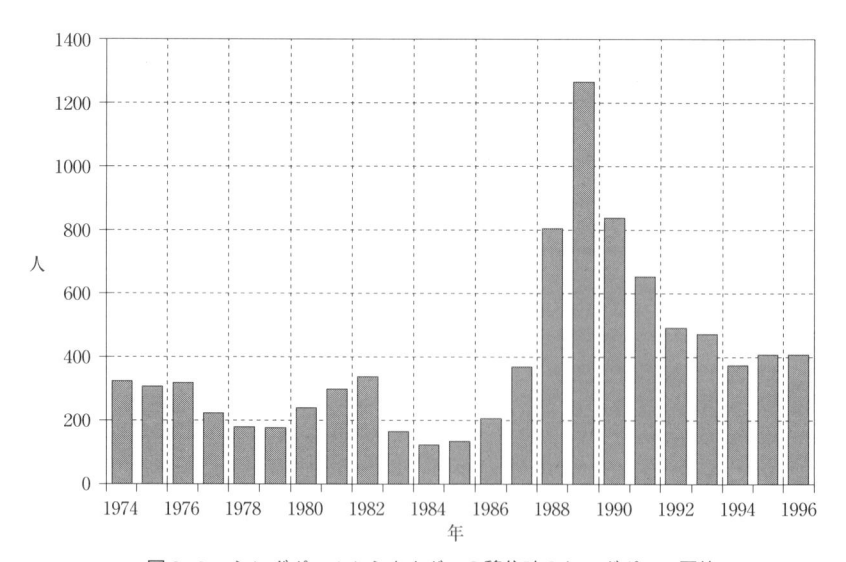

図2-9　シンガポールからカナダへの移住時のシンガポール国籍保有者数

出典：*Immigration Statistics, various years; Citizenship and Immigration Statistics,* various years より作成。

が、主要な移住先のひとつとなっているカナダの場合をみてみよう。図2-8と図2-9はカナダ政府の資料[194]に基づいて、シンガポールからカナダへの移住者数と移住時のシンガポール国籍保有者数の変化を示したものである。この2つの図から、1980年代後半から1990年代前半にシンガポールからカナダへの移住が急増したことが読み取れる。

1990年代にはシンガポールから国外への移住は落ち着きを見せていた。しかし、シンガポールから米国への移民に限れば、1998年には389人だったのが、2001年には1108人に急増した。また、シンガポール人でオーストラリアの永住権を取得した者は2000年には約1600人、2001年には2000人以上となり、2002年には上半期だけで1200人以上に達した[195]。たしかにシンガポール人が外国の永住権を取得しても、移住が必ずしも実行されるとは限らない。しかし、外国の永住権取得は当該国に居住する権利の獲得を意味するため、シンガポール人による外国の永住権取得数には注意を払う必要があると思われる。

1997年にシンガポールで行われたふたつの調査ではどちらの調査も20％近くが移住を考えたことがあると答えている[196]。2001年、2002年に大手広告代理店が行った、1,000人以上（15歳以上）を対象にした調査でも、移住希望者はそれぞれ14％、21％と減っていない[197]。しかも、フランス通信社（AFP）の配信（2003年2月27日）によれば、『ストレーツ・タイムズ』が行った電子調査では、797人のうち移住希望者は43％に達したのである[198]。

国外への移住にはさまざまな理由があげられている。リー・クアンユー首相は1989年ナショナル・デー大会演説で、シンガポールより給料がいいこと、車や土地付きの家を所有できる可能性がシンガポールより高くなること、余暇時間がシンガポールより多いこと、子どもたちの教育の機会がシンガポールより大きいことを理由にあげている[199]。

---

194) *Immigration Statistics*, various years; *Citizenship and Immigration Statistics*, various years. 統計は1996年分まで公表されている。
195) AFP, February 27, 2003.
196) Yap 1999: 202.
197) *Business Times* 電子版, September 5, 2002.
198) AFP, February 27, 2003.
199) Sullivan and Gunasekaran 1994: 2.

では、シンガポールからの移民に関する文献では移住の理由はどうか。一方では、シンガポールでは庭付きの一戸建てが高額でなかなか購入できないこと、多くの西洋諸国では退職年齢が職業によって違いがあるもののシンガポールより高いこと[200]、シンガポールからの移住に際して過去に積み立てたCPFを全額引き出せることなどが理由としてあげられている[201]。他方では、シンガポールでは言論などの自由が保障されていないことや日常生活において何かにつけて政府による規制や干渉が多いこと、経済成長至上主義のもと働く場や学ぶ場もあまりにも競争的であることなど[202]、人民行動党政権の権威主義的な一党優位体制の統治様式と密接に関連する理由もあげられている。

　次に、筆者がX国で行った調査であるが、前者と同様の理由は誰からも聞かれなかった反面、後者と同様の理由がさまざまな点に関して聞かれた[203]。

　ここで、なぜシンガポールを出たかについての、筆者のX国での聞き取り調査（2003年）をみてみよう。聞き取りは匿名を条件に行ったものである。

Aさんの場合

　中国系シンガポール人のAさんは家族で1980年代後半にX国に移住した。Aさんの子どもたちが小中学生のときである。シンガポール生まれのAさんは英語で教育を受け、半島部マレーシア生まれの夫も英語を使えるので、仕事でも家庭でも英語を使ってきた。Aさん夫婦は移住前にX国に下見に訪れるなど、情報収集も行っていた。

　X国に移住した理由は2つあった。Aさん夫婦はひとつめの理由として、政府が高圧的でプライバシーを尊重しない政策をとっていることをあげている。3人目の子どもが生まれた当時、「子どもは2人まで」という人口政策がとられていた。その結果、Aさんは産後1ヶ月の休暇がなく、有給休暇を使わねば

200）　シンガポールでは、定年が1994年には55歳から60歳に、99年からは62歳に引き上げられた。したがって、定年に関する理由は妥当しなくなっている。
201）　Chew and Chew 1992: 102-105; Hussin Mutalib 1992: 85; Low 1995: 754-757.
202）　Pang 1991: 501; Bellows 1990: 203; Bello and Rosenfeld 1992: 334; Chew and Chew 1992: 110; Rodan 1992: 376; Sullivan and Gunasekaran 1994: 56; 岩崎 1998: 104; AFP, February 27, 2003.
203）　2003年2月、および9月に調査を実施した。

ならなかった。また、このような人口政策に沿って、第3子がどの小学校に通うかは選ぶ余地がない仕組みになっていた。シンガポールの小学校は学区制ではないからである。加えて、Aさん夫婦は2つめに教育上の理由もあげている。ひとつは、中国系シンガポール人は華語を民族母語として学ぶという言語・教育政策のため、母語である福建語と大きく異なる華語を学ばねばならず、少なくとも大学入学まではよい成績が必要で、子どもたちの負担が大きいことである。この負担に、上級校への苛烈な進学競争が加わる。教育制度は小学校低学年段階から成績によって進路が振り分けられていく制度になっていて、進学競争は当時唯一の大学であったシンガポール国立大学への進学競争と結びついていたのである。

　移住後、困ったことはふたつあった。まず、Aさんは探した職種の需要が多かったため仕事がほどなく見つかった。しかし、夫は一年ほど失業状態であったうえ、シンガポールで就いていた仕事と同じくらいの職位の仕事は当初見つけられず、かなり下の職位から仕事を始めるほかなかった。第2は、Aさん夫婦が仕事に出ている間など必要なときに子供たちの世話をしてくれる親戚がなくなったことである。さらに、ここ2、3年は、シンガポールにAさんの兄弟姉妹はいるものの、シンガポールにいるAさんの両親の世話が問題となっている。

　Aさん夫婦と子どもたちは全員、シンガポールの国籍を放棄している。シンガポール政府はX国政府と違って二重国籍を認めていないし、国籍を放棄しなければ、男子には徴兵もあれば、Aさん夫婦のCPFの自己積立分の引き出しもできないからである。

　では、X国の社会をAさん夫婦はどのように捉えているのであろうか。シンガポールでは法と秩序がよく保たれている――Aさんの夫は犯罪に対する厳罰主義を積極的に評価している――が、ガムを噛んではいけない[204]など生活の隅々にまで規制があり、私生活にまで及ぶ政策や政府キャンペーンが少なくない。上述の人口政策や中国系シンガポール人に対する「華語を話そう」運動などがそうである。言葉はひとつの文化だから、話す言葉まで政府が指示するのはお

---

204)　噛み捨てられたガムで電車の運行に支障を来したことから、禁止された。

かしいとAさんの夫は言う。しかも、シンガポールでは子どもたちは学業成績だけで評価されると言っても過言ではなく、早くに才能が開花しないと脱落させられる社会である。また、高価な車や民間の売り出す高級住宅などモノの豊かさが社会的成功の尺度として追求されている社会でもある。

　一方、X国はというと、自然が豊かで空間にゆとりがあり、個人の自由を大幅に認め創造性の芽が摘み取られにくい仕組みの社会になっている。X国の統治のスタイルはシンガポールと大いに異なり、政治が私生活に大きく介入することはない。X国社会も競争的であるが、学業成績がもうひとつというだけで必ずしも将来の展望が閉ざされるわけではない。X国では高校卒業後、何年かして大学に進学することが決して特殊なことではないなど、各自がそれぞれのペースで学ぶことが可能になっている。実際、Aさんの子どもたちも自分のペースで勉強を続けることが出来た。このような点を評価し、競争的で物質的なシンガポール社会に対し、X国社会は競争的でありながらも人間的で、生活の質がシンガポール社会より高いとAさん夫婦は結論づけている。

Bさんの場合

　Bさんは中国系シンガポール人で、幼い子どもたちを連れて妻と1970年代半ばにX国に移住した。BさんやBさんの兄弟姉妹は就職を有利にするために英語で教育を受けており、家庭では英語、マレー語、福建語を使っていた。

　移住のきっかけとなったのは、シンガポール政府奨学金でBさんが高校卒業後の1960年代、X国の公立大学に留学して専門職の資格を得ていたことである。

　Bさんはしかし、帰国後すぐに移住を計画したわけではなく、シンガポール政府奨学生の義務としてシンガポールの公務員として働き始めた。ところが、Bさんは結婚後、移住を考えるようになり、X国の友人の世話でX国に資格の生かせる専門職が見つかったので移住することにした。Bさんが移住した1970年代半ばにはシンガポールとX国の生活水準にかなりの開きがあったからである。Bさんはあと2年の奨学生としての義務が残っていたが、家屋を売り払って精算したのである。このような準備におよそ2年かかったという。

　BさんもシンガポールのÂ国籍を放棄している。CPFの自己積立分を引き出すためである。

第2章　言語と思考の国民化

　Ｘ国の社会について、Ｂさんは遅咲きでも認められ、学業成績が子どもたちの評価の唯一の基準にはなっていないこと、生活が政府にさほど管理されているということもなく効率一辺倒ではないこと、空間にゆとりがあることなどをあげて、生活の質がシンガポール社会より高いと評価している。

Ｃさんの場合

　インド系シンガポール人のＣさんは、シンガポールの永住権を持つインド人の夫、子どもとともに世紀の変わり目にＸ国に移住した。Ｃさん夫婦の母語はインド南東部で使われているテルグ語であるが、子どもは国際学校に通い、家庭では英語を日常的に使っていた。Ｃさんの複数のいとこは英国やオーストラリア、米国に住み、夫は十数年前に仕事でＸ国に来たことがあった。

　移住した理由のひとつは子どもの教育である。両親のどちらかがシンガポール人でなければ、国際学校に通わせてもよいので、国際学校に子どもを通わせていた。インド系シンガポール人の場合、公立学校では原則としてタミル語が必修ということもある。しかし、通っていた国際学校では月に1,300ドルもの学費＊がかかるうえ、国際学校ではシンガポール国内の大学に進学することは出来ない。

　もうひとつの移住の理由は人種差別である。Ｃさん夫婦は皮膚の色のせいで就職に、そして職場で苦労を重ねてきたし、HDBが供給するHDB宅には一定の地域ごとに民族枠があるため少数民族であるインド系シンガポール人は住まいを変えるのが容易ではないということもあった。居住者人口の７～８％でしかないインド系シンガポール人の間での成約が必要なのである。

　結局、Ｃさん夫婦はインターネットを使って仕事を見つけることができ、子どもはＸ国の公立学校に通うことになった。

　Ｃさんはシンガポールの国籍を放棄していない。HDB住宅の売買は少数民族のインド系シンガポール人に不利であるし、HDB住宅は売らずに戸締まりしてあるという。つまり、シンガポールに帰国できるようにしてあるのである。

＊　表２-５の「職種別の月額賃金中央値（2000年）」は学費の程度をわかりやすくするための資料である。

表2-5 職種別月額賃金中央値 (2000年)　(単位:ドル)

	男性	女性
管理職	7,237	5,602
専門職	4,523	4,033
技能専門職	3,442	2,544
事務職	2,051	1,813
サービス・販売職	2,275	1,858
熟練工	2,150	1,688
機械操作工	2,194	1,334
清掃・労務職	1,577	1,232

出典:*Report on Wages in Singapore, 2000.*

Dさんの場合

　中国系シンガポール人のDさんは、妻、子どもとともに1990年代初めにX国に移住した。Dさんは当時まだ50代前半であった。英領期のシンガポールに生まれたDさんは海南語が母語であるが、英語で学校教育を受け、仕事でも家庭でも英語を使ってきた。Dさんの妻の親戚は数年前にX国に移住していたし、子どもの1人もX国で学校教育を受けたことがあった。Dさんには現在、シンガポールにも父母の出身国の中国にも親戚がいるという。

　DさんがX国に移住したのは、移住申請当時、移住者枠に退職者という枠があり、それで応募したら受け入れられたからである。シンガポールでは、孫たちの面倒をみたり、公園などで時間をつぶしたりする以外に、退職後することがないということが大きな理由であった。幸い、Dさんは移住前に家を売ることもできた。

　Dさんは移住後もシンガポールで就いていた仕事のネットワークなどを利用して、X国でもX国外でも今日に至るまで断続的に仕事をしてきた。特筆すべきは、X国のある州で人的資源関連部門の講師の募集があったとき、年齢制限がなかったため受験して合格し、1年間、講師を務めたことであったと回想している。既に60歳を超えていたが、試験結果を基準に採用されたのである。

　シンガポールの国籍をDさんは放棄していない。国籍を放棄しないのは、万が一のときのために帰ることのできるところを残しておきたいからということであった。

シンガポールとX国の社会を比べると、Dさんは法と秩序が保たれ、規律があるシンガポール社会の方が好ましいと思っている。

およそ半年後に行った聞き取り調査では、Dさん夫婦はX国の国籍を申請したところであった。もう高齢になって、シンガポールに帰ることもないから、という理由であった。

Eさんの場合

中国系シンガポール人のEさんは妻、子どもたちと一緒に1990年代初めにX国に移住した。EさんはX国の複数の公立大学を卒業し、X国で仕事をしていたこともある。これがEさんの移住につながる第一歩であるが、Eさんは1970年代末にはX国に投資して成功し、1990年代初めには複数の投資物件の管理を除いて引退することにしたのである。

EさんがX国に移住したのは政治的・経済的・社会的な要因、言い換えれば生活の質の違いである。Eさん夫婦の話を要約しよう。シンガポールでは政府が非常に広範囲に事業を展開し、「木を植えよう」や「華語を話そう」などの[205]キャンペーンを行い、幼子を抱えた女性なども外で稼ぐように政策的に奨励している。ところが、政府は寺院や墓地などの保存には熱心ではなく、次々と新しい建物を建てていくため、シンガポールという場所に愛着が生じにくいし、（中国系シンガポール人の場合）華語にしても大学に入ると話せるだけになっているし、お手伝いさんなど外国人の雇用や車の購入など必要な手数料などで政府[206]が稼いでいるばかりではないだろうか。徴兵制も愛国心の涵養には役立っていない。政治は政治家のためで、国民のためになっていないように思われる。とりわけ35歳以下の人たちは、豊かなシンガポール社会が当然となってしまっているため、政府は統治の方法を変える必要があるだろう。Eさんは所得が高かったため、国民の９割が入居可能なHDB住宅に入ることが出来なかった。X

---

205) Government of Singapore Investment Corporation Pte., Ltd. など（*Singapore 2000* (MITA): 140.）。

206) 次章にみるように、労働許可証で働く外国人を雇うには一人につき5,000ドルの保証金が必要で、失踪などの場合には政府に没収される。保証金以外に、毎月の300ドルから500ドルの課徴金（職種や熟練度によって異なる）を雇用者は政府に支払う必要がある（*Economic Survey of Singapore*. 各年版、参照）。

国はシンガポールより国土が広く、引退しても旅行や魚釣りなどいろいろ楽しめる。この点はシンガポールと大いに異なる点である。X国はまた、医療や教育がシンガポールのように高額所得者と学業成績優秀者中心になっていない点でもバランスがとれた社会である。

なお、移住にはシンガポール警察のある部署が発行するいわゆる素行証明書が必要であるが、何が書かれてあるかはわからないとのことであった。

Eさん夫婦は2年に1回くらいシンガポールに帰りたいと思っているが、子どもたちはそうは思っていない。Eさん夫婦の子どもの1人は10代半ばでX国に来たので、X国社会に慣れるのが早かったものと思われる。

Eさん夫婦はシンガポールの国籍を持ったままである。X国の国籍を取っても投票権が違うくらいで、特に意味はないからとのことであった。

Fさんの場合

Fさんはインド系シンガポール人で、現在、X国人の配偶者とX国で暮らしている。FさんはX国に移住して、数年経ったところである。ムスリムのFさんの第2言語はマレー語で、祖父母とはマレー語で会話するという。FさんはシンガポールではHDB住宅に住んでいた。

Fさんの移住のきっかけはX国の大学に入学し、卒業後、X国人と結婚したことである。Fさんの兄弟の一人もFさんと同じようにX国の大学で学んだが、卒業後、帰国した。Fさんは1年半くらいに1回、シンガポールに戻っている。シンガポール社会は家族中心で、働くことを重視し、目に見えない監視網を恐れている一方、X国の社会は個人中心で、個人のペースでものごとを進めることが出来るというのが、Fさんの見方である。

Fさんは今もシンガポールの国籍を保持している。

Gさんの場合

中国系シンガポール人のGさんは、妻と子どもたちと家族で1990年代初めにX国に移住した。Gさんの子どもたちがまだ小学生のときで、Gさんの家庭も英語を話す家庭である。

Gさんの移住の理由はもっぱら子どもたちの教育である。Gさんの子どもた

ちは、優秀な子どもたちが集まる有名小学校に入学することができたが、子どもたちの成績はさっぱり振るわなかった。家庭教師をつけてもGさんの子どもたちの成績は変わらなかった。どうも勉強する気がなかったようだとGさんはいう。しかし、シンガポールでは能力別学級編成の連続という競争的な教育制度のため、早い時期に落ちこぼれてしまうと、幼いうちから人生の落伍者というレッテルを貼られ、人生を破壊されてしまう。そこで、Gさん夫婦はシンガポールのように差別的でなく、より柔軟な教育制度のあるX国への移住を選択したのである。

結果として、Gさんの子どもたちはX国では落ちこぼれになることなく、自分のペースで勉強を進めることができ、それぞれ特技も伸ばし、1人は既に公立大学に進学している。Gさんの国外移住の目的は達せられたと言えよう。

Gさんの家庭では、家族全員、シンガポールの国籍を持ったままである。したがって、子どもたちには徴兵があるが、徴兵制と愛国心は無関係だとGさんは言い切った。では、Gさんたちはなぜシンガポールの国籍を放棄しないのであろうか。国籍を失うと駐在でさえ簡単に戻れないからであり、何かのときのためのコストとリスクを考えての結論ということであった。

Gさん夫婦は、政府があまりに広範囲の分野に直接・間接に進出し、所得分配を悪化させる政策をとっていることに批判的であった[207]。Gさん夫婦はまた、経済のグローバル化にシンガポールは対応していかねばならず、シンガポールの先行きは決して明るくないとみている。Gさん夫婦はさらに、英語の使用によって一部のシンガポール人は国外への移住が可能になっている一方、国外に移住したくても移住できない人たちがいるため、政府は国内での建設的な批判に耳を傾けることが必要との意見であった。

以上の事例では、シンガポール国外に移住したのは子どもの将来あるいは生活の質を考えてという理由が多かった。子どもの将来を考えてという理由は、具体的には教育のあり方が子どもに及ぼす影響にほかならない。幼少期からの

---

[207] 1998年と2000年の場合を世帯単位でみると、下位10%の平均月額所得は258ドルから133ドルに低下したのに対し、上位20%の所得は下位20%の15倍以上から18倍以上へと増大した（*FEER*, October 12, 2000）。

能力別学級編成の徹底がもたらしかねない問題を回避しようとしての移住という選択と考えられる。生活の質を考えてという理由は、シンガポールが豊かな社会となるなか、日常生活のなかでの非物質的な側面、言い換えれば精神的な側面がシンガポールの政治においてはなおざりにされてきた傾向があることを示していると思われる。

　どのような理由にせよ、国外への専門職・管理職などを中心とする移住[208]はシンガポールの経済・社会の発展に大きなマイナスと言わねばなるまい。シンガポールの発展には人材が何よりも必要だからである。筆者の調査でも、移住の中心となった人たちには専門職・管理職・実業家が多かった。

　シンガポールは知識集約型経済による立国を目指している。『ネクスト・ラップ——2000年のシンガポール——』(1991年) をはじめ、『インテリジェント・アイランド構想』(1992年) や『シンガポール21』(1999年)[209] などの政府文書にこうした知識集約型都市国家構想が表明されているが、その実現には社会基盤の高度化に加えて、頭脳の集積が必要である。したがって、学歴の高い層がシンガポールを後にするという事態はこの構想自体を覆しかねない。「国民の流出を最小限に抑えなければならない[210]」のである。

　リー・クアンユー首相は、高学歴の女性に子供が少ないため人口政策を変える必要があると述べた1983年のナショナル・デー大会演説で、国外への移民には言及していないが、学歴の最も高い層を補うには、国外からの有能な人材の補充を増やさねばならないと述べ[211]、政府が1991年に発表した『戦略的経済計画——先進国に向けて』は技術と才能のある人材の不足が経済の拡大や多角化の障害の一要因であると指摘していた[212]。首相をはじめとする政府閣僚や人的資源

---

208)　Chew and Chew 1992: 108-109, 117; *FEER*, 10 May 1990; Low 1995: 756; Lee c2000: 165-166; *Financial Times* 電子版, August 1, 2007. 想定されているほどには学歴は高くない、という見解もある (Low 1995: 756)。
209)　順に、*Singapore: the Next Lap*; *A Vision of an Intelligent Island: the IT 2000 Report*; *Singapore 21: Together, We Make the Differnce*.
210)　*Singapore: the Next Lap*: 29.
211)　Saw 1990: 44.
212)　*The Strategic Economic Plan*: 36.

省(Ministry of Manpower)、EDBなどの省庁も「外国の優秀な人材(foreign talent)」がシンガポール経済の拡大、競争力の強化に不可欠なことを頻繁に訴えてきた。[213]

シンガポール政府は、既に1980年から委員会を設置するなどして外国に人材を求めてきた。[214] 1989年7月からは香港在住の中国系住民のシンガポールへの移住を永住資格要件の緩和によって促し、[215] 近年は知識集約型経済の構築に向け、生物工学や高度医療、金融、高等教育などの分野で活躍できる人材の勧誘をEDBや、首相府(Prime Minister's Office)内の在外シンガポール人課(Overseas Singaporean Unit)、人的資源省下のコンタクト・シンガポール(Contact Singapore)などによって積極的に行っている。[216]

6 言語と思考の国民化

シンガポール政府は自治獲得以来、教育を経済開発、そして国民統合の手段と位置づけてきた。公教育は政府が構想する産業社会に適合するように国家規模で子どもたちに知識を伝授するとともに子どもたちの身体を規律化し、公教育を支える教科書は国民の形成および統合を担う特定の価値体系や文化の再生産を可能にする。そして、経済開発は生活水準の向上によって、シンガポール社会の安定と与党人民行動党への支持につながるからである。シンガポールの場合、子どもたちに優先して伝えられるべき価値は、国家への忠誠と国民としての連帯意識、政府が多民族・多文化社会シンガポールの普遍的な考え方とされた多人種・多文化主義と実利・実力主義であった。

---

213) たとえば、*Straits Times* 電子版, August 22,1999; Singapore Government Press Release, August 20, 2001; Ibid. August 20, 2006; Ibid. January 1, 2008; *New Challenges, Fresh Goals*(MTI).
214) Quah 1984: 178.
215) *FEER*, 20 July 1989; Low 1995: 757-758. .
216) Low 1995: 757. コンタクト・シンガポールは産業界などと提携し、在外シンガポール人および外国人にシンガポールでの就労に関する情報を提供する機関で、北米やインド、中国、ヨーロッパなど世界に事務所を持つ。Contact Singapore, available at http://www.contactsingapore.org.sg/.

言語・教育政策の中核には英語を教育媒体言語とし、各自の民族母語も学ぶ2言語教育がおかれた。英語は実利主義の象徴として経済開発に、民族母語は文化維持にという実用と文化の機能分担である。学校教育において進級・卒業試験制度と組み合わされた能力別学級編成は英語の運用能力にほぼ基礎づけられる実力主義をシンガポール社会の普遍的な考え方として浸透させ――家庭教師についたり塾に通ったりするという学校外学習の広がりや『ストレーツ・タイムズ』投書欄に読み取ることができる――、学校における英語中心の2言語教育と社会における英語の行政・実務言語化の徹底によって、英語はシンガポール社会に広く通用する言語となっていった。教育内容の統一とも相俟って、民族間の意思疎通と相互理解への障害は縮小に向かい、共属意識を育む土壌が創られていった。この過程においてシンガポールのNICs化に象徴されるように急速な経済成長が実現しシンガポールに住まう人々が生活様式を同じくし相対的に豊かな生活を享受するようになったことは、シンガポール国民としての誇り、シンガポール国民としての意識を徐々に創りあげた。他方、学校で行われる国旗の掲揚や降納、国歌の斉唱、「誓い」の唱和という国家儀礼、さらに「国民教育」は子どもたちに日常的に国民意識をよび起こし、国旗や国歌への敬意を当然と考えることなどの身体化を行った。シンガポール政府は英語の使用と国家儀礼、「国民教育」によって、また実利主義と実力主義というイデオロギーによって、シンガポールの人々を国民として統合しようとしたのである。
　英語を広くシンガポール社会の基盤とする統合の過程にはしかし、問題があった。まず、政府がみるところ文化的な問題が伴っていた。民族母語の学習と「アジア的価値」をシンガポール社会に浸透させようとする政府の試みはこうした側面への対応策である。
　民族母語は各民族の伝統的な価値観や文化を伝え、西洋的価値を広めていると政府が懸念する英語の使用とのバランスを取るためのものとされた。「文化の底荷」である。ところが結局、民族母語は進級・進学に必須の科目とみなされ、文化の維持という役割は名目となっていると言って過言ではない。実利主義と実力主義に見合った民族母語のあり方であり、言語と文化が切り離せない以上、言語別に実用と文化の機能分担を求めることは不可能であった。
　もとより、言語の維持なくしてその言語にまつわる文化の維持はありえない。

たしかにシンガポール政府は各民族に民族母語が駆使できる「特定の民族母語について基準となる言語運用能力を保持する者（standard bearers of the language）」を育てて民族母語の地位を上げようとし、基礎的な言語能力の維持を目的として、民族母語のカリキュラムの改革なども行っている[217]。政府はまた、各民族の文化月間（cultural month）も設け、各民族や文化団体なども文化活動を推進している。しかし、マレー語およびタミル語の使用範囲の縮小、タミル語の使用者の減少は止まっていない。

　民族母語と同様の役割を期待されたのが「アジア的価値」であった。政府はキャンペーンや学校教育によって、経済発展や政治体制に関わる特定の「アジア的価値」、すなわち勤労の倫理やそれぞれが属する共同体の尊重、親孝行、年長者への恭順、政府への信服などをシンガポール社会に浸透させようと試みた。その結果華語を話すこと自体は広まったものの、華語という言語や日本に学ぶこと、「宗教知識」、とりわけ儒教倫理を学ぶこと、に関わる特定の価値がより浸透したり、強化されたりしたわけではなかった。これにはシンガポール社会が豊かな社会になり、選択肢が広がったという変化も関係していると思われる。「アジア的価値」は装いを変えて「共有の価値」、「家族の価値」として政府によって社会への浸透が試みられ、現在に至っている[218]。

　第2の問題は言語能力の全般的な低下である。2言語教育はシンガポールを「英語を知っている2言語併用者（English-knowing bilinguals）[219]」が圧倒的に多い社会に変えたが、英語、民族母語双方の水準の低下を伴うものでもあった。「2（多）言語併用」については、特定の言語をどの程度まで扱える場合なのかについての言語学上の基準は存在せず、非常に簡単な日常会話ができる場合でも2（多）言語併用とみなされることが多い。2（多）言語併用に関わる大きな問題は、日常会話に支障がない場合でも、抽象度の高い思考や表現、学習のための言語能力が十分に発達しない場合が少なくないことである。たとえば、中卒以下の中国系住民の場合、より高学歴の層とは対照的に、必ずしも意識して

---

217) Tan 1998: 57: Ministry of Education Press Release, January 15, 2004: Ibid., November 17, 2005: Ibid., March 7, 2007: Ibid., February 11, 2008.
218) *Family Matters: Public Education Committee on Family* (MCDS).
219) Kachru 1983: 42.

いるわけではないが、福建語と華語の混淆語や「文法的でない」シングリッシュを話しているとされる[220]。

このような言語能力の問題に関して言えば、局所的な社会構造に結びついた制限コードではなく、精密コードを獲得して状況から独立した意味秩序である普遍的意味秩序に接近しなければ、高度な学習はできないというバーンステイン（Basil B. Bernstein）の指摘は非常に重要である[221]。ものを考え理解するには会話面の言語能力ではなく、認知面や学力面における言語能力の役割が重要となる。言語水準の低下は思考のための言語の習得に大きく関わる問題であり、「国民教育」や数学、理科などのあらゆる面での学習能力、ひいては社会全般での実務能力の問題を惹起しかねない。知識集約型経済となれば、言語能力に関わる問題は一段と深刻である。

言語能力、とりわけ民族母語の能力の低下はまた、アイデンティティの揺らぎも引き起こしている[222]。たとえば、タミル語が上手に話せないタミル系のシンガポール人は自分自身をタミル系と位置づけにくく、また他者からもタミル系とはみられにくい。言語には意思疎通の機能のみではなく、話者のアイデンティティの根拠という機能も備わっているということをこの事例は示している[223]。

第3の問題は、主として英語と華語の運用能力の差に由来する社会的・経済的格差の継続、および英語力・経済力に基づく一部のシンガポール人の海外への移住である。英語力に基づく社会の階層化は植民地期以来のものであるが、近年の所得格差の拡大は政府も認めるところとなっている[224]。たとえば、所得格差への対処として政府は、財政黒字から、低賃金労働者に対するワークフェア特別手当——平均月額所得1,500ドル以下の場合、所得に応じて受給できる手当——の支給、低所得世帯に対する物品・サービス税、水道・ガス料金の一部払い戻し、就学前の子どもがいる低所得世帯への幼稚園通園費補助、高齢者へのCPF口座への特別入金などを、また軍人や予備役——兵役終了後、40歳まで

---

220) Chua c2003: 87.
221) Bernstein 1980.
222) Saravanan 1998: Goh 1999: Kamsiah and Bibi Jan 1998.
223) Ang 2001.
224) Ministry of Manpower Press Release, June 30, 2005.

毎年最大40日間の訓練に参加しなければならない——など軍関係者にも国家への貢献に対し特別手当の支給を実施した[225]。シンガポールでは所得格差が実力主義によると公的にみなされているとはいえ、格差が社会的に大きな問題となり、政治的に無視できない状況になってきたからである。シンガポールにおいて、所得の不平等度を示すジニ係数は2000年には0.442であったが、2007年には0.485と悪化した[226]。2007年のジニ係数は先進国として珍しい数値である。第1回目のワークフェア特別手当の支給は2006年5月の総選挙直前に行われた。

他方、格差の表れでもある海外への移住は高い水準で推移し、年に1,000人以上がシンガポールを離れているとみられている[227]。この数字には随伴する家族の数は含まれていないと思われる。リー・クアンユー顧問相によれば、年に1,000人以上という人数は高学歴者の10人に3人であり、建国40数年の、人口規模の小さいシンガポールにとって深刻な頭脳流出である[228]。政府がシンガポールへの高度の専門職や技術職などの移民の勧誘に積極的なのはこうした状況に起因している。

シンガポール人の海外への移住については、ゴー・チョクトン首相が2002年、ナショナル・デー大会での演説[229]でシンガポールを後にする人々を「クイッター (quitter)」と呼び、シンガポール国民の間に議論を巻き起こしたことがあった。「鏡を見て、自問して欲しい。私はステイヤー (stayer) かクイッターかと」ともゴー・チョクトン首相は述べた。シンガポール人は「教育を授ければ授けるほど、彼らに経済的機会を創れば創るほど、国際的に動くようになる」とゴー・チョクトン首相は国民の行動を嘆いたが、シンガポールは常にグローバル化にうまく対応せねばならず、その繁栄は小さな国内市場中心では決して立ち行かない。ゴー・チョクトン首相は結局、「クイッター」がシンガポールに愛着を持っているという「クイッター」自身や国民からの見解を尊重し国外在住のシンガポール人、および元シンガポール人をネットワーク化してシンガポー

---

225) Ministry of Finance Media Release, February 17, 2006: Ibid., February 15, 2007.
226) *Key Household Income Trends, 2007* (DOS): 6.
227) *Star*, February 23, 2008.
228) Ibid.
229) Singapore Government Press Release, August 18, 2002.

ルとの結びつきを強化し、シンガポール経済の活性化を図るという方向に転換した。在外シンガポール人の数は14万人、永住権保持者も含めると23万人以上と推測されている。[230]

 2 言語教育に関わるもうひとつの論点は英語の現地化、すなわちシンガポール化である。土着でない英語が、シンガポールで使われてきた福建語やマレー語の影響を受けるという現地化は、英語使用層、および英語使用場面の広がりに伴う普遍的な現象である。英語の現地化の結果は、一方では標準とされる英語との違いが政府によって問題とされ、他方ではシンガポール化した英語がシンガポールの人々の同胞意識を育み、アイデンティティの一部にもなっているというものである。英語のシンガポール化については次章で検討する。

 英語を中心に民族母語も学ぶ2言語教育は英語の常用を基盤に経済開発の加速と国民の統合を目標としたものであった。英語は教育媒体言語としての使用、教育制度の統一、英語の行政・実務言語化の徹底もあってシンガポール社会で広く使われるようになり、英語という言語による言語と思考における国民化、国民統合が進行した。学校で言語と思考の国民化を支えたのは政府発行あるいは政府認可の教科書という政府系メディアであり、一連の日常的な国家儀式であった。シンガポール経済の高度成長も国民意識の形成に貢献した。小学校での能力別学級編成は幼少時からの進学熱を社会に広めて実利主義と実力主義の浸透をより確実なものとし、子どもたちの進路を振り分けて経済開発への効果的な国民の動員を可能にした。

 シンガポールの英語社会化はしかし、民族母語の学習や「アジア的価値」による教化でもっては政府の対応が不可能な問題を伴っていた。言語水準の全般的な低下であり、言語による社会の階層化の継続、そして高度の言語能力および経済力による海外への移住である。

 1970年代半ばには、シンガポールにおいて英語が広く使われるようになれば英語校出身者と非英語校出身者の社会的・経済的格差は解消して行くであろうという予測があった。[231] たしかに学校は1980年代にはすべて英語校化し、英語は

---

230) Singapore Government Media Release, February 23, 2007.

シンガポールにおいて「広範囲のコミュニケーションの言語（Language of Wider Communication）[232]」となった。しかし、英語が広範囲に使われるようになったことの結果は、使われている英語の多様性と英語の多様性による社会の階層化である。クオ（Eddy C.Y. Kuo）らが主張するような、英語使用の一般化に伴う言語問題の非政治化ではなかったのである。[233]

英語を基軸とする2言語教育は、英語によるシンガポール社会の総体的な統合と英語力による階層に関わる分裂という相矛盾する結果を伴ったのである。

以上、学校教育を中心とする国民化とその矛盾を検討したが、次章ではさらに、国民化を効率化するための社会的な、すなわち国家規模の国民意識の強化策を検討する。社会的な運動や教育によって、人々が政府の意向を受け入れやすい環境をつくれば、シンガポール国民としての意識の強化に働くからである。

---

231) Gopinathan 1976: 80.
232) Fishman 1968: 47.
233) Kuo and Jurnadd 1994: 87-88.

第3章　国民意識の強化

0　はじめに

　シンガポール政府は住宅供給や学校教育を通じて、生活空間の国民化、言語と思考の国民化を図ってきた。生活空間は国家規模の再開発によって隅々まで国家に覆われ、言語と思考は独自の2言語教育に基づく能力別学級編成を特徴とする学校教育と「アジア的価値」共有の試みによって、シンガポール国家という枠組みを与えられた。

　国家の安定と繁栄のためにはさらに、シンガポール社会全体に対しても積極的な国民意識の強化が行われることが望ましい。シンガポール国民であるという自覚、シンガポールという場所への愛着を持ち、シンガポール国家を第一義的に考え、行動するという人々こそ政府が理想とするシンガポール国民である。

　国民意識の強化の手段として動員されたのは、家族計画、ナショナル・デーに関わる国家儀礼、博物館の展示や記念建造物の設置、そして「よい英語を話そう」運動であった。

1　社会教育としての家族計画

　シンガポールの教育の特徴は英語中心の2言語教育と能力別学級編成である。2言語教育に基づく能力別学級編成によって子どもたちは段階的に、職業・技能教育や労働市場へと振り分けられていく。国民の形成を担う教育は経済開発のためでもあり、人的資本論の考え方が底流にある。

　人的資本への投資としての教育という点に焦点を絞るならば、教育を受ける

当事者となる人口の規模と質を事前に調整することができれば、教育のいっそうの効率化を図ることが可能になると考えられる。

家族計画は当初、緊急に解決すべき人口急増という問題への対処であったが、優生思想を取り入れ、投資としての教育を効率的に行うための家族計画へと変化する。

1-1 「小さな家族」の奨励

家族計画は、1980年代初頭まで概して人口増加の抑制に関わるものとして実施されてきた。戦後の人口急増が住宅、教育施設や教員、雇用の場の不足を引き起こしていたからである。

人民行動党は1959年総選挙の公約で家族計画への支持を表明していたが、自治期の人民行動党政権は民間の家族計画協会（Family Planning Association、1949年設立）への財政的な支援を行うなど間接的支援にとどまっていた。[1]

経済開発を進めるには人口の増大を抑制する必要があったため、シンガポール政府は独立後の1966年、シンガポール家族計画・人口庁（Singapore Family Planning and Population Board）を設立した。既にこの時点で、人口の規模より質が国家にとって重要であることが政府により表明されている。[2]

シンガポール家族計画・人口庁の設立後、家族計画のための法律や奨励措置などが導入される。[3]立法に基づく少子化促進手段としては、自発的不妊手術法（Voluntary Sterilisation Act、1969年施行、72年・74年修正）、妊娠中絶法（Abortion Act、1969年施行）があるが、特に後者の立法に際しては少なからぬ議論があった。

リー・クアンユー首相は、1969年12月29日、妊娠中絶法案に関して次のような演説をした。

> One of the noticeable trends in developed countries is that parents with more education have smaller families than those with less education. This trend is also discernible in urbanised, though still under-developed countries, societies like

---

1) Saw 1980: 37-38.
2) Ibid.: 52-53.
3) Ibid.: 72-128; Wee 1979: 29-46.

Singapore. If these trends continue to their logical conclusions then the quality of the population will go down.[4]

　先進国では教育のある親は教育のない親に比べて子どもの数を抑えており、シンガポールのような途上国でも都市化された社会では、こうした傾向が認められ、教育のある人たちの子どもの数が少ないという傾向が続けば、人口の質は落ちるだろうという内容である。
　リー・クアンユー首相は国会で、より端的に次のような発言もしている。

We must encourage those who earn less than $200 per month and cannot afford to nurture and educate many children never to have more than two.[5]

　月収200ドル以下でたくさんの子どもを教育する余裕がないならば、子どもは2人までに、という発言である。
　少子化奨励措置としては、第4子以降には不適用となった有給出産休暇（1968年雇用法）、第4子以降の出産費用の減額（1969年導入）、子どもが3人以下の家庭への所得税減税（1972年導入）、子どもがいなかったり2人までの夫婦に対するHDB住宅申込みの許可（1968年導入）、第3子までに限定の小学校登録（1973年導入）や親が不妊手術を受けた子どもの小学校登録の優先などがある。シンガポールでは公立小学校に学区がなく、親が希望する学校が子どもたちを受け入れさえすれば、子どもたちが通うことができる仕組みになっている。有名中学校への進学実績のある小学校には希望者が殺到するため、政府がこのような小学校登録の優先措置を組み込んだと思われる。
　政府が家族計画に関する方針を転換した場合には、こうした小家族奨励措置も併せて変更されている。たとえば、1973年、「子どもは2人まで（Two Is Enough）」という方針になったため、雇用法が改定され、有給出産休暇も第2子までとなった。[6]
　シンガポール家族計画・人口庁はこのほか、4つの公用語で用意された小冊

---

4)　Rodrínguez, ed., 2003: 298.
5)　George 1973: 186-187.
6)　Saw 1980: 119.

子を配る、同じくポスターを貼る、新婚の夫婦に助言する、テレビやラジオを使う、労働組合などの協力を得て勉強会を開くなど、少子化の浸透を図ろうとした。[7] メディアや勉強会では政府の方針の住民への周知徹底を図るため、広東語、福建語、海南語などの中国系諸語も使われ、[8]この小家族推進運動に参加するコミュニティ・センターや学校ではスローガン入りの車のステッカーや紙製のコップ敷き、布製の横断幕などが配られた。[9] 1973年10月からは、小卒者や中卒者、小中学校中途退学者向けの講座も始まった。[10]

小家族推進運動のほかの例をみてみよう。たとえば、1968年のテーマは「いっそう小さな家族（The Smaller Families）」で、ポスターのスローガンは以下にみるように、ほとんど、小家族がいかに生活水準を向上させるかを示す内容となっている。

"Singapore Wants Small Families"
"Small Families Have More To Spend"
"Small Families Own More"
"Small Families Enjoy Better Health"
"Small Families Have A Better Education"
"Small Families Live Better"
"Small Families Have More To Eat"[11]

小家族奨励措置にはさらに、シンガポール家族計画・人口庁が教育省と協力して学校の履修課程に人口教育を組み込んだこと、政府が女性の労働力化を奨励したこともあげられる。[12]

ところで、政府による小家族推進に対する国民の反応はどうだったのだろうか。まず、1973年の政府調査をみてみよう。[13] 政府の子ども数2人奨励を知って

---

7) *SFPPB Third Annual Report 1968*(SFPPB): 43-47; *SFPPB Seventh Annual Report 1972*: 37-38; *SFPPB Tenth Annual Report 1975*: 36-41; *SFPPB Twelfth Annual Report 1977*: 33-37.
8) *SFPPB Third Annual Report 1968*: 45; *SFPPB Seventh Annual Report 1972*: 38.
9) Ibid.
10) *SFPPB Tenth Annual Report 1975*: 36.
11) *SFPPB Third Annual Report 1968*: 44.
12) Fawcett 1979: 7.
13) Wan and Saw 1974: 21-22.

いた女性は75.2％、子ども2人がちょうどいいと答えた女性は51.5％であった。また、自らの家族の規模に影響があると答えた女性は、出産費用が43.4％、小学校登録が39.1％、HDB住宅の割り当てが25.8％、所得税減税が14.3％、有給出産休暇が11.0％であったが、他の家族に影響するだろうと答えた割合は、順に、70.3％、63.6％、51.3％、25.1％、30.7％であった。ほかの調査結果をあわせてみても、出産費用、小学校登録に影響が大きいと答えている割合が大きい[14]。ただ、小家族奨励政策に影響を受けた労働者階級の場合、小学校登録と出産費用、そして心理的圧力の影響が大きいとする一方、下層労働者階級で家族計画を実行しない層では、自らの考え方と違う政府からの情報を受け入れようとしないという先有傾向を示している[15]。

シンガポールは1975年、人口置換水準に達し[16]、同年以降も出生率は低下を続けている[17]。こうした小家族化の進展は、シンガポール国立大学で教鞭を執ったソー（Saw Swee Hock）によれば、政府の小家族奨励政策の結果である[18]。シンガポールが都市国家であることがシンガポール家族計画・人口庁の効果的な活動につながったと考えられる。しかし、国民のほぼ唯一の選択肢となったHDB住宅の住戸の狭さが核家族化を促進したこと[19]、シンガポール人は子どもに高等教育を受けさせたいと思っている場合が多く、低所得層でなければ子どもを持つのは将来経済的に役立つからではなく心理的な満足や家名の継続を望むためという場合が多いこと[20]なども家族の規模との関係で考慮すべきと思われる。

1-2 「大卒女性母親化計画」

シンガポール政府は1984年、家族計画を選別的多産奨励策に転換する。前年のナショナル・デー大会演説で、リー・クアンユー首相が1980年の国勢調査をもとに、人的資源の重要性にもかかわらず高学歴の女性に子どもが少なく、低

---

14) Fawcett and Khoo 1980: 560-562.
15) Wong and Salaff 1979: 125-126.
16) Saw 1980: 177; *SFPPB Tenth Annual Report 1975*: 3.
17) *Singapore 2007, Statistical Highlights*: 46.
18) Saw 1980: 184.
19) Fawcett and Khoo 1980: 565-567.
20) Chen, Kuo and Chung 1982: 110-113.

学歴の女性には多いと「偏った出産動向」を批判したのがきっかけであった。リー・クアンユー首相の演説の一部を引用しよう。

> If we continue to reproduce ourselves in this lop-sided way, we will be unable to maintain our present standards. Levels of competence wil decline. ... Our most valueable asset is in the ability of our people. ... Yet we are frittering away this asset through the unintended consequesces of changes in our education policy and career opportunities for women. ... In some way or other, we must ensure that the next generation will not be too depleted of the talented.[21]

低学歴女性に子どもが多く、高学歴女性に子どもが少なければ、シンガポールは人的資源しかない国なのに競争力が落ちてしまう、それにもかかわらず、教育政策の意図しなかった結果と女性の就労機会の増大によって、人的資源を縮小してしまっている、という発言である。

たしかに、1980年国勢調査によれば、子ども数中央値は3.4人であるが、母親の学歴別にみた子ども数中央値は、無学歴で4.4人、小卒で2.3人、中高卒、大卒はともに1.6人で、民族別にみても高学歴ほど子ども数は少なくなっている[22]。この首相発言は、高学歴女性の子どもは高学力という優生学的前提に立つ発言と言える。

リー・クアンユー首相は既に1968年、教育がいつから始まるのかと母親の教育の程度について次のような発言をしている。

> Educational experts, psychologists and physiologists agree that education begins almost from the day mother communicates with the child, not from the day the child goes to kindergarten or school. There is a very big diffference between having an educated and an uneducated mother.[23]

教育は、教育の専門家や心理学者、生理学者が意見の一致をみているように、子どもの就学から始まるのではなく、母親がおなかのなかの子どもに話しかけるところから始まり、母親に教育があるのとないのとでは大きな違いがある、

---

21) Saw 1990: 43.
22) *Census of Population 1980 Singapore: Release No.9, Religion and Fertility*: 70.
23) Rodringuez, ed., 2003: 275.

というのがリー・クアンユー首相の考えなのである。

「大卒女性母親化計画」(Graduate Mother Scheme) と呼ばれるようになった大卒女性の出産奨励策はどのようなものか。子どもの小学校登録の優先、高学歴女性が収入が得られる仕事を続けたり再びそうした仕事につくよう促すための子ども数に応じた所得の補償、社会開発局 (Social Development Unit) と名付けられた、大卒者向けの結婚相談所の開設 (1984年1月)、託児施設の整備が含まれる一方、経済的に豊かでない低学歴女性の不妊手術に対する現金給付、公立病院での第2子以降の出産費用の段階的上昇、なども併用したものである[24]。政府は出生動向に社会経済階層の差を認め、人口の質を高める政策手段を選んだのである。『ストレーツ・タイムズ』は1984年、選別的人口増加策関連記事を数ヶ月にわたって掲載した[25]。

ところで、1980年代前半、女性の学歴はどの程度だったのか。1983年1月から5月に政府が実施した、15～64歳の既婚女性の家族と社会における役割に関する調査——民族比率や職業の有無は全国平均に近くなるよう調整されている——をみてみよう。無学歴や小学校中退が47.1％、小卒が26％、中卒が19％、高卒以上が7.7％である[26]。なかでも、高学歴の女性は既婚女性の10％もいない。政府はしたがって、極めて少数の女性を対象とした出産奨励集を導入したのであった。

リー・クアンユー首相の演説は、このように対象となる女性が極めて少数であるにもかかわらず、首相の予想通り、国民的論争を引き起こし[27]、また高学歴の女性からも低学歴の女性からも賛成が得られず、小学校登録の優先に関しては1985年に廃止された[28]。シンガポールのメディアは一連の論争を「結婚大論争」[29]と名付けた。政府が新たに設立した結婚相談所は、シンガポール国立大学で教えるロー (Linda Low) によれば「証拠はないが、成功しているようである」[30]が、

---

24) Saw 1990: 4-13.
25) Palen 1986: 5-6;
26) *Report on National Survey on Married Women, their Role in the Family and Society* (MSA): 15-16.
27) Lee c2000: 158.
28) Quah 1984: 179-181.
29) Saw 1990: 8.

外国の研究者によれば全くの失敗だった[31]。1984年総選挙では、与党人民行動党が1968年以来初めて、2議席を野党に明け渡し、支持率が63％と前回の1980年総選挙から13ポイントも落ちたが、この選挙結果はこの差別的な家族計画の影響によるものと分析された[32]。政府はこのため、「大卒女性母親化計画」の一部廃止を決定したのである。

もっとも、タン教育相は1985年3月、廃止の理由を次のように述べた。

> The central issue is whether graduate mothers will be induced to have more children simply because this will give them priority in registering their children for Primary One or pre-primary. The response from graduate mothers would indicate that this premise is unlikely to be true. In view of the anxiety and resentment which the priority scheme has aroused in Singaporeans, both graduate and non-graduate, and as the scheme is not likely in my view to produce the desired results, I see no good reason for continuing with the scheme. (*Straits Times*, March 26, 1985)[33].

「大卒女性母親化計画」が狙ったようには大卒女性が子どもたちの小学校あるいは就学前教育の登録に反応せず、また大卒でない女性からも評判が悪く、見込んだ結果が得られない計画になってしまったため廃止となったという主張である。また、低学歴女性対象の不妊手術も不人気で、非公式に中止になった[34][35]。

1-3 望ましい「家族生活」

政府は1987年、人口の質への憂慮から、選別的多産奨励策を学歴ではなく、所得を基準とする政策へと変更する[36]。新しいスローガンは「余裕があれば、子どもは3人以上（Have Three or More if You Can Afford It）」である。政府は託

---

30) Low 1995: 72.
31) Leete 1994: 815.
32) Quah 1985: 226-227; Palen 1986: 8-9.
33) Saw 1980: 8; Palen 1986: 9.
34) Palen 1986: 9; Low, Toh, Quah and Lee 1993: 123.
35) Palen 1986: 9.
36) Saw 1990: 25-34.

児施設を利用しやすくし、女性公務員の無給育児休暇を延長したり、外国人のお手伝いさんを費用の面で雇いやすくしたり、第3子誕生の家族に広いHDB住宅を優先的に割り当てるなどの政策手段を導入する。住宅に関しては、大家族への差別的待遇はなくなっている。

◆「家族生活」キャンペーン

人口の質を重視する人口増加政策への転換に伴い、政府は新聞や小冊子、テレビ、ラジオを使って、望ましい「家族生活」のキャンペーンを行った[37]。この場合の「家族」とは夫婦と子ども、特に赤ん坊、を意味している。

まず、テレビでの例をみてみよう。少年と少女が話をする、"Too Old"と題されたテレビ・キャンペーンでの会話は次のようである（強調を示す斜体字は原稿通り）。

  Boy: Can I be your *boyfriend*, Siew May?
  Girl: But I am too young to have a *boyfriend*.
  Boy: Too young? I don't think you can be. Take my mum.
         She was really old before she *married* my dad.
         More than thirty-one and a half years old.[38]

"Decision Time"と題されたテレビ・キャンペーンでの会話を引用しよう。

  Brian: My girlfriend and I have talked about getting married. But I wonder if it will hinder my career.
  Peter: Come on. It's done great thing for mine. Family life's made my life really good. Its broadened my horizen [...]
  Brian: Well!
  Peter: Get married Brian. It is good for both of you.

  Voice-over: Why build your career alone.
              Family life helps.[39]

---

37) Lazar 1999; Palen 1986: 5-6; Quah 1998: 109-116.
38) Lazar 1999: 155.
39) Ibid.: 157.

次に、"First Child"という印刷された広告をみてみよう（強調を示す斜体字、および括弧内は原稿通り）。

> When you're young and in love, it is hard to imagine an even greater joy [...]. And it comes with the birth of your *first* baby, ...
> This joy you are experiencing now [wedding day] will even be greater when you hold your *first*-born in your arms.[40]

"Too Old"では、ボーイ・フレンドになって欲しいという話が「自然に」結婚の話に変わり、"Decision Time"では、結婚の話が「自然に」家族生活の話になり、最後は結婚の話で締めくくられているし、"First Child"では直接には子どもが多いことの望ましさに言及していない。このようにいかにも自然に話が飛んだり、間接的に望ましさに言及する手法が多産奨励キャンペーンに使われたのである。

「家族生活」キャンペーンに関わる小冊子はどのような内容か。たとえば、地域社会開発省（Ministry of Community Development）は1995年、『シンガポール――家族にやさしい社会』[41]を発行した。この小冊子はシンガポールの家族の変容を概観したうえで、HDB住宅入居に関わる優遇措置やさまざまなCPFの用途、減税措置、カウンセリングなどの家族支援サービスなどの説明を行い、最後に問い合わせ先を示している。この小冊子は政府が実施するさまざまな家族支援サービスをわかりやすく紹介する一方、小冊子の冒頭で家族強化策がシンガポールの成功の継続のためであり、シンガポール国家は婚姻や家族の形成、健全な家族生活を支援するとし、また問い合わせ先一覧の直前で1994年5月に政府が公表した「家族の価値」が実践されねばならないと述べる。この小冊子はすなわち、シンガポール国家としての家族支援サービスの意図を明確にしたものと言えよう。

「家族の価値」をみておこう。「家族の価値」はシンガポール社会の核となる価値とされ、次の5項目である。

---

40) Ibid.: 159.
41) *Singapore: A Pro-family Society* (MCD).

・Love, Care and Concern
・Mutual Respect
・Filial Responsibility
・Commitment
・Communication[42]

　愛情を分かち合い、互いに尊敬し、親孝行をし、家族を大切にするというのが「家族の価値」である。2001年にはこうした「家族の価値」を人々に伝えていくための本を政府の、家族に関する公教育委員会が発行した[43]。首相はまた、旧暦の新年にチャイニーズ・ニュー・イヤー・メッセージとして家族の絆の大切さを強調する[44]。
　学校で「家族の価値」はどのように教えられるのか、次にみてみよう。

◆学校教育にみる「家族の価値」
　「家族の価値」は、中学校の「公民および道徳教育」で段階的に4年間学ぶことになっている。
　中学生が使う「公民および道徳教育」の「生徒用本」──教科書はなく、生徒たちは書き込みができるようになっているA4判の生徒用本を利用する──をみておこう（1999年度から使用）。中学校1年生の前半で学ぶ2つめの項目が「家族関係」で、「ユニット1　家族の福祉への貢献」と「ユニット2　よい家族関係の構築」に分かれ、学年の前半で使う生徒用本の31％が当てられている。「ユニット1」で「家族の価値」が取り上げられ、家系図を書いたり、家族がなぜ重要なのか、家族福祉の意味は何か、家族のなかでの役割と責任は成長とともにどう変わるのかなどを書き出したりしながら、生徒たち自身が家族福祉への貢献を考えるようになっている。「ユニット2」では家族関係をよくするために何ができるかを考えることが求められている[45]。
　中学校2年生の場合も前半で学習する「家族関係」の「ユニット1　家族で

---

42) Ibid.: 12.
43) *Family Matters*.
44) Singapore Government Press Release, February 8, 2005; Ibid., February 16, 2007など。
45) *Civics and Moral Education Pupil's Book 1A*: 17-31.

のより大きな関わりとよりよいコミュニケーション」(前半の生徒用本の26%)で、家族の絆を強め、家族がよい関係を持つことの価値や方法を考えることが課題となっている。

　中学校3年生では後半の「家族関係」の「ユニット1　異性との健全な関係の構築」(後半の生徒用本の21%)で、責任ある異性とのつきあい方や若いうちの結婚が望ましくないことについて考え、中学校4年生では前半の「家族関係」の「ユニット1　結婚と親であること」(前半の生徒用本の40%)で、結婚という人間関係のあり方、責任ある親、結婚や子ども、家族に関わる社会問題、「安定した家族、安定した社会」における一人ひとりの役割について考えるようになっている。中学校4年生の場合、結婚してHDB住宅に申し込むというシンガポールの現実に即した事例が載せられ、「国民の結束は家族の結束にかかっている」と「ユニット1」はまとめられている。社会関係の維持と人口の再生産という家族の役割が国家の存続を支える所以である。

　中学校の「公民および道徳教育」は、シンガポール政府が理想とする家族、すなわち子どもを持つ法律婚の男女を核とする家族を社会の基本とする姿勢を如実に反映した教材なのである。

　シンガポール政府は出産休暇の延長や育児休暇の追加から、養育費補助、所得税控除、お手伝いさん雇用時の手数料割引などの経済的な支援措置まで、さまざまな政策手段を動員し、家族の重視を基盤にあからさまではないが選別的な人口増加を図ろうとしている。使用言語以外の面でも教育を効率化して人的資源を確保し、経済成長に、ひいてはシンガポールの安定に結びつけるためである。2001年4月導入の、出産・育児に伴う負担を軽減する措置である、いわゆる「ベビー・ボーナス(Baby Bonus)」の対象は2004年5月、第2子・第3子のみから第1子・第4子にも拡大された。2003年には政府と民間企業の後援

---

46)　*Civics and Moral Education　Pupil's Book 2B*: 31-44.
47)　*Civics and Moral Education　Pupil's Book 3B*: 1-11.
48)　*Civics and Moral Education　Pupil's Book 4A*: 9-20.
49)　Ibid.: 20.
50)　Singapore Government Media Release, August 25, 2004.

第3章　国民意識の強化

で、未婚の男女にデートを奨励し出会いの場を提供する「ロマンシング・シンガポール（Romancing Singapore）」キャンペーン——晩餐会やパーティ、小旅行などが企画され、このキャンペーンに因む香水やケーキも売り出された——も始まった。[51]

シンガポールの人口はしかし、政府の思うようには増加していない。合計特殊出生率は先に述べたように、1975年の2.07（人口置換水準）から1990年には1.83に、2003年から2006年には過去最低の1.25あるいは1.26にまで下がった。[52] この合計特殊出生率は世界でも最低の部類に入る数値である。また高学歴の女性の出産が増えたわけでもない。[53] シンガポール政府が公表する『出生・死亡登録報告書』の1990年版・1994年版をみると、母親の学歴の記載があり、両年とも第3子以降の出産は無職の母親に多く、また無学歴、あるいは小卒の母親に多くなっている。[54] 2005年に行われた調査においても、子どもの数は高学歴の母親よりも低学歴の母親に多い。[55]

そもそも家族計画は意図通りの社会的・経済的な効果が現れるとしても、かなり先にならざるをえない。国外に移住した理由には人口政策のあり方もあげられていた。シンガポールの女性は「家族の人数に関することは私的なことで、政府が干渉すべきではない」と考えているのである。[56]

シンガポール政府が考えるように、家族計画をシンガポール経済の成長にまで結びつけるのは容易なことではないと思われる。

1-4　シンガポール社会と移民

2004年5月10日付『ストレーツ・タイムズ』によれば、シンガポールの外国人労働力は50万人以上、そのうち、お手伝いさんが14万人、建設作業員が15万

---

51) Hudson 2004.
52) *Singapore 2007, Statistical Highlights*: 46.
53) *General Household Survey 2005 Release 1: Socio-Demographic and Economic Characteristics* (DOS): 9-10.
54) *Report on Registration of Births and Deaths 1990* (NRD): 8-9; *Report on Registration of Births and Deaths 1994*: 9-11.
55) *General Household Survey 2005 Statistical Release 1: Socio-Demographic Characteristics*: 9-10.
56) Graham 1995: 229.

人である。[57]

◆移民導入の目的と移民労働者の役割

　移民の導入は、シンガポールの労働力の不足を補う目的であり、政府は外国からの移民労働者受け入れの経済的効果を最大化するとともに、社会的・経済的なコストを最小限に抑えようとしてきた。労働力の不足は、労働集約産業の拡大や大量の住宅建設という経済のあり方に関連している場合もあれば、一見きれいな工場労働やきつくない仕事などに就けるようになったためシンガポール人が集まらなくなった家事手伝いや港湾労働といった職種もある一方、シンガポール人では十分な人材供給ができない専門・技能職である場合もある。外国人労働力は熟練の程度に関わりなく、シンガポール経済の発展に貢献している。

　外国人労働力は増え続け、1990年の24.8万人、労働力の16.1％から、2000年には61.2万人、同じく29％に達し、年平均成長率もシンガポール人労働力が1.4％であるのに対し、外国人労働力は9.4％である。[58] 職域をみると、外国人労働力は、75％が生産部門、清掃作業・肉体労働などの低技能職に集中し、12％ほどが管理職や専門職である（2000年）。[59] 他方、シンガポール人労働力の場合、生産部門、清掃作業・肉体労働はそれぞれ順に19.3％、6.8％である。[60] 外国人労働力における管理職・専門職比率の低さは、永住権を取得する割合が高いことで、ある程度説明される。[61]

　全労働力の3割近くに達した外国人であるが、シンガポール政府は無制限に外国人労働力を受け入れてきたわけではない。政府は時期ごとの経済開発構想に沿って自国の労働力のあり方や経済開発の水準を見極めつつ、社会的・経済的コストが大きくならないよう受け入れを調整してきた。たとえば、シンガポールは1968年には、経済成長が労働力不足で阻害されないよう、移民労働者に対する制限を緩和してかなりの出稼ぎ労働者を受け入れた。[62] 1985～86年の景気

---

57) *Straits Times* 電子版, May 10, 2004.
58) *Census of Population 2000: Advance Data Release*: 43.
59) Yap c2002: 282.
60) *Census of Population 2000: Advance Data Release*: 44.
61) Ibid.; Yap c2002: 282.
62) Pang 1979: 209-210.

第3章　国民意識の強化

後退時、人員削減の対象になったのは主としてマレーシア人労働者だった[63]。高度な技能を持たない移民労働者はこのように景気の調節弁として位置づけられる一方、専門的技術を持つ移民労働者には永住権の取得、さらには国籍の取得が奨励されてきた[64]。

移民労働者にはしかし、政府から、経済的な役割以外の利点も見いだされている。リー・クアンユー首相はその理由を1976年、次のように述べた。

> [A]ll the way from professionals and technicians to people whose main characteristic is that they are physically hearty and still hardworking … Such people will do many jobs better than the next generation Singaporean would because the next generation Singaporean will have been brought up in an easier environment that has not deprived him of enough basic necessities to make him really want to work so hard[65].

移民労働者は、頑強でよく働き、次世代シンガポール人以上に仕事をこなすと考えられる一方、不自由のない環境で育った次世代シンガポール人は一生懸命に仕事をする動機づけがないため、そうした次世代シンガポール人に対する教育的効果が期待されているのである。

また、教育水準の高いシンガポール人の国外への移民を補うために、移民政策の変更も行われている。たとえば、1989年7月には、主として香港からの移民、すなわち中国系の移民を増やそうとシンガポールへの移民基準が変えられた[66]。

この変更に際し、ゴー・チョクトン副首相は次のように述べた。

> [The government has] … done a long-term land use study and the conclustion is that Singapore can comfortably accomodate a population of 4.0 million with good housing, schools, hospitals, leisure amenities and plenty of open space and green areas. Nor do you need to worry about the ethnic balance being upset. It is the government's policy to maintain the present harmonious multiracial balance of our society … If the Chinese precentage goes beyond 76 percent, we shall increase the numbers of the Malay and Indians PRs (permanent residents) from

---

63) Sieh 1988: 111.
64) Pang 1979: 210; Pang 1992: 501-503; Yap c1999: 209-210.
65) Pang 1979: 210.
66) Pang 1992: 502.

the region.[67]

　シンガポール政府は長期的な土地利用の研究を行い、シンガポールでは400万人が住宅や学校、病院、余暇施設などが整った緑の多い環境で生活できるという結論に達した、民族の均衡も維持するつもりであり、均衡が崩れれば、減少した民族の永住者を増やす、だから外国からの移民が増えてもシンガポール国民の心配には及ばないというのである。また、1991年に政府が発行した『戦略的経済計画』は、シンガポール経済の発展のために外国からの人材の受け入れが不可欠であると述べ、外国からの人材の必要性を訴える。[68]

　ゴー・チョクトン首相（副首相であったが、1990年11月、第二代シンガポール首相に就任）は、2001年ナショナル・デー大会演説で、人材となる移民の問題を取り上げた。

> We have to attract global talent to add to our strength. I understand that some Singaporeans have reservations over this policy. But let me assure you that our own talent will always come first. We will help every Singaporeans to blossom, and to put his talent to good use.
>
> But the reality is that we do not have enough people with the right skills and experience for our expanding economy.[69]

　一部のシンガポール人が心配しているのは承知しているが、シンガポールには世界的に競争していくために技術があり経験がある国際的な人材が必要である、シンガポール人優先という方針は変わらない、一人ひとりが能力を開花できるように政府は支援するとして、国民の理解を求めたのであった。

　ここに紹介したゴー・チョクトン副首相、のちに首相の演説はともに、永住者の増加によって国民の不安が増大しないようにという配慮であるとともに、受け入れは経済発展のためであること、永住者の増加で民族間均衡を崩さないという政府方針の表明でもある。

---

67) Ibid.
68) *The Strategic Economic Plan: towards a Developed Nation*: 45, 48.
69) Singapore Government Press Release, August 18, 2001.

しかし、たとえば香港からの中国系移民の場合、シンガポールの中国系住民と「民族的に同じ」であっても文化に違いがあるため、必ずしも「シンガポール在住の中国系住民」としてまとまっているわけではない[70]。近年は英語がわからない中国からの移民、その家族も多く、一流のホテルやレストランでもシンガポール人との摩擦が問題になっている[71]。また、インドからの最近の移民は高学歴の専門家であって、シンガポール在住のインド系住民との文化的な違い、経済的な格差が指摘されている[72]。

移民は単なる労働力ではない。したがって、こうした移民のシンガポール社会への影響は民族間均衡の問題にとどまるものではなく、文化や格差の問題に及ぶため、国民統合というシンガポール政府の長年の課題をいっそう複雑なものにすると思われる。

◆移民労働者数の調整

移民労働者数の調整のための政策手段には、移民労働者本人の技能に基づく許可証の発行や分野ごとの最低限の教育水準の設定、職種や産業ごとの外国人労働者雇用課徴金、雇用者や労働者の出身国ごとの上限設定などが含まれ、シンガポールの経済的・社会的目標に即して、年に1回程度見直しが行われている。

見直しの例をみてみよう。たとえば、雇用課徴金の改定を技能水準を上げ、ひいては生産性の上昇に結びつけようとしたことが1994年にあった。建設部門と海運部門で、熟練労働者に対しては減額、非熟練労働者に対しては増額で、前者は20％の減額で月額200ドルに（両部門）、後者は10％の増額で440ドル（建設部門）、385ドル（海運部門）という決定であった（すべて、1人あたり）[73]。

外国人雇用の上限も政府の方針で変更される。シンガポール人と外国人の比率が1994年の場合、製造部門では1：1、サービス部門では3：1、海運部門では1：3、造船部門では1：9であったが[74]、1997年には製造・海運部門は据

---

70) Chan c1994=1997.
71) *Straits Times* 電子版, December 1, 2007; Ibid. December 22, 2007.
72) *The Hindu* 電子版, March 16, 2008.
73) *Economic Survey of Singpore 1994*: 21-22.
74) Ibid.: 21.

え置きで、サービス部門では7：3、建設部門では1：5となっている[75]。1994年の建設部門、1997年の造船部門は記載がなく、不明である。

近年は競争力強化のために許可証の種類や雇用の上限が大幅に変更されている[76]。2008年からの場合をみてみよう。サービス部門では労働許可証に基づく外国人労働力上限が50％に引き上げられると同時に2段階に設定された課徴金が一部引き下げられ、建設部門ではシンガポール人と外国人労働力の比率が1：5から1：7に引き上げられた。中程度の技能保持者を確保するための雇用許可証（2004年7月導入）で働く外国人の上限は2007年6月から15％の設定となり、将来の労働力となる可能性のある学生（17〜30歳）のためのワーク・ホリデー・プログラムも2007年12月に導入された。その対象国・地域には英語圏の英国、米国、オーストラリア、ニュージーランド、中国語圏の香港のほか、ドイツ、フランス、日本が含まれている。また、グローバルに活躍する人材を確保するために、雇用主が限定されず個人の能力に基づいて発給される雇用許可証が2007年1月に導入された。

移民労働者数の調整には、このように多様な手段が用いられているのである。

1-5　シンガポールの家族と女性移民

女性の労働力化率の上昇は住宅政策の項で述べたが、女性の労働力化率と大きく関わるのが外国からのお手伝いさんの導入である。外国人のお手伝いさんは、ひとつにはお手伝いさんを雇えば、子どもを持つ既婚女性が賃金労働を手放さずにすむということ、もうひとつには、政府からみれば、お手伝いさんを雇うことによって女性労働力の縮小に歯止めがかかり、シンガポール人労働力が少しでも確保できるということで、1978年に導入された。

シンガポール人女性は工業化に伴って女性の職域が広がったため、社会的地位の低いお手伝いさんとしては働かなくなった。シンガポールではHDB住宅への住み替えとともに核家族化が進行して育児や家事労働に拡大家族の支援が得にくくなり、一時期、ポリテクニック・大学卒以上の学歴を持つ女性の就業

---

[75]　*Economic Survey of Singapore 1997*: 31.
[76]　*Economic Survey of Singapore 2007*: 32-33.

率が低下したほどであった[77]。高学歴女性の就業率低下には十分教育を受けていない祖父母への託児が心配という理由も少なくなかった[78]。結局、最終選択肢として、高額所得層において外国人お手伝いさんへの需要が高まったのである[79]。

これを機に、フィリピンやインドネシア、スリランカなどからのお手伝いさんの流入が始まったが、1980年には1人あたり月額120ドルの外国人家内労働者雇用課徴金が導入される[80]。女性の月額賃金中央値は、1980年の場合、中卒以下で289ドル、高卒で476ドル、大卒で1,344ドルであり[81]、育児は現在と同じく、女性が担っていた[82]。したがって、高収入でなければ、言い換えれば、高学歴でなければ、お手伝いさんを雇うということは考えられない。

1-6　家族計画と移民導入

家族計画は長期的に、移民導入は短期的に、シンガポールにおいて人的資源を確保する役割を担ってきた。良質かつ十分な人的資源が経済発展には不可欠なためである。シンガポールにおける家族計画はそれぞれの家庭の厚生の問題というよりも、シンガポール経済の行方を左右する社会性の高い問題として政府に把握されており、そのために家族計画に関わる教育や指導、政府キャンペーンが行われてきたと言えよう。

シンガポールの人口増加率は独立以後、大きく減少した。労働力需要を補ってきたのはまずはシンガポール人女性であり、そして移民労働者である。

シンガポールにおける移民導入策は特定部門における労働力の不足や労働人口の教育水準を補う形で進められてきたが、政府が主導する知識集約型経済への移行に伴い、高度の専門的知識や技能を持つ人材の確保がますます重要になりつつある。政府は先述のように経済発展の重要性という観点から国民に外国からの人材が、競争力強化のために必要であると繰り返し訴えている[83]。国民にはしかしながら、『ストレーツ・タイムズ』の投書欄でもしばしば表明されて

---

77)　Cheng 1980: 30-31.
78)　Salaff and Wong 1984: 199.
79)　Quah 1998: 139.
80)　Pang 1993: 49.
81)　Low, Toh, Quah and Lee 1993: 95.
82)　Lee, Campbell, and Chia 1999.

いるように、仕事が外国人にまわされ、不利益を被っているという見方が少なくない[84]。実際、最近までシンガポール人がついていた職が、より低賃金で働く外国人に取って代わられる場合が増え、接客といった場面においてさえ言葉が通じないなどの問題が起きている。あらゆる水準の職種で外国人が移民労働者として受け入れ可能になったためである。

どのようなシンガポール社会を形成していくのか、シンガポール政府による国家的な価値教育を次に検討する。

2 国家規模の価値教育

政府が望ましいとみなす一定の価値、見解が国民に共有されるならば、国民意識の強化につながる。

2-1 社会における「国民教育」

社会における「国民教育」は、学校教育に直接関わりのない人たちにも愛国心を持ち、シンガポール国家のために日々精進してもらいたいとする政府の意向に発している。

◆ナショナル・デー・パレード

8月9日の独立を祝うナショナル・デー・パレード（NDP）は独立の翌年、1966年からシンガポール国軍の主催で毎年行われている。

ナショナル・デーの祝賀は前夜祭、ナショナル・デーの夕方から行われるNDP、その数日前に行われるNDPプレビューからなっているが、NDPプレビュー、NDPを見るには入場券が必要である。NDPは非常に人気が高く——2005年8月の、大手市場調査会社によるオンライン事前調査（Synovate National Day Survey）では58％が会場か中継でNDPを見ると回答した[85]——、入

---

83) *Strategic Economic Plan*: 48; Lee 1998: 8; Lee c2000: 168; *New Challenges, Fresh Goals* (Executive Summary): 14.
84) *Straits Times* 電子版, November 28, 2007; Ibid., December 1, 2007.

場券を手に入れようと 1 日以上並ぶ人たちが多かった。このため、2003年実施のNDPから、電子メールなどでの申し込みに基づいた抽選で入場券が割り振られるようになった。

　2時間半にわたるNDPは、歌やダンスからなる前座、政府要人が出席する軍事パレード、軍による航空ショー、そして小中学生や政府系団体、宗教団体による集団演技、シンガポールの達成を象徴する各種の山車のパレードなどから構成されている。多くのシンガポール人が毎夏、楽しみにしている行事と言って決して過言ではない。テレビやラジオの同時中継は政府系メディアが行っているが、近年では政府系事業者によるインターネット中継も行われるようになった。英語以外、すなわち華語、マレー語、タミル語でも楽しむことができる。本会場と時には国内の別会場、海外のシンガポール人を結んで行われる中継には、会場の映像以外に、NDPに関係するシンガポール国軍の訓練の様子やニュース映像、シンガポール史のアニメーションやコンピューター・グラフィックスなども挟まれる。NDPはまさに国家的な「メディア・イベント」[86]なのである。

　独立40周年を祝った2005年のNDP（NDP2005）はどのようなものだったのか、英語のテレビ中継を中心に振り返ってみよう。

＜NDP2005の前夜祭＞

　前夜祭には 2 万人が集まったが、これには首相就任（2004年 8 月12日）後初のNDPとなるリー・シェンロン首相が参列し、初の「シンガポール・アイドル」となったタウフィーク（Mohammad Taufik bin Batisah）も出演した。

　「シンガポール・アイドル」は米国で人気の「アメリカン・アイドル」に倣ったもので、外国人ではなくシンガポール人のアイドルを誕生させることが目的の企画である。

＜NDP2005の会場＞

　主会場となった都心の広場パダン（Padang）――マレー語で「大きな競技場」

---

85) "Synovate National Day Survey Reveals Singapore's Greatest," 5 August 2005, 5., available at http://www.synovate.com/.
86) Dayan and Katz 1992=1996.

の意味——に2.5万人、無線ブロードバンドと巨大な発光ダイオード（LED）のスクリーンで結ばれた島内の別会場4ヶ所に10万人、計12.5万人が集まった。パダン横には市庁舎があり、会場として部分的に組み込まれるほか、パダンには観客席などが臨時に設けられた。

　パダンは植民地時代、クリケット場として知られていた場所であるが、1945年9月、日本軍の降伏によって再度のイギリス統治を記念するパレードが行われ、また、1965年8月9日、シンガポール独立が宣言された歴史的な場所であり、第1回NDPなど過去10数回、NDPが開催された場所でもある。

＜NDP2005第1部＞
　NDPではシンガポールの人気タレントが司会を担当する。2005年の場合、パダンの司会者は6人であった。服装は赤のTシャツに白のボトム、あるいは白のTシャツに赤のボトムで、赤がナショナル・カラーだからである。司会者はナショナル・カラーの赤を着るように奨励していること、赤は人類愛と万人の平等を象徴していると述べる。中継の画面に映る観客は赤のTシャツが多い。
　開会に際し、パダンの司会者が独立40周年を祝してあらゆる階層のシンガポール人がひとまとまりの人々として集まったこと、国家建設40年であること、会場がパダン以外に4ヶ所あることを観客、視聴者に伝え、「こんにちは、シンガポール（Hello, Singapore）」と挨拶した。NDP2005のテーマ「未来とはわれわれが創るもの（The Future is Ours to Make）」を紹介し、シンガポールがひとつの大きな幸せな家族として40周年を祝っていると述べる。
　各祝賀会場が映され、タウフィークらが歌うNDP2005のテーマ・ソング「リーチ・アウト・フォア・ザ・スカイズ（Reach Our For the Skies）」が会場に流される。
　観客には入場時に、ファンパック（funpack）と呼ばれるNDP2005のロゴがついたバッグが配られていて、ときには司会者が集団演技への座席での参加を観客に求める。たとえば、総動員の「シンガポール・ウエーブ（Singapore Wave）」——パダンの観客や各祝賀会場の参加者が司会者や動員係の指示で立ちあがってシンガポールの国旗を振る——は主会場に始まり、それぞれの祝賀会場でもおよそ3分間にわたって続けられた。ファンパックには観客が座席で

振る小さな国旗やトーチ、笛、タンバリン、NDPマガジン、シンガポールの歴史がわかる記念CD、NDP協賛企業の名前が袋などに印刷されたお菓子や飲み物、お手ふき、ニューウォーターのペットボトルなどが入っているのである。ニューウォーターは飲用にはまわされておらず、市販もされていないが、十分飲用にもなる水質で、NDPのファンパックとニューウォーター・ビジター・センター（NEWater Visitor Centre）でしか手に入らない。シンガポール・ウエーブが中継されている間、ファンパックやファンパックをデザインした学校の紹介もあった。

　NDP2005テーマ・ソングに合わせて、シンガポール独立40周年にちなんだ「ダンス・ナンバー40（Dance No.40）」というダンスが始まる。司会者によれば、観客は開演のかなり前に来場し、このダンスを動員係（motivators）に教わっている。もっとも、このダンスはとても簡単と付け加えていた。動員係は技術教育研究所（Institute of Technical Education）の学生300人で、黄色のTシャツに紺色のボトムである。

　ナショナル・デー・リレー──NDPが始まる2時間以上前にスタートしている──の参加者には赤のTシャツかNDP2005のロゴの入った白いランニングが目立つ。司会者は、このリレーはシンガポール人の結束とチーム精神を祝福するのが目的で、あらゆる階層の人々が参加している、と説明する。最後のバトン・タッチ地点はパダンに隣接する戦争記念公園（War Memorial Park）──後述するように、日本占領時の犠牲者への慰霊碑（1967年建立）が屹立する──で、パダンに入場してくる複数の最終走者は所属組織の旗か、シンガポールの国旗を振っている。最終走者全員が集結後、「シング・アワー・ウィッシーズ（Sing Our Wishes）」が歌われる。この歌の特徴は、歌詞にシンガポールの公用語すべて、すなわち英語、華語、マレー語、タミル語を使っていることである。各言語は1から10までを数える部分に順に使われている。パダンでは赤と白の服の生徒が、ジュロン・イースト（Jurong East）祝賀会場ではステージで上がオレンジ、下がブルーという揃いの服を着た小学生が、歌に合わせた振り付けをしている。ナショナル・デー・リレー参加団体はシンガポール国立大学、準政府機関である人民協会および健康増進庁（Health Promotion Board）、シンガポール・スポーツ協会などであった。

次に歌われたのは、英語と華語が混じった歌詞の「ユニークリー・ユー (Uniquely You)」である。マリーナ・サウス (Marina South) 祝賀会場では41校3,000人の赤のTシャツを着た聾唖者がこの歌に手話で参加し、「好きだよ、シンガポール (We love you, Singapore.)」も手話で伝えた。
　空中での祝宴もある。レッド・ライオンズ (Red Lions) と呼ばれるシンガポール国軍落下傘部隊がヘリコプターから落下傘でパダンに螺旋状に降下し着地するという演技で、1970年から続いている。訓練中の映像も挿入された。全6人が着地順に一人ひとりの国軍での職歴、落下傘歴などが紹介される。
　ジュロン・イースト祝賀会場。幼稚園児くらいの子を連れた家族へのインタビューの場面が映る。両親はナショナル・カラーの赤のTシャツに白のボトムで、ナショナル・デーのお祝いに参加できてうれしいとマイクを向けられた父親が語る。「楽しんでる？」と聞かれた子どもは「もちろん」と元気よく答え、司会者の「ご家族の皆さん、ありがとう」でインタビューが終わった。
　タンピネス (Tampines) 祝賀会場の場面では、司会者が友人どうしでやってきた5人（男性3人、女性2人）に順にマイクを向ける。NDP2005に参加できてどう思うかと聞かれた男性は「うれしいし、名誉だ」と答え、最後に一言と言われた別の男性は「シンガポールが好きだ (We love You, Singapore.)」と威勢よく答える。すると、司会者がこの言葉を会場の参加者で繰り返そうと呼びかけ、「シンガポールが好きだ」の合唱が起こる。
　「パーフェクト・ハーモニー」と名付けられた集団精密教練 (mass precision drill) もあった。画面に"Perfect Harmony"という文字が躍る。シンガポール軍憲兵隊 (SAF Provost Unit)、シンガポール警察軍　女性パイプ・ドラム隊 (Singapore Police Force Women Pipes and Drummers)、シンガポール少年旅団 (Singapore Boys Brigade)、国家学生軍事教練隊 (National Cadet Corps) の4つの組織のそれぞれの制服を着た180人が軍楽に合わせてパダンを規律正しく行進してゆく。これには、9校から56人の学生も選ばれて参加していた。
　中継の途中には1分弱、広告が入った。NDP2005のロゴが映し出された後、「シンガポールを祝って」という音声が入り、地元シンガポールの企業、英語での中継を行っている当のチャンネル5の番組、シンガポールにも支店を構える中国系多国籍銀行の広告が1件ずつ入った。再びNDP2005のロゴが映し出

第3章　国民意識の強化

される。

＜NDP2005第2部＞
　軍事パレードはNDPの中核である。シンガポール国軍・警察軍の合同バンドが軍楽を演奏する。
　「全面防衛」の5分野――民間防衛、軍事的防衛、社会的防衛、心理的防衛、経済的防衛――について、それぞれの説明と担当部署、あるいはNDP2005参加団体が2分ほどで紹介される。「民間防衛（Civil Defence）」とは緊急時の安全と基本的ニーズの供給で、民間防衛隊（Civil Defence Foce）やシンガポール警察軍（Singapore Police Force）が担う。「軍事的防衛」は「全面防衛」の中核で、侵略を阻止し、担うのはシンガポール国軍、シンガポール海軍（Republic of Singapore Navy）である。「社会的防衛」はあらゆる人種や宗教のシンガポール人が調和のなかに生き、働くことであり、今回の代表は人民行動党、全国労働組合評議会チーム、そして保健医療関係の仕事に就く人たちである。「心理的防衛」とは一人ひとりの市民が国家（nation）に真剣に関わり、国家（country）の将来に自信を持つことで、代表として赤十字スカウト（Red Cross Scout）などが参加している。「経済的防衛」とは国家の強力な経済的基盤のことであり、代表のモダン・モンテッソーリ・インターナショナル・グループ（Modern Montessori International Group）はNDP初参加である。
　NDP2005が始まって約1時間。国会議長や国会議員、政府閣僚が人民行動党の制服である白のスーツでパダン、あるいは各祝賀会場に到着。タンピネス、イシュン（Yishun）、ジュロン・イーストの各会場の様子も映る。着席の後、マレー民謡の「チャン・マリ・チャン（Chan Mali Chan）」、「ゲラン・シパク・ゲラン（Geylang Sipaku Geylang）」、そして「ディ・タンジョン・カトン（Di Tanjong Katong）」がそれぞれ1分ほど流れる。ジュロン・イースト会場ではマレー系の民族衣装を着たAレベルの学生――GCE-Aレベル合格を目指す学生――24人がダンス。
　要人到着。ゴー・チョクトン上級相、リー・クアンユー顧問相、副首相、閣僚などがパダンに入場し、拍手で迎えられる。ジュロン・イースト、イシュン、タンピネス祝賀会場に到着した大臣も紹介される。マレー語でなされる号令で、

シンガポール人ディック・リー（Dick Lee）――歌手で作詞、作曲、演出なども手掛け、中継を行う局の番組「シンガポール・アイドル」の審査員も務める――が作曲した華語の歌「家」が始まる。
　次の号令はリー・シェンロン首相の自動車行列のパダンへの到着に注意を促す。軍首脳が人民行動党の制服になっている白のスーツのリー・シェンロン首相を出迎える。観客は国旗を振って首相を歓迎し、ナレーターによる首相紹介が続く。
　リー・シェンロン首相がゴー・チョクトン上級相の横に着席した後、「ウィー・キャン（We Can）」の合唱。パダンの観客は国旗を振っている。
　パダンにダークスーツに身を包んだナーザン（S. R. Nathan）大統領が自動車行列で到着。ファンファーレが鳴り響くなか、大統領は軍首脳に出迎えられ、観閲台に。観客は立ち上がって国旗を振って出迎える。シンガポール国歌「マジュラー・シンガプラ」の演奏と斉唱。題名の意味と作曲者名（Encik Zubir Said）、作曲年（1959年）が紹介される。
　国歌の演奏・斉唱のあいだ、国家への伝統的な賛辞である、巨大なシンガポール国旗を飛行機がパダン上空で広げるという儀礼飛行が行われる。
　引き続いて、もうひとつの儀礼飛行。パダン上空に計8機のF16戦闘機。F16が優秀な戦闘機であるとのナレーションも入る。観客は上空のF16を目で追っている。
　開演から1時間20分ほど経過後、ナーザン大統領による軍の観閲。陸軍、海軍など各軍の詳しい説明があり、行進曲が演奏されている。マリーナ・ベイ（Marina Bay）では、14世紀に遡るという祝砲、"21 Gun Salute" が行われる。観閲の間、ナーザン大統領の紹介。現在81歳、5人目の大統領で大統領職は2期め、公務員としてキャリアを開始し、在マレーシア高等弁務官や米国大使を務めたこと、シンガポール・インド系住民発展協会（Singapore Indian Development Association；SINDA）の設立に関わったことなどである。
　パレードの司令官は大統領に行進の許可を求め、退場の行進に移る。「国家建設40年」の説明があり、40という数字がパダンに人文字で描かれる。
　2発の祝砲のあと、重量物の運搬ができるチヌーク・ヘリコプター5機、NDP初登場のKC135空中給油機、F16戦闘機2機などがパダン上空を飛び、観

第3章　国民意識の強化

客の視線が集中する。チヌーク・ヘリコプターは2004年12月、地震と津波に見舞われた隣国インドネシアのアチェでも活躍したとナレーション。F16戦闘機は垂直上昇なども行う。最も強力な戦闘機で時速700キロ、シンガポール島北部のイシュンと南西部のジュロン・イーストを2分で飛ぶなどの説明も入る。

　20分後、「観客の多くが待っていた瞬間」とナレーションがあり、シンガポール国軍などによる戦車、偵察用ジープ、車両の荷台に置かれたミサイル、車両に引かれた軍用船、消防車、パトカーなど200台の行進が始まる。暗くなり始め、車両のヘッドライトがだんだん目立つようになる。この行進は13分程度続く。車両や装備、乗員はごく一部を除き、カーキ色か迷彩色である。乗員のほか、車両や装備の機能、役割も紹介され、シンガポールで開発、あるいは生産、改良などの説明も入る。コンピューター・グラフィックスなどによる軍事行動の場面も数回、挟まれる。地雷原を突破できる、テロ対策になるという説明の車両も登場した。ナレーターは最後に、シンガポールの秩序と平和の維持に軍事力が貢献していると述べる。途中で、ジュロン・イーストの上空を飛ぶ戦闘機の場面も挿入された。ナーザン大統領に挨拶の後、軍は退場。

＜NDP2005第3部＞
　パダン中央で巨大なバースデー・ケーキのような花火。
　ショーは3部構成。シンガポールの古代から現代までの変遷を、日本による占領（1942～45年）とその後の現在の繁栄に至るまでの苦難の克服に重点を置きつつ、観客に提示する。
　第1部は島にスマトラのウタマ王子が到着し、「シンガポール島」と名付けたという伝説のアニメーションから始まる。シンガポールがジャングルだった時代の植物相や動物相の紹介から、小さな漁村の時代を経て繁栄する先進国になったという説明。パダンでは、ジュニア・カレッジの学生などがダンス、2月から練習したとナレーション。
　次に、ビデオ・モンタージュでシンガポールの国家形成への道のりを紹介。まず、1942年から1945年の、日本による占領から日本の降伏までを説明。画面は日本軍による空襲の写真と音。
　第2部は人民協会のダンス、シンガポール国家の達成を視覚化した山車、歴

史的に重要な事項の映像と説明である。

　人民協会の845人は色とりどりの衣装でダンス。ダンサーの衣装の色はさまざまな価値と強靱さ、統一と多様性を表すとナレーション。パダン中央のステージには主要4民族。シンガポールは活力みなぎる、若く現代的な社会とナレーション。

　10台の山車が、民族別の表象のほか、交通の要衝、科学と技術の中枢、スポーツと卓越、芸術と文化、庭園都市などの分野ごとの達成をわかりやすく提示した。民族の表象ではアジア系とヨーロッパ系の混血であるユーラシア人もユニークな文化として入り、交通の要衝では陸・海・空の運輸産業の発達をシンガポール航空やガントリー・クレーンなどで象徴させ、科学と技術の中枢では1970年代以降の産業・技術における達成などを示し、スポーツと卓越では優勝カップを持ったスポーツ選手本人たちを登場させた。芸術と文化では映画監督であるエリック・コー（Eric Khoo）ら著名なシンガポール人を紹介し、庭園都市ではマーライオン――ライオンの頭と魚の体を持ち波の上にたたずむ、シンガポールの象徴となっている像――や国花である蘭の花、HDB高層住宅を大型の模型でわかりやすく視覚化して、主要4民族の民族衣装に身を包んだ男女を1組ずつ登場させ、美しい庭園都市の調和と統合のなかに人々が暮らす多人種・多言語社会としてのシンガポールを描写した。「山車が示しているものは40年の国家建設の達成であり、10台の山車はわれわれの国家の進歩を描写し、最高の人材と各分野における専門的業績を示している」とナレーション。

　歴史的に重要な出来事を示す映像は、1997年アジア経済危機に関わる「不運の克服」から、暗い荘重な音楽でもって始まった。ナショナル・カラーである赤のシャツを着たゴー・チョクトン首相が2003年、「危機の時に、いままでには見たことのない、シンガポール国民の精神を見た。シンガポール国民は団結してSARS（重症急性呼吸器症候群）に対処した。その結果、われわれはいっそう強靱になった。」と述べる。ナレーションは、「時には予測不可能でわれわれが統制できない世界、それでも国民が団結すれば不遇を乗り越えることが可能で、いっそう強靱になる。」テロップには、「シンガポールは世界で最もグローバル化した国家。」

　「活力みなぎるシンガポール」では、「シンガポールは機会にあふれ、世界で

最も躍動的な地域で、われわれはほかになりたいと思う国はない」、とナレーション。

「いっそうの高みへ」では、「シンガポール創価学会によるダンスが活力みなぎる未来の都市へのわれわれの希望と抱負を表している、機会と約束の国、開かれた、そして排他的でない国。40年の国家建設、長い道のりだったが、すばらしい機会と経験をもたらす、開かれた多人種のコスモポリタンな社会にシンガポールはなりつつある、シンガポール国家より年上の、引退して68歳になるNDP参加者もシンガポールの誕生日を祝うのを喜んでいる、……もしわれわれが心をひとつにすれば、われわれに降りかかるもっと大きな挑戦に耐えられるだろう……ダンスの躍動的な動きは文化と技術の中枢としてのシンガポールを表している、光が外に向かう、これはシンガポールのグローバル都市としての象徴だ、光は小さな島シンガポールとほかの世界を結びつける」とナレーション。パダンでは観客が一斉にファンパックに入っているトーチの白い光を投げかけている。夜空には、リモコンで動く80の巨大な光り輝く凧が飛び、「凧は独立と自由の象徴」というナレーションが入る。「美しい凧、その翼はすべてのシンガポール人がさらなる高みに上るための共通の目標を持って統一して働くという将来像を示している」とナレーション。パダン会場にサーチライトがあたる。「なんと空から見たパダンは美しいことか、パダンの周辺のホテルに空室はないということはご存じでしょう、彼らもNDPを楽しみながら、このチャンネルをみています」とナレーション。パダンが打ち上げ花火で明るい。「40年の国家建設、創価学会からは1000人以上参加しています、フィリピンやインドネシア、中国、マレーシア、インドからも」とナレーション。画面に一瞬、白抜きで「われわれの未来を創る (making our future)」と出る。

第3部は、最終場面。NDP2005のロゴとテーマ "The Future Is Ours To Make" と出て、画面の子どもたちが次々に発言する。「宇宙飛行士になりたい」とインド系らしい女の子。「科学者になりたい」と2人の男の子。「国を守りたい」と中国系の男の子。「首相になりたい。シンガポールをもっとすばらしくできるから」と赤いTシャツの中国系の男の子、そしてVサイン。

リー・シェンロン首相の2004年8月22日のナショナル・デー大会演説の場面。「われわれは小国かもしれない、……われわれは常に挑戦を続け、決して

もうだめだとは言わないということを他の人々に知らしめよう。……未来はわれわれが創るものだから。」

子ども3人が次々に「シンガポール、誕生日おめでとう。」

国外在住のシンガポール人からの祝賀メッセージ。15秒ほど映る。インドネシアのジャカルタ、愛知県の「愛・地球博」博覧会会場、ニュージーランドのダニーデン、米国のアリゾナの軍人が順に映る。オーストラリア、フランス、タイ、ブルネイも外国からの祝賀場面には映っている。

NDP2005のロゴとテーマ "The Future Is Ours to Make" が出る。

リー・シェンロン首相の顔が映り、タウフィークとルイ・エン（Rui En）がNDP2005のテーマ・ソング「リーチ・アウト・フォー・ザ・スカイズ」を歌い、多くの学校や人民協会、シンガポール創価学会からの2700人以上がこのテーマ・ソングに合わせて踊る。観客は立ち上がって歌ったり、トーチを振ったりしている。

リー・シェンロン首相の今年のナショナル・デー・メッセージ（8月8日）について、「世界中のシンガポール人がリー・シェンロン首相から感銘を受けています、未来とはわれわれが創るものです」とナレーション。

パダンや他の祝賀会場の花火が夜空を彩る。「多くのシンガポール人が待っていた瞬間」とナレーション。

「最終場面」とナレーション。タウフィークら2人が歌うNDPテーマ・ソングが聞こえてくる。作詞・作曲者の紹介。パダンの観客は立ちあがってトーチを振っている。

リー・シェンロン首相は昨夜のナショナル・デー・メッセージで「われわれはこの都市を、活力みなぎる、コスモポリタンな都市に再生せねばなりません、そうすれば、他の都市とは全く違う傑出した都市になるでしょう」と述べています、とナレーション。

「今年のNDPでは50の新しい花火が打ち上げられました」と続く。

4つの祝賀会場の花火が映る。NDP2005のテーマ・ソングも聞こえる。

「パダンの夜空を花火が彩っています、誰もこれにもNDPにも飽きないでしょう」というナレーションで中継は終わる。

国家行事であるNDPは歌やダンスから始まり、座席での動員や視線を一ヶ所に集めるシンガポール国軍落下傘部隊の降下でさらに観客や視聴者を引き込んでいく。自分の子どもや友人が参加していれば、いっそうこの祝祭に引き込まれるに違いない。NDPに参加する子どもたちは2月から練習を始めている[87]。NDP、すなわち国家儀礼という晴れの舞台に向けて、子どもたちは集団行動を学び、規律を身につけることになる。参加者には秩序ある、一糸乱れぬ行動が要求されるからである。NDPへの参加は単なる祭礼や学校行事への参加ではなく、国民国家建設への参加であり、参加者は知らず知らずのうちにシンガポール国民としての意識をより鮮明にしていくものと思われる。NDPテーマ・ソングは1ヶ月以上前からマスメディアでもショッピング・センターでも流されるため、NDPで流される聞き慣れたほかの歌同様、なじみやすい。

　中継ではナショナル・カラーの赤を着た人々、国旗のシールを頬に貼って国旗を振る人々が頻繁に映し出され、同じシンガポールの人々、すなわち仲間と想像される人々の国家的行事への積極的参加が印象づけられる。NDP会場における「想像の共同体」であり、テレビのおかれた、家庭の居室にもこの感覚は拡大されると思われる。

　観客や視聴者が歌やダンスでNDPという国家規模の祝祭に引き込まれたところで、シンガポール国家が国家の要と位置づける軍事力を具体的に示す兵器、制服姿あるいは迷彩服の軍事要員を観客と視聴者の目の前に展開し、統治機構の中枢を象徴する大統領が認証するというかたちで国防が正当化される。軍の命令は国家語であるマレー語で行われる。大統領は実権を握る政治家ではなく、政治的象徴であるゆえ、NDPの象徴性は際だつ。NDPはシンガポール国家を象徴する儀礼であり、国家の持つ組織力、計画力、経済力など諸力を表象する。NDPは過去40余年間の、国家と一体化した人民行動党政権の達成を象徴し、その達成を核とした国民統合の論理を内在させるものである。

　夜になると、観客の視線は明るく照らし出された催しに自然と集中する。NDPの効果的な演出が容易になる。

　シンガポール島の発見から現在の繁栄に至るまでのシンガポールが日本によ

---

87)　2005年8月の調査による。

る占領を核に提示される一方、シンガポールのさまざまな達成が山車で視覚化される。観客や視聴者は提示された占領体験を共有する一方、提示された達成も実感し、共有する。主要民族の文化も山車で、提示される。シンガポール国民が一致団結して「国難」を乗り越えてきたこと、シンガポールが未来を切り開く世界都市であることが最先端の技術を駆使した演出で示され、集団演技がこれを盛り上げる。「シンガポール国家」がここに立ち現れるといってもいい。観客や視聴者は一体感に包まれ、感情的高揚へと導かれていく。「国を守りたい」、「首相になってシンガポールをもっとすばらしくしたい」と子どもたちの大きな夢が語られ、「シンガポールの未来はわれわれが創るもの」というリー・シェンロン首相の言葉、「大きく羽ばたいて夢を実現しよう」というNDP2005のテーマ・ソング「リーチ・アウト・フォー・ザ・スカイズ」で、観客や視聴者はますます輝けるシンガポールを予感する。パダンの夜空を彩る花火がNDP2005を締めくくる。

　シンガポールの国家儀礼であるNDPは「メディア・イベント」である以上に、シンガポールという国民国家において国民と国家を繋ぐ「創りだされた伝統」[88]なのである。

◆戦争と占領の展示

　シンガポールには第一次世界大戦および第二次世界大戦に関する記念碑や史跡が十数ヶ所あり、博物館などでは常設の展示も行われている。その中心はシンガポールの人々に直接関わりのある第二次世界大戦時の日本軍との戦いや日本軍政である。

　史跡などの指定や整備、博物館などでの展示、史跡や展覧会の広報は国家遺産庁（National Heritage Board）や防衛省、シンガポール観光産業庁が中心になって行い、教育省は国民教育に史跡や展覧会の訪問を組み込んでいる。たとえば、国家遺産庁は持ち歩きに便利な大きさで手頃な価格（およそ15ドル）の、シンガポールの史跡めぐりのガイドブック*Discover Singapore Heritage Trails*を[89]

---

88) Hobsbaum and Ranger, eds., 1983=1992.
89) National Heritage Board 2006.

第3章　国民意識の強化

一般書店に置き、シンガポール観光産業庁は観光客向けパンフレットでもあるが*World War II: Self Guided Trails*を観光案内所に置いている[90]。同庁はまた、第二次世界大戦終結60周年の2005年には、オーストラリアからの記念ツアーを後援したり（"Take part in the 60th Anniversary of the Japanese Surrender at Singapore"）、シンガポール国内でのさまざまな記念行事を同国訪問につなげようとしたりしている[91]。国家遺産庁などのウェブサイトには戦跡や展覧会の案内が出ている。

　第二次世界大戦をめぐる展示の典型は、観光地セントーサ島にある「シンガポールのイメージ（Images of Singapore）」館と、2006年12月8日、大規模な改修を施され開館したシンガポール国立博物館（National Museum of Singapore）であろう。前者は民間の展示館であるが、真に迫る蝋人形を使った「日本によるシンガポール占領期の回想（Recollections of Japanese Occupation Years in Singapore 1942-1945)」が展示の半分を占めるため、「戦争博物館（War Museum）」とも呼ばれる。日本の侵略で始まった4年近い戦争と占領の時代が歴史的に重要な場面を含め、蝋人形のほか、音声や記録文書、写真などで再現されている。
　新しくなったシンガポール国立博物館では一人ひとりが音声ガイドを持ち歩き、歴史部門と生活史部門（ともに常設）のうち、どちらの部門を見聞きするかを時期ごとに細かく選択できるようになっている——もちろん両部門を見ることもできる——が、歴史部門での第二次世界大戦に関わる展示は必見となっている。「シンガポールのイメージ」館同様、シンガポールがなぜ日本軍に占領されるに至ったのか、日本が軍政を敷いた3年8ヶ月の間、何が起こり人々がどのような暮らしを強いられたのか、日本はどのような経緯で敗戦に至ったのか、日本がシンガポールで降伏文書に調印しシンガポールに再び英軍が戻ってきたとき、人々はどのような反応を示したのかが、空襲などの音や写真、証言、遺留品などを使って説明され展示されている。シンガポール国立博物館のこの展示は、第二次世界大戦終結50周年の1992年に開かれ、盛況であった「昭

---

90)　Singapore Tourism Board 2004.
91)　http://www.visitsingapore.com/.

南島（Shonan-to）」展、シンガポール歴史博物館（Singapore History Museum）と改称された時期（1993年4月〜2006年3月；2003年8月から2006年3月までは改装のため移転）に開かれた「リバーテールズ（Rivertales）」展──シンガポール河岸の人々の日常によって綴られた「シンガポール物語（Singapore Story）」と題された映画で、日本軍政期を中軸に建国への苦難の道のりを描く──同様、公的なシンガポール史を見学に訪れる人々に提示しているのである。

2006年2月開館の「旧フォード工場での記憶（Memories at Old Ford Factory）」館もシンガポールが日本に占領された昭南島時代に関する展示（Shonan Years: Singapore Under Japanse Rule, 1942-1945）を常設展とする。英軍がこの建物で日本軍に降伏したことから、2006年2月15日に国の記念建造物に指定され、多くの証言を取り入れた昭南島時代の展示が行われることになったのである。

戦争や占領の展示としては、ほかに、要塞の地下燃料庫を利用したバトル・ボックス（Battle Box）──シンガポール陥落への道程を人物を含む実物模型や視聴覚技術で再現する──、2002年2月に開館した「阿片の丘（Bukit Chandou）での戦いについての考え（Reflections at Bukit Chandou）」館──この建物のある阿片の丘でのマレー系住民部隊のシンガポール防衛戦と一般マレー系住民の戦争中の苦難に対し映像と音声、写真で追体験を迫る──、2001年開館の、捕虜が描いた壁画で知られるチャンギ礼拝堂・博物館（Changi Museum）──日本軍捕虜自らが祈りのために建てた礼拝堂の一部が復元され、博物館は壁画の複製や捕虜の生活などを写真や証言、実物を使い展示する──、自然保護区内にあるラブラドール砲台（Labrador Battery）──日本軍の空襲や占領の映像を上映し、大砲や砲床の模型などを展示する──、1995年8月に開館した国立シンガポール切手博物館（Singapore Philateric Museum）──特別展としてたとえば、第二次世界大戦終結60周年を記念してシンガポールでの戦時中の切手や手紙、文書などを展示し（2005年9月〜2007年1月）、ナショナル・デーをはさんで自治期以来のナショナル・デーの切手を展示した（2007年7〜10月）──、1996年11月開館で、シンガポール史とシンガポール国軍のテーマパークであるシンガポール・ディスカバリー・センター（Singapore Discovery Centre）──日本軍

---

92) Wong 2001: 230.

による占領以降の歴史を音声と映像で紹介し、シンガポール国軍の兵器の模型を展示し軍事技術も紹介する――などがある。

　記念碑をみてみよう。都心の戦争記念公園にあり、直立する2組の箸のように見えるのは、高さ61メートルの民間戦没者記念碑（Civilian War Memorial）である。華語では「日本占領時期死難人民祈念碑」と、はっきりと記念碑の性格がわかる名称がつけられている。この記念碑は日本軍による「粛清（Sook Ching）」など第二次世界大戦で犠牲になった民間人、すなわち中国系住民、マレー系住民、インド系住民、ユーラシア系住民というシンガポールの主要民族が4本の柱で表され、すべての公用語で説明がなされていることに示されるように、シンガポール初の多民族の記念碑であり、民間人犠牲者を祀る唯一の記念碑でもある。1961年からのシンガポール各地での遺骨の発見が政府と民間による、記念碑の建立となった。1967年2月15日に除幕式が行われ、毎年このシンガポール陥落の日に式典が行われている。

　パゴダの形をしたリム・ボーセン記念碑も1954年以来、都心に位置する。リム・ボーセンは抗日運動を指揮した英雄であり、小学校の社会科や中学校のシンガポール史の教科書にもシンガポールのために戦った勇敢な尊敬すべき人物として取り上げられている[93]。広大なクランジ戦没者記念墓地（Kuranji War Cemetery and Memorial）は2度の世界大戦、特に第二次世界大戦で戦った英軍、オーストラリア軍など連合軍の戦没者を祀り、特定の人物や墓碑を探し出せるようになっている。

　このほか、第二次世界大戦に関する11の記念碑（World War II plaques）が「昭南島」展（1992年）を補うものとして1995年、シンガポールの人々の憩いの場所になっているラブラドール自然保護公園やチャンギ海岸、チャイナタウンなど、公園や街中に建てられた。

　こうした博物館や記念碑には子どもたちが学校から集団で訪れ、ワークブックの該当箇所の解答をしたり、メモをとったりしている。「国民教育」の一環と思われる。記念碑は家族や友人どうしでたまたま訪れた公園で見つけ、その

---

93) *Discovering Our World: The Dark Years-Social Studies 4B*: 50-51; *Understanding Our Past: Singapore from Colony to Nation*: 106-107.

存在を知ることもあるだろう。

　シンガポール全土には日本占領期を焦点に人々に戦争を思い出させたり、戦争中、そして軍政のもと、モノも自由もなく、平和でない時代を生き抜くことの困難を体感させたりする場が数多く用意されている。こうした場は、日本の場合と同じく、1990年代以降に設けられたものが多い[94]。戦争体験者が徐々に少なくなり、独立前の政治的に不安定で貧しかった時代を知る世代が高齢化し、豊かなシンガポールしか知らない世代が増加してきたことと関係している。また、先にみたように政府自らが定義する「アジア的価値」を称揚し、人々に浸透させようとする政府の試みは1980年代に始まり、1990年代以降は「共有の価値」として人々への浸透が試みられている。こうした状況から戦争や貧しさなど、公的機関＝政府が提示する「体験」を共有し、勤労の重視など「アジア的価値」を信奉し実践するシンガポール人を、政府は幅広い国民教育によって増やそうとしていると考えられる。

2-2　「よい英語を話そう」運動

　英語は教育媒体言語となったため普及度は高いが、どの言語でもそうであるように、普及につれ現地化の程度が高まる。英語の現地化、すなわちシンガポール化は、シンガポール政府が科学技術の効率的な導入に必要な言語であり国際貿易に使われていることなどを理由に、母語として使われておらずシンガポール社会に根付いていない英語を教育媒体言語としたことの必然的な結果と言えるものである。

　2000年春に政府が始めた「よい英語を話そう」運動は「華語を話そう」運動とは異なって特定の民族を対象にするものではない。全国民を対象に、シンガポールで話されている英語の現地化の程度を低め、シンガポール経済の成長に支障を来さないよう、国際的に通用度の高い英語を話そうという運動である。

　シンガポールにおいても社会階層や民族などによって使われている英語は少しずつ異なり、シンガポール英語には大別するとシンガポール標準英語とシン

94）木下　2002：119.

ガポール口語英語がある。政府が問題視するのはシングリッシュとも言われるシンガポール口語英語であるが、政府が今回初めて否定的評価を下したわけではない。既に1978年、リー・クアンユー首相が、当面はシンガポール流儀の英語で仕方ないが、そのうちに世界の人々に理解してもらえる、世界の人々を理解できる英語に変えたいと述べている。[95]

◆シンガポールの英語

全国民を対象とする「よい英語を話そう」運動へとつながることになったシンガポールの英語とはどのような英語なのか。

シンガポールで使われている英語には、地域的な特徴がある。それは英語校での教育を通じて形成されてきた特徴で、さまざまな英語の変種となって現れている。[96] 主として音韻体系に地域的な影響を受けてはいるがイギリス標準英語——教養ある人々が使うとされる——に近いシンガポール標準英語（Singapore Standard English）から、シンガポール標準英語ともさまざまな程度において異なる音韻や語彙、文法を持つシンガポール英語（Singapore Colloquial English, Singaporean English, Singlish）まで、さまざまな英語が使われているのである。[97]

＜シンガポール標準英語＞

シンガポール標準英語は文法的にはイギリス標準英語に非常に近いが、音韻体系や語彙の特徴として、たとえば次のような指摘がなされている。[98]

　　□音韻
　　＜リズムと抑揚＞
　　　＊すべての音節が、強調されるときでも強調されないときでも、同じ間隔で出現する
　　　＊抑揚の高低がかなり狭く、高低の型式が少ない
　　＜強勢＞
　　　＊動詞と名詞で強勢を置く位置を区別をしない

---

95) *Bilingualism in our Society*: 12-13.
96) Platt 1977: 83.
97) Crewe 1977: 96-97; Platt 1977: 83; Richards 1977: 69-70; Richards 1983: 155.
98) Platt 1977: 84-85; Tay 1993: 27-30, 31, 34.

例：increase や comment
　＊標準英語と異なった位置に強勢が置かれる
　　　例：advocated の後ろの a 、economic の前の o に強勢が置かれる
　＊単語全体に同じように強勢が置かれる
　　　例：smaller の a にも e にも同じように強勢が置かれる
　＊通常強勢が置かれないところに強勢が置かれる
　　　例：door key の key に強勢が置かれる
＜母音＞
　＊緊張音と弛緩音の区別がない
　　　例：cot と caught が同じように発音される
＜子音群＞
　＊一部が省略される
　　　例：conflict の t や at the end の d が省略される
　＊中間に位置する子音群――特に d や l ――が省略される
　　　例：revolves の l が省略される
□語彙
　＊シンガポール独特の意味を持つ単語がある
　　　例：bungalow とは二階建ての建物を意味する

＜シンガポール英語＞

　他方、シンガポール英語の特徴として、シンガポール標準英語の特徴に加え、次のような指摘がなされている。[99]

□音韻
　＊語の最後の閉鎖音を声門閉鎖音で代用する
　　　例：foot や mark は foo や mar と発音される
　＊/θ/ の代わりに /t/ を、/r/ の代わりに /l/ を発音する
　　　例：three は tree のように、rice は lice のように発音される
□語彙
　＊華語やマレー語からの借用語を使用する
　　　例：Ali is a kiasu person.
　　　　（kiasu《「他人に負けるのを恐れて」の意》は福建語から）
　＊語の意味が狭まったり、広がったりする
　　　例：hawker（食べ物以外を売る露店は含まれない）
□文法

---

99) Platt 1977: 84-87; Tay 1993: 29-35; Wee 1998: 181,183.

＊間接疑問文に通常の疑問文をそのまま使用する
　　　例：I would like to know what are the procedures.
＊現在形の代わりに現在進行形を使用する
　　　例：I am running an electrical shop.
＊名詞の複数形を省略する
　　　例：One of the lecturer told me to see you.
＊不定冠詞を省略する
　　　例：May I apply for car license?
＊目的語を省略する
　　　例：Can I renew?
＊can や cannot を使い、主語を省略する
　　　例：Can or not?
＊動詞の語尾変化を省略する
　　　例：My friend work in the bank.
＊繋辞を省略する
　　　例：His teachig not good.
＊文末に la や ah などを使用する
　　　例：Hurry up la.　OK la.　Wait ah.
＊付加疑問文に人称や動詞に関係なく is it? を使用する
　　　例：You are teaching us today, is it?

　シンガポールで使われている英語が地域的な特徴を持つ英語であることは、シンガポール標準英語の特徴として示したリズムと抑揚、強勢だけでわかる[100]。こうした特徴や文末のlahなどはごく一般的で、シンガポールにいることを確認させてくれるものと言っていいかもしれない。聞き取り調査の報告では、シンガポール特有の表現の後に、[sic]──「原文のまま」の引用であることを示すために、誤りや疑いのある引用語句の後につけるラテン語──と表記している場合もある[101]。
　では、シンガポール標準英語の典型的な話し手とはどのような人たちなのか。英語がほとんど常に使われている家庭で育ち、英語校に通学しGCEの少なくともA水準を獲得してかなりの確率において大学まで通い、かなり地位のある

---

100)　Tay 1993: 28.
101)　Phua and Yeoh 2002: 26, 29, 31.

職業について主としてあるいは英語だけを使っている、というものである。物差しのひとつ、学歴をみると、10歳以上で学生ではなく、大学卒という居住者人口は、1980年では2.2％、1990年でも4.4％である。2000年になると11.7％（15歳以上）になるが、これは大学教育の大衆化のためであり、同じ物差しを当てはめてよいかどうか疑問と言わざるをえない。1990年の時点でも大学は1校しかなく、2000年には1991年に1校増設された結果、2校になっていたからである。したがって、シンガポール標準英語の使用者は、イギリス標準英語の使用者が同国の人口の3～5％というのと同様、非常に少ないとみてよいと思われる。

学校教育では言うまでもなく、シンガポール標準英語が使われることになっているが、現実には教科書で使われているにすぎないと言って過言ではない。教員の英語力が問題にされてきた一方、学校では教員がシンガポール標準英語を使おうとしても児童や生徒に拒絶されたり理解してもらえなかったり、シンガポール国立大学の学生も家庭教師をするときでさえシンガポール英語を使っていたりする。つまり、シンガポール英語がシンガポール標準英語で学習すべきときに使われているのである。また、永住者など新しくシンガポールに住むことになって現地校に通う子どもたちの場合、シンガポール風の抑揚やアクセントに特徴づけられるシンガポール英語が使えないと、仲間はずれにされてしまうので、シンガポール英語を身につけざるをえない。こうした場合、シンガポール人の友人と一緒に過ごすときはシンガポール英語、家に戻るとシンガポ

---

102) Tay 1993: 88.
103) *Singapore Census of Population 1990: Statistical Release 2, Literacy, Languages Spoken and Education*: 12.
104) *Census of Popuation 2000: Advance Data Release*: 19.
105) Trudgill and Hannah 1985: 2.
106) Gupta 1998: 128; Pakir 1994: 171-172; Tay 1993: 26, 89.
107) 教科書で使われている英語と提示内容の水準が合致していないなど、教科書自体の問題も指摘されている（Gopinathan 1980）。
108) Gopinathan 1976: 77; Llamzon 1977: 38; Pakir 1994: 171-174; *Straits Times* 電子版, July 25, 1999; Tay 1993.
109) *Straits Times* 電子版, July 25, 1999.
110) Pakir 1994: 168-171. 大学生の英語の水準に関して、*Straits Times* 電子版, July 31, 1999.
111) 2005年12月の調査による。

ール英語を身につけるまで使っていた英語と使い分けることになる。

シンガポール英語でシンガポール標準英語が身につくとは考えられないし、こうした非標準英語は標準英語の理解を妨げ、国家レベルでの経済的な損失を招きかねない[112]。1993年、政府系のシンガポール放送会社（現メディアコープ社）はシンガポール英語を使って放送された番組が引き起こしたシンガポール英語が望ましいかどうかの論争に際し、シンガポール英語は文法的ではないという判断を下した[113]。もちろん、これは言語学的判断ではなく、学校教育、国民経済への影響を考えての判断である。

たしかにTOEFL（Test of English as a Foreign Language）――英語を母語としない者が米国やカナダの大学などで勉学を希望する場合、受験を要請される英語力テスト――の国・地域別平均スコア（2007年）をみると、シンガポールはアジア諸国・地域で1位、世界的にも1位あるいは2位のスコアとなっている[114]。しかし、英語と受験者の使用言語との言語的距離が近いほどTOEFLでは得点が得やすいうえ、国・地域によって受験者数が制限されていたり物価水準に対する受験料水準などに大きな差があることを考えれば、TOEFLの国・地域別平均スコアの比較は意味をなすものではない。

したがって、一般に使われている英語が現地化された英語であることを考えると、いわゆる標準英語に法を求めるならば、シンガポールにおける英語の水準は一般には決して高くないということになる[115]。

◆運動の契機と経過

シンガポール特有の英語を「標準化」しようというきっかけは何だったのか。リー・クアンユー上級相とゴー・チョクトン首相が1999年のナショナル・デーに因む演説で同国に英語が必要な理由を述べ、シンガポール口語英語に懸念を表明、ゴー・チョクトン首相が運動を提案したことであった。テレビ番組の影

---

112) Coclanis 1993; *Straits Times* 電子版, July 25, 1999.
113) Ho and Lubna 1998: 281.
114) Test and Score Data Summary for TOEFL Internet-based and paper-based Tests: January 2007-December 2007 Test Data, available at http://www.ets.org.
115) *Bilingualism in our Society*: 29, 96; *Straits Times* 電子版, July 25, 1999; Ibid. April 30, 2007; Tay 1993: 90.

響でシングリッシュの人気が高学歴層にも高まった結果である。[116]
両首脳は次にように述べている。

> [L]et me state clearly the disadvantages of Singlish. ... We are learning English so that we can understand the world and the world can understand us. It is therefore important to speak and write standard English. (Senior Minister Lee Kuan Yew, 14 August, 1999.)[117]
>
> We learn English in order to communicate with the world. The fact that we use English gives us a big advantage over our competitors. ... to become an engineer, a technician, an accountant or a nurse, you must have standard English, not Singlish. ... we should speak a form of English that is understood by the British, Americans, Australians, and people around the world. (National Day Rally Speech 1999 by Prime Minister Goh Chok Tong, 22 August, 1999.)[118]

ゴー・チョクトン首相は後日、シンガポール英語の欠陥を、英語の経済的重要性を強調した演説で次のように言明した。

> Singlish or Singapore English can be defined as English corrupted by Singaporeans: Singlish is not English. It is English corruped by Singaporeans and has become a Singapore dialect. I am not referring to accent here. Our Singaporean accent is acceptable. We do not need to fake an American or British accent. Singlish is broken, ungrammatical English sprinkled with words and phrases from local dialects and Malay which English speakers outside Singapore have difficulties in understanding. (Prime Minister Goh Chok Tong, 29 August 1999.)[119]

シンガポール口語英語は国外での通用度が疑問視される英語もどきであり、シンガポール独特の発音様式はおくとしても文法や単語、熟語に問題があるという発言である。この演説ではまた、英語で教育を受けた、あるいは現に受けている層に標準的な英語を話すことの重要性を認識してもらいたいこと、次世

---

116) Chua c2003: 88.
117) *Straits Times* 電子版. August 15, 1999.
118) Ibid., August 22, 1999.
119) Speak Good English Movement, available at http://www.sgem.org.sg/.

第 3 章　国民意識の強化

代がシンガポール口語英語を話すことがあってはならないことを強調し、それでこそ先進経済を擁することができるとして、「よい英語を話そう」運動を提案した。[120]「よい英語を話そう」運動はしたがって、政府の経済的要請に発したものと言える。

「よい英語を話そう」運動はさまざまな手段を利用して推進されている。「華語を話そう」運動同様、居住者委員会など「草の根」の政府系機関などの催しや「よい英語を話そう」運動のホームページの開設、教員の研修、さらに英国文化振興会（British Council）の協賛などである。また、ゴー・チョクトン首相は人気テレビ番組の主人公プア・チューカン（Phua Chu Kang）の話すシンガポール口語英語まで矯正を指示し、[121]「よい英語を話そう」委員会は標準英語を身につけるために気軽に読むことのできる本を出版している。[122]

政府系の『ストレーツ・タイムズ』も「よい英語を話そう」運動の推進役である。たとえば、両親が標準英語を話せないなら、子どもに文法的におかしいシンガポール口語英語で無理に話しかけたりせずに母語を使い、子どもの将来を考えて適切な英語が聞けるテレビ番組やカセット・テープを利用すべきであるという記事を掲載した。[123] 同紙は後日、文化保持のために家庭ではヒンディー語を話すように命じ、シンガポール口語英語を認めず、よい英語を話さないならば英語を一切話さないように父親が娘に命じたにもかかわらず同運動関連のスピーチ・コンテストで入賞した中学生の話も掲載している。[124]

政府は「よい英語を話そう」運動はうまくいっているとみるものの、[125] シンガポール人の英語の水準は十分ではないとみる。[126] 言語が果たす役割は社会によっ

---

120)　*Straits Times* 電子版, August 30,1999。
　　　2000 年 1 月 22 日付『朝日新聞』はこの運動をインターネット時代への対応として報じるとともに、シンガポールの英語学研究者の「どの英語を標準とするかは難しい」という見解も掲載している。
121)　*Straits Times* 電子版. August 22, 1999.
122)　*Speak Well, Be Understood* (SGEMC).
123)　*Straits Times* 電子版. April 16, 2001.
124)　Ibid. August 19, 2001.
125)　Speech by PM Lee Hsien Loong, May 13, 2005, available at
　　　http://www.goodenglish.org.sg/; Singapore Government Media Release, July 31, 2007.
126)　Speech by PM Lee Hsien Loong, May 13, 2005, available at
　　　http://www.goodenglish.org.sg/; MediaCorp News, May 11, 2006.

て異なり、歴史や社会、文化についての社会文化能力、空間や視線、沈黙などに関する非言語行動能力も意思疎通の程度を左右する[127]が、不十分な英語力は実務の障害となり、諸外国、特に重要な貿易相手国との関係を損ないかねないからである。2007年の「よい英語を話そう」運動の標語は"Be Understood. Not just in Singapore, Malaysia and Batam（シンガポールやマレーシア、バタム以外でも＜私たちの英語を＞理解してもらおう）"であった。バタムはシンガポールに事務所を置く企業が工場を立地させている、シンガポール島の南にあるインドネシアの島で、標語はシンガポールとその近隣地域以外でも通用する英語を話そうという訴えである。国際的に通用する英語力を持つシンガポール人がシンガポール経済の成長、言い換えるならばシンガポール国家の安定のために、国家の資源として必要とされていると言ってよい。

「よい英語を話そう」運動は、経済的要請に基づいたシンガポール国家、すなわち現人民行動党政権のためのグローバル化への政治的対応であると同時に、国際的に通用度の高い英語を使うことによってシンガポール経済の成長に貢献できるように国民としての自覚を求める運動と考えられる。

3　国民意識の強化

シンガポールでは国民意識の強化のために、学校教育以外の場でもさまざまな工夫が凝らされている。家族計画と「よい英語を話そう」運動は人々にシンガポール国民としての望ましい行動を求め、NDPは人々にシンガポール国家への感情的な帰属意識を持たせ、あるいはそれを強め、博物館の展示はシンガポール国民が共有すべき歴史を伝え、国民意識の強化を図る。

家族計画は子どもの数を抑えることによって生活水準の向上を図るという点から家庭の豊かさの増大のためでありながら、一定限度までは人口の急増を抑えることによって学校教育と労働市場における問題を回避するように働くこと

---

[127]　ネウストプニー　1982.

から国家のためになるという人口政策である。家族計画はまたシンガポール人女性の労働市場への参入を目的とし、そのために外国からのお手伝いさんという、労働市場の最底辺に位置することになる移民労働者の導入にもつながった。小家族化は住まいがHDB住宅という条件もあって予想以上の速さで進んだ。

1980年代半ばからの人口増加策への転換はしかしながら、政府の思惑どおりには進まなかった。ベビー・ボーナスも「ロマンシング・シンガポール」キャンペーンも功を奏していない。シンガポールの人々の結婚が遅くなった結果、子どもの数も減り、子どもが1人の家庭は21世紀には1980年の2倍の14％になった。[128] 男性の育児や家事への不参加は不問に付されたままである。生活を変えたくないと家庭より仕事を優先する傾向[129]や物質主義的傾向の高まりも報じられている[130]。家族計画の、政府からみての行き過ぎは経済発展に必要な労働力の不足を招き、政府は移民の導入を近年、加速させている。総人口から国民と永住者を除いた非居住者の規模は2006年に総人口の2割を突破し[131]、2007年、外国人は労働力の3分の1に達した[132]。シンガポール社会の人口構成は大きく変わりつつある。

家族は人口を再生産し社会化を行う役割を担ってきた。シンガポールでは独立以降に生まれた人々が既に社会の中心となっているが、シンガポール政府は必然的な世代交代に対して、学校での歴史教育、国民教育に加え、戦争と日本による占領という歴史の展示を積極的に行い、シンガポール国民が記憶して共有すべき事柄を公的に提示している。

シンガポールの代表的な新聞である『ストレーツ・タイムズ』は日本の一般紙がシンガポールの動きを報道する以上に、日本での動きを報道すると言ってよい。同紙は教科書問題、日本の閣僚らによる、東アジア、東南アジアでの戦争に関わる言動についても報道し投書を載せ、シンガポール政府もその見解を公表する[133]。小泉純一郎元首相の靖国神社参拝（2006年8月15日）は翌日の『スト

---

128) Reuter, January 5, 2004.
129) Ibid.
130) AFP, August 17, 2000.
131) *Yearbook of Statistics Singapore, 2007.*
132) AFP, February 1, 2008.

レーツ・タイムズ』の第一面上段に大きなカラー写真をつけて報道された[134]。見出しは2つあり、大きな活字で「小泉首相は（靖国）参拝で批判者を無視」、少し小さな活字で「シンガポールは遺憾の意を表明」というものであった。『ストレーツ・タイムズ』の読者は、学校での歴史教育や国民教育、あるいはまた展示という形によって奨励されている公的な記憶に重ねて、これらの記事に目を通し、記憶を新たにするものと思われる。

　公的に推奨される記憶にはこのように、シンガポールの人々を一定の過去の共有、および忘却によってまとめる役割が期待されている。1972年、小学校のシラバスから科目としての歴史が消えたのは「集団的ロボトミー」[135]であった。1980年代半ばまでこの状態が続き、公的文化に歴史が再挿入されたのは1992年の「昭南島」展である。メディア環境がインターネットなど電子メディアの普及によって革新され複雑化するなか、シンガポールの人々が学校を卒業してからも学校教育などを通しての「公的な」記憶を共有していけるかどうかが政府にとっての課題と言えよう。

　独立記念日に行われるNDPは公的かつ集合的な記憶の共有を人々に促す一方、大規模な娯楽としての側面、すなわち消費的要素を併わせ持つ国家儀礼である。シンガポールは国土が狭く観光地となるところが少ないため、NDPには国民の関心が集まりやすい。人民行動党政権の組織力や効率性の集大成と言える国家的規模の祭典NDPには、シンガポールという国家に対して愛国心を持つことの自然さや国旗など国家の象徴に対して適切な所作をとるべきことなどシンガポール国家に法的のみならず感情的にも帰属しシンガポール国家を讃え、支えるための思考・行動様式が埋め込まれている。国旗への敬礼、国歌の斉唱、「国民の誓い」の唱和、そして視覚化されたシンガポール国家の数々の成果、国軍や市民防衛軍などの制服の軍人の一糸乱れぬ行進、軍人による落下傘でのNDP会場への降下など華麗な演出、軍による軍事的防衛に加え文民による民間防衛、社会面・経済面・心理面を総合した全面防衛の概念、軍の統一

---

133)　Singapore Government Press Release, April 22, 2005; *Straits Times* 電子版, April 4, 2007; Ibid., August 15, 2007.
134)　Ibid., August 16, 2006.
135)　Wong 2001: 230.

性とは対照的な中国系・マレー系・インド系・ユーラシア系と多民族の文化の集合としてのシンガポール文化、小中学生や各種団体の歌やダンスの訓練を重ねたうえでの参加、観客のそれぞれの席からの祭典への斉一的な動員などである。これらは最新の軍備の公開やナショナル・カラーの赤も含めた明るく元気の出る色彩、シンバルやドラムなどの音、メロディーだけのときもあるがNDPテーマ・ソング、「スタンド・アップ・フォー・シンガポール（Stand Up For Singapore）」など「国民の歌（national songs）」や「チャン・マリ・チャン」など各民族の「コミュニティーの歌（community songs）」——情報通信芸術省（Ministry of Information, Communications and the Arts）傘下のシング・シンガポール委員会（Sing Singapore Committee）がシンガポール国民としてのアイデンティティや各民族の共同体意識の強化のために推進する「シング・シンガポール」計画で選定する歌——、背景に使われる音楽、レーザー光やサーチライトなどの光、連続して打ち上げられる見事な花火、そして最先端の音響設備・放送技術などの利用によって、祝祭としてのNDPが人々の鮮やかな記憶、シンガポールという国家とシンガポールに住む人々との一体感を伴った集合的な記憶として残るよう工夫されている。シンガポールの国民統合を表現する"One People, One Nation, One Singapore"——1990年のNDPテーマ・ソングのタイトルであり、小学校1年生の社会科の教科書の"Our Nation Celebrates"という課で学習する——が国家儀式において厳格な管理と統制のもと、その実現を試みられていると言えよう。

　「よい英語を話そう」運動は、話者個人のプラスになる可能性があるとともに、国家にもプラスの結果を生じるという考え方から成り立つ。すなわち、この運動には2つの有用性がある。ひとつは、シンガポール・マレーシア以外でシングリッシュを話す場合、シンガポール特有の英語を話すことによって意思疎通が難しいという問題が起こりかねない。そういったことを防ぐためにも「よい英語」は個人レベルで有用である。もうひとつは、「よい英語を話そう」運動は仕事で訛りのない「よい英語」を使うことによって、結果的にシンガポール国家の経済発展に資するようにという国家のレベルでの効用という目的を

---

136) *Discovering Our World: Our School*: Lesson 12.

持つ。国家の発展は人民行動党政権の本来的な目的であり、それが同党が政権を維持する正当性の源泉となってきたからであり、現在も同政権が正当性の源泉とみなしているものにほかならない。このように、政府の経済的動機が「よい英語を話そう」という政治目的を持つ運動となっているのである。

　上に述べたように、経済開発を目的とする政策のほか、シンガポールでは強制兵役・予備役制度がとられている。鉄道（Mass Rapid Transit）の駅は非常時のシェルターを兼ねていたり、事前の予告なしにテロ対策訓練が町中で実施されたりするというように、国民に一定の緊張感を与える政策が採られてきた。軍服の若者を街で見かけることもあり、そのことが一定の緊張感を醸成する事象のひとつであろう。国内治安法がテロ未遂など理由として発動されることもある。2008年2月末から3月、ジェマー・イスラミア（Jemmah Islamiah）のテロ容疑者がシンガポールの拘置所を脱走したという政府発表によってシンガポール全土が警戒態勢に入り、容疑者の発見・通報を政府が国民に呼びかけたことがあった。このことは、シンガポール政府が国民の政府への協力を試す政策のひとつと言ってよいであろう。

　戦時体制下の日本において表面的には戦時体制に協力しているように思われる場合でも、実は内面的には必ずしも協力していたわけではないことが一般的と言われている。[137]特に庶民はそうであり、多くの人々は政府の要請に表面上従っていただけだったとされている。[138]このような点から考えると、シンガポールは戦時体制がとられているわけではないが、増大する移民によって国民統合が乱されるということを警戒し、統合のための国民意識強化策はますます重要性を帯びるものと思われる。

　シンガポールは今までみたように国民の形成と統合に多大な努力を払ってきた。他方、シンガポールは無資源国であって経済のグローバル化を先取し続けなければ、これまでの成果は水泡に帰しかねないとシンガポール政府は主張し

---

137)　古川　1998：201.
138)　細川　1953.

てきた。しかし、現在の世界同時不況はグローバル化が最大の要因のひとつであるとの意見が大勢を占める。このような現状を踏まえるならば、シンガポール政府のグローバル化を先取し続けなければこれまでの成果は水泡に帰しかねないという主張は、現状では再検討しなくてはならないのではないか。日本と同じようにシンガポールが無資源国であるならば、シンガポール経済のグローバル化よりもむしろシンガポールのためのみならず世界の国々の平和と福祉の向上などに寄与しうるような人材の養成こそが急務と考えられる。このような前提に立って、シンガポールは国民統合の道を模索すべきではないか。

　終章では、上記のようなシンガポールが高所得経済となり永住者および外国人が総人口の4分の1に達するなか、どのようにグローバル化の波にのみこまれないように対応しつつ国民を形成し統合し続けることができるのか、国家と国民の関係を考察する。

終　章

　シンガポールはその意に反して独立することになった国家である。政治家としてマレーシアとの統合に賭けてきたリー・クアンユー首相は独立を「苦悩の瞬間（a moment of anguish）」と表現（1965年8月9日の記者会見）した。[1]

　不本意な独立であっても、国民に責を負う政府は経済的にも独立を達成し、社会を安定させなければならない。自治開始以来政権を担う人民行動党は多民族、多文化、多言語、多宗教の社会であり、なかでも中国系住民が4分の3、マレー系住民が7分の1を占めるという国内環境、マレー系住民を中心とするマレーシアとインドネシアに隣接し、冷戦が継続するという国際環境のもと、経済開発を最優先に諸政策の実施に取り組んだ。人民行動党政権による開発主義の政治、開発政治である。住宅の絶対数の不足と劣悪な水準の既存の住居、人口の激増に伴う教育施設の不足と失業、不完全就業の広がりという住民にとって切実な問題を経済開発によって解決に導くことが政権の正当性を支え、政治的安定を導くからであり、翻ってシンガポール国家の生存をより確実なものとするからであった。英軍のシンガポールからの1971年末までに撤退という決定（1968年1月）に対し、その雇用の規模と経済への影響の大きさゆえ、シンガポール政府は海軍・空軍基地の民生用への転換、公共事業の拡大、労働関連法規の改定などの雇用対策、国軍の拡充に取り組むことになる。突然のマレーシア連邦からの分離・独立に続く英軍の撤退をシンガポール国家の危機として、人民行動党政権は同党をシンガポール国家の基盤とし、政治的・経済的生存のために実力主義、規律、愛国心、自己犠牲、強靱性を総合した概念である「生き残りのイデオロギー」を広めようとした。住宅政策、言語・教育政策、

1）　Rodringuez, ed., 2003: 112.

人口政策など経済政策以外の政策も、経済開発をいかに加速するか、同時に経済開発、政権安定のためにどのように国民を形成し統合していくかを最優先に進められた。

　ここでシンガポールの国民統合と経済開発のために採られた政策をいまいちど振り返っておこう。
＜住宅供給＞
　人民行動党政権のもと、HDBによる住宅供給は人口の3分の2に達する住民の住宅難という現実の問題への対処に、工業化を推進するための国土利用計画を組み合わせることから始まった。HDBは供給の中心を当初、低所得者向け賃貸住宅においたが、徐々にいわゆる「分譲」住宅に移行し、また人々の要望に応えて住宅を多様化するとともにHDB住宅購入に関わる所得制限を段階的に緩和し、世界で例をみない9割という「持ち家」率を達成するまでになった。HDB住宅以外の住宅、すなわちマンション、庭のある戸建て住宅など民間の居住用不動産はHDBが定める所得制限に合致しない高額所得層向けであり、実力主義の象徴としての意味を担ってきた。民間の居住用不動産は社会的地位を示す財なのである。

　住宅政策の中核はこのように、HDB住宅であった。HDB住宅はまず、生活空間の国民化によって、国民統合の基盤を形成した。経済開発を効果的に行うには、シンガポールに共属感を持つ人々を開発に動員する方が望ましいからである。人民行動党政権は住宅供給を低所得層から始め、工業化と住宅建設に関わる雇用の創出によって社会の安定を図り、HDB住宅への転居と高度経済成長による生活水準の向上によって同政権への支持の調達を図った。

　HDBによる一定の区域ごとの民族枠や社会階層の混合にも国民統合の機能が見いだされる。一定の区域に対し、国家レベルの民族比に基づき民族ごとの上限が定められ、広さと部屋数の異なる住宅を供給することによって多様な社会階層を近接して住まわせるという方針がとられているということは、多民族社会であるシンガポールでは重要な意味を持つ。たしかに多民族が単に場をともにしても相互理解が進むわけではないとする接触理論[2]に違わず、民族間の相互理解が進んでいるわけではない。しかし、多人種主義、多文化主義という政

終　章

府の方針からすれば、特定の民族の一定の地域への集住を避ける民族割り当て方式は象徴的な意味合いを持つことになる。そして地域的に社会階層を固定しないという方針はゲットーの出現を未然に防止するとともに、選挙において反与党票を分散させる機能も持つ[3]。政府が実施するさまざまな施策がどの階層、どの民族にも一様に影響するわけではないからである。

　HDB住宅の第2の特徴は、経済開発の効率化を志向した、政府公認の価値、思考が貫徹する場という点である。家族を社会の基本とするという政府の方針から、近年は少子化などにより入居基準に幅が出てきたものの、夫婦家族であることが当初より入居の基本条件であり、親子の近居や二世代あるいは三世代の同居が育児や介護での助け合いという家族福祉を促すために奨励されてきた。シンガポール政府は経済開発に資源を集中し、福祉国家化を拒否してきたのである。シンガポールには最低賃金制も公的年金制度もない。自助を基本にし、西洋の福祉国家のようなまねはしないと、たとえば中央積立基金庁（Central Provident Fund Board）が発行するCPFを説明する小冊子や財務省（Ministry of Finance）の国家予算に関する報道用公式発表で政府は言明している[4]。

　HDB住宅には同住宅が建設される以前の民族や出身地、居住地に関わる相互扶助などの組織やインフォーマルなネットワークに代わり、政府系の複数の「草の根組織」の多層化されたネットワークが張り巡らされた。HDB住宅の管理やリフォームの許可、駐車場の管理などを行うほか、国家的キャンペーンに協力したり、さまざまな施策に対する住民の反応を政府に伝えたりするのはこうした政府系組織である。近年では投票行動やコミュニティ精神——政府系組織の活動や国家キャンペーンへの参加度など——をHDB「分譲」住宅の資産価値に結びつける方式が導入されたため、居住者はますます政府与党に与せざるをえない状況にある。HDB「分譲」住宅は大多数の居住者にとって最大の資産だからである。

---

2)　Shofield 1995.
3)　Lim 1989: 183.
4)　*Building Our Future: Take Charge, Plan Early, Secure Your Retirement* (CPFB). および FY2006 Press Release, Ministry of Finance, February 17, 2006.

HDB住宅の第3の特徴は、上述の点とも重なるが、住宅供給が経済発展、および経済開発政策と組み合わされてきたという点である。HDB住宅は供給の初期には居住水準の上昇に重点が置かれたが、徐々に住宅を多様化して国民の要望に応じ、総選挙の結果、すなわち人民行動党への支持に応じて改修を行い資産価値の上昇を図る方式も導入された。住宅の多様化や改修はシンガポールの経済発展を反映すると同時に、人民行動党政権への支持を確保しようとするものである。

　1960年代から70年代におけるHDB住宅の供給に合わせた軽工業の立地は輸出指向工業化による世界市場への参入に弾みをつけ、HDB「分譲」住宅の購入に利用できるようになったCPFは住宅供給や社会基盤の整備などに使われ、政府資金として蓄えられている[5]。

　HDB住宅に住む人々の多さ、HDB住宅を「持ち家」とする人々の多さは、一党優位体制を維持する人民行動党政権にとって国民統合に大きな意味を持つと言わねばならない。

＜2 言語教育＞

　言語・教育政策にも国民統合という目的が鮮明に現れている。同政策の最大の特色は英語の基軸言語化である。英語はシンガポールの公用語のひとつではあるが、英語が行政言語であり教育媒体言語であることによって、実質的には英語こそが公用語となっている。華語は国際環境の変化もあってほかの2言語より重視されているものの、英語以外は補助的に使われているように思われる。

　英語はシンガポール社会に定着したが、使われている英語にはかなりの幅があると言ってよい。結果として、シンガポール人という意識、シンガポール人というアイデンティティの形成に貢献したのは英語の使用一般であると同時に、政府がその「乱れ」を問題視するシンガポール英語であった。

　トミー・コー（Tommy Koh）国連大使は1974年、シンガポール英語を次のように積極的に評価した。

>...when one is abroad, in a bus or train or aeroplane and when one overhears some speaking, one can immediately say this is someone from Malaysia or

---

5) Asher 1993: 156.

終　章

Singapore. And I should hope that when I am speaking abroad, my countrymen will have no trouble recognising that I am from Singapore.[6]

　国外で英語で話をしているとき、マレーシアあるいはシンガポール出身者にシンガポール出身であるとすぐにわかってもらいたいという発言である。
　政府系経済紙『ビジネス・タイムズ』も2001年8月、"Have A Happy Birthday, Singapore"と題された記事において、シンガポール英語をシンガポール独特のものとして肯定的に評価した。

　　Dear Singapore,
　　　How do I love thee? Let me count the ways. ... I love you for ... , and for their distinctive voices that immediately distinguish them whether they're in New York or Istanbul. Without them, there would be no one to make fun of in local sitcoms, no debate over the kind of English they should speak and nobody to steer away from when in a popular Malaysian eating spot.[7] ...

　シンガポール英語はシンガポール人の証として、同胞意識を呼び覚ますものとして描かれている。政府は英語の使用に伴う西洋化にかねてより懸念を表明してきたが、英語の使用が英米志向のひとつのあり方と一般に認識されているならば、上の2つの引用のような見解はありえない。英語がシンガポールの人々自身の言葉となっているからこその見解である。1990年代後半、シングリッシュを使うテレビ番組の人気が高まったこと、シングリッシュを「かっこいい」と使う芸能人、さらにそうした高学歴層が出現したことは経済にマイナスと、政府が「よい英語を話そう」運動を始めるきっかけを作ったほどであった。[8]シンガポールの著名な作家でありASEAN各国の著述家に贈られる東南アジア作家賞（Southeast Asian Writers Award）を1999年、受賞したキャサリン・リム（Catherine Lim）は「シンガポール人の感情を表現するにはシンガポール英語が必要」と述べる。[9]くつろいだ場や豊かな感情の表現には標準語はふさわしく

6）　Tay 1993: 18.
7）　*Business Times* 電子版．August 10, 2001.
8）　Chua c2003: 88.
9）　*FEER*, September 2, 1999.

なく、標準語のみでの文筆活動は意味をなさないのである。

アイデンティティの根拠としてのシンガポール英語という状況を補強するものが1990年代後半に現れた。シンガポールおよびマレーシアで使われている英語（Singaporean-Malaysian English: SME）――統語的には両国で使われている英語は統一的に把握される――をも言語資料とした辞書、すなわち中上級学習者向けの*Times-Chambers Essential English Dictionary, Second Edition*、および中高生向けの*Macquarie Junior Dictionary-World English-Asian Context*の2冊である。

Times-Chambers Essential English Dictionary, Second Edition. はたとえば、hawkerの2つめの語義にシンガポール・マレーシア英語としてのhawker、そしてhawker centre、fetchなど、およそ1,000の地域的な語彙や語義、用法を採り入れている。いわゆる標準英語では、行商人を意味するhawkerとcentreをhawker centreのように組み合わせたり、行って取ってくる、行って連れてくるという意味のfetchを We waited for the bus to fetch us to the terminal. のように使ったりすることは不適切と考えられる。しかし、この2冊の学習用辞書に収録・解説されている場合、地域的な語彙や表現であることが確認できる。上述の中上級学習者向け辞書ではシンガポール・マレーシア英語は"*SME*"あるいは"*SME; informal*"と分類され、標準的な英語とシンガポール・マレーシア英語との違い、シンガポール・マレーシア英語での改まった表現とそうでない表現の違いがわかるようになっている。

この2冊の辞書のように、言語資料にシンガポール・マレーシア英語を含む辞書の出版はまた、シンガポール・マレーシア英語の学習や教育のみならず、シンガポール・マレーシア英語の国際的な認知にも貢献すると思われる。ひと

---

10)　Ibid. ; Lee Gek Ling 1994; Talib 1998.
11)　順に、Higgleton and Ooi, eds., 1997、Delbridge, *et al*. eds., 1999.
12)　シンガポール・マレーシア英語の言語使用域は辞書の導入項目のひとつ 'The English Language in Singapore and Malaysia' において以下のように5つに分類されている（Higgleton and Ooi, eds., 1997.）。
　　Group A: Core English;
　　Group B: Words from English, but found only in SME;
　　Group C: Words from other languages, not used in core English;
　　Group D: Words from English, used only in informal contexts;
　　and Group E: Words from other languages, used in informal contexts.

つには、英国に代わる内発的な標準がシンガポールの研究者・教育関係者から求められていたからである[13]。シンガポール国立大学の研究者が*Times-Chambers Essential English Dictionary, Second Edition.*の編纂に参加したことは、シンガポール政府のシンガポール標準英語に対する積極的な評価を示すものと考えられる。ふたつには、英語は英米を中心とする同心円で描かれるような、英米を志向する状況にあるのではなく、英語を母語としない英語使用者をつなぐ多中心的で多文化的な言語であって、単一の言語 (English) ではなく、地域的・階層的な変種を持つ言語、英語 (Englishes) であるという認識を促すことになるからである。英語を母語として使用する人々と母語ではないが英語を使用する人々の比率は1対3ないし1対4と推測されている。英語は、母語として話す人々どうしで使ったり、英語を母語としない人々が英語を母語とする人々に対して使ったりする言語というよりは、むしろ英語を母語としない人々どうしで使う言語となっているのである[14]。

　言語・教育政策のもうひとつの要は能力別学級編成であり、この能力別学級編成と不可分の実力主義であった。実力主義はシンガポール社会において普遍的な考え方である。このような考え方は国民に浸透している。小学校5年生から能力別学級編成となっているが、中学校卒業後に進学するの学校が進学率の低い公立校であっても、大学などへの進学への道は用意されているため、実力主義は維持されている[15]。多民族社会における民族間の公平さの確保という点において、民族や出身階層など個人の属性ではなく能力と努力を重視する、政府が採っている実力主義の資するところは非常に大きいように思われる。

　ここで、シンガポールにおける実力主義の問題点を3点、指摘しておこう。

　まず、実力主義は経済成長に必要な人材の育成を促進するためのものであり、政府は実力主義は民族間に公平と主張しているが、現実には民族間の不公平感や社会の不安定・紛争をもたらすことがある点は看過されてはならない。

　第2に、実力主義はその前提として平等が出発点とならねばならない。現実には出身階層やその他の属性要因が能力、「努力する能力」の差として現れ、

---

13)　Crewe 1977; Tay 1993.
14)　Alatis and Straehle 1997.
15)　シム　2004.

個人の達成(個人の業績や経済力など)に影響する。その達成の差は「教育達成」(社会的成功、経済力をもたらすための高学歴度)における階層差の顕現と言えよう。シンガポールの小学校から大学に至る各段階における卒業・進学試験は、英語の読解力と文章力を要求する。教育達成は英語の読解力と文章力の基礎となる「象徴操作能力」(抽象能力や論理力など)に左右される。そのことを民族別にみれば、植民地期に中国系およびインド系住民に比べ社会的経済的地位が低かったマレー系住民は大卒者比率が低い状況にある。そのことは世帯所得の低さをもたらす。このように、マレー系住民は上述のような状態から脱却してはいない。[16]

　第3に、シンガポール政府は実力主義は個人の上昇志向と個人の自由意志によって規定されるものとしている。このような見方は、その背後にある社会階層の高低によってもたらされる教育達成度などを曖昧なものにする危険を内包しているのである。

　特別補助計画校での教育や才能教育は実力主義を徹底した教育にほかならない。2言語教育に伴う両言語の水準低下が指摘され始めて久しいが、これらの措置は対象となる言語に偏りはあるものの、言語運用能力、学習能力に秀でるごく一部の子どもたちの能力をいっそう伸ばそうとする国家的な人的資源開発策と位置づけられる。

　政府は実力主義を民族を問わない機会の平等とし、その結果としての格差は不可避としている。政府が行ってきた、既述のような「アジア的価値」のシンガポール社会への浸透の試み、すなわち勤労や倹約を重んじ、個人よりも家族や地域社会を、さらに国家の秩序を上位におく考え方を「国民教育」として学校教育に取り入れることなど、は実力主義的教育に由来する格差問題の文化面からの緩和を狙ったものでもあると言えよう。

＜家族計画＞

　シンガポールは既述のように、家族計画によって、シンガポール国家を繁栄させ、シンガポール国民が経済的に豊かな生活を送るために国民意識を変えようとした。家族計画に基づいて、国家の要請に応える国民をつくり出すことに

---

16)　Lily Zubaidah Rahim 1998; Barr and Low 2005.

よって、政府は経済構想に合わせ、労働力の規模と質を変えようとしたのである。

シンガポールの総人口は外国人の増加によって増え続けているが、シンガポール人の出生率は減少を続けている。1980年代半ば以降の家族政策（結婚と出産の奨励、子育て支援）と出生率の低下から考えると、シンガポールの人々は国家の都合よりも、むしろそれぞれの家族・個人の考え方・生活を優先していると思われる。実際のところ、「人口ゼロ成長」（少子化）を狙った初期の家族計画を除き、家族計画の効果のほどは明らかではない。この初期の家族計画がなくてもシンガポールの出生率は減少していたのではないかと、他国の研究者によって論じられている[17]。出生率の低下はシンガポールに限らず、マレーシア半島部や香港、そして台湾に住む中国系の人たちにおいても起きている。これらの地域は一般に産業化の進展が著しい地域である。というのは、一般的に産業化が出生率の低下を伴うことは明らかにされているところであり、シンガポールはその例外ではないということを他国の研究者は指摘するのである。

こうした少子化に対してはシンガポール政府は近年真剣に取り組んでいる。これは首相がナショナル・デー大会演説で取り上げることによっても示されている。リー・シェンロン首相はナショナル・デー大会演説で2006年には、シンガポール人が子どもを生まないならば、経済成長と生活水準を維持するために、国民の海外への移住をくい止め、シンガポールへの移民を増やす必要があると述べた。2007年には少子化の裏面である高齢化を取り上げ、2008年には2時間のうち30分を、結婚、それも早めの結婚と出産の奨励に当てた。

しかしながら、シンガポール国民における少子化問題は単にシンガポール政府の考える家族計画によってのみでは解決できる問題ではない。それは、経済成長およびグローバル化の進展とも関連する問題であって、それらをトータルに考えなければ解決できない問題である。

＜価値教育＞

価値教育としてのシンガポール国家の達成を讃える国家儀式であるNDPをみてみよう。NDP2005ではさまざまな場面で国民が歌やダンスなどに参加し、

---

17) Leete 1994: 823; Leete 1987: 204-205.

またシンガポールの経済成長、歴史、文化などが強調されていた。こうした参加型のNDP、参加者と国家との同定を促す演出は1980年代半ば以降のことである。[18] シンガポールへの帰属感や愛国心をシンガポールの歌手が歌うNDPテーマ・ソングの登場も同時期であった。[19] 音楽による国民統合が目指されたのである。

「ウィー・アー・シンガポール (We Are Singapore)」という1987年のNDPテーマ・ソングは次のような歌詞で始まる。

> There was a time when people said
> That Singapore won't make it, but we did
> There was a time when troubles seemed too much
> For us to take, but we did
> We built a nation, strong and free

シンガポールは成功しないと言われたし困難が多すぎると思えたが、われわれは成功し、強く自由な国家をつくったという歌詞である。「これが私の国、これが私の旗、……われわれはシンガポール、シンガポール人」という一節もあり、後半には「国民の誓い」も挿入されている。この歌は「シング・シンガポール」計画で、「国民の歌 (national songs)」に指定されている歌のひとつである。

1985年、1986年には、NDPテーマ・ソングのタイトルに国民がシンガポール国家に対してとるべき行動が書き込まれただけではなかった。1985年の「スタンド・アップ・フォー・シンガポール」では "Recognise you can play your part"、1986年の「カウント・オン・ミー・シンガポール (Count On Me Singapore)」では "we'll do our part" と、どちらの歌も一人ひとりが能力に応じてシンガポール国家に貢献することを促している。これらはともに「国民の歌」でもある。

1998年のNDPテーマ・ソングであり、2004年にも再びテーマ・ソングに選ばれた「ホーム (Home)」(ディック・リー作詞・作曲) はシンガポールへの愛郷

---

18) Kong and Yeoh 1997.
19) Sing Singapore 2005, available at http://www.singsingapore.org.sg/.

終　章

心を美しいメロディーにのせて歌う。「ホーム」の歌詞は次のようである。

> Wherever I am feeling low
> I look around me and I know
> There's a place that will stay within me
> Wherever I may choose to go
> I will always recall the city
> Know every street and shore
> Sail down the river which brings us life
> Winding through my Singapore

2001年のNDPテーマ・ソング「ホェアー・アイ・ビロング（Where I Belong）」も美しい故郷シンガポールを歌いあげた。シンガポール人タニヤ・チュア（Tanya Chua）が作詞・作曲したテーマ・ソングである。

NDPテーマ・ソングが国民への施政方針を示す政府文書に合わせてつくられた年もあった。『シンガポール21（*Singapore 21: Together We Make A Difference*）』が公表された1999年の「トゥギャザー（Together）」がそうである。歌詞の一部をみてみよう。

> Together we make a difference, one voice, one destiny
> We remain undivided, our hearts in harmony
> Together we make a difference, our friends, our families
> We will share a special dream, togehter we feel the Singapore heartbeat

シンガポール国民はひとつであってひとつの特別な夢を分かち合い、「シンガポールの心臓の鼓動」をともに感じ、前進するという歌詞である。

NDPではこのように、その年のテーマ・ソングとともに「国民の歌」や「コミュニティの歌」——「シング・アワー・ウィッシーズ」、「ウィー・キャン」、「チャン・マリ・チャン」、「ディ・タンジョン・カトン」など——が歌われる。歌詞にはわれわれシンガポール人が一体となって苦難を乗り越えシンガポール国家を建設してきたこと、シンガポール人がまとまりある国民であること、シンガポールがシンガポール人の故郷であることなどが書き込まれ、シンガポール人としてのアイデンティティやシンガポール国家への帰属感を国民が

持つように促している。「国民の歌」や「コミュニティの歌」は学校でも教えられており、NDPで複数年、歌われることもある。政府は「シング・シンガポール」の歌の著作権を一部放棄し、歌手本人が自らのアルバムに収録できるようにして、「国民の歌」や「コミュニティの歌」がより多くの人に聴いてもらえる試みも始めた。[20]

　NDPにはまた、1990年代からテーマがつけられるようになった。「ひとつの民、ひとつの国民、ひとつのシンガポール（One People, One Nation, One Singapore）」（1990年）のように国民の一体感の達成に向けてのテーマや「30歳の独立国家（30 Years of Nationhood）」（1995年）、「40年の国家建設（40 years of Nation Building）」（2005年）のようにシンガポールの達成を讃えるテーマ、「われわれのグローバル都市、われわれの故郷（Our Global City, Our Home）」（2006年）、「さまざまな可能性を持つ都市シンガポールを祝おう（Celebrate Singapore: City of Possibilities）」（2007年）のようにシンガポールをわれわれシンガポール人の世界都市、われわれシンガポール人の故郷として、またさまざまな可能性を持つすばらしい都市として位置づけるテーマがあった。シンガポールの過去、現在、未来をつなぐNDPという国家儀礼にシンガポール国家のあり方を示すテーマを設定し、シンガポール国家の明るい未来に向けて国民の求心力を喚起しようとしていると考えられる。

　NDPそのものではないが、ナショナル・デーに因む行事もある。シンガポール国家にとって輝かしいナショナル・デーの8月9日に生まれた赤ん坊、特に当日0時をまわって一番に生まれた赤ん坊は「ナショナル・デー・ベビー」として両親の喜びとともに『ストレーツ・タイムズ』に大きく報道される。また、シンガポール国家に貢献した国民に贈られる、十数種類もの「ナショナル・デー賞」の受賞者も当日、同紙に発表され、11月に叙勲が行われる。3,000人ほどの受賞者の多くは永年勤続賞（Long Service Awards）の受賞者である。これらのナショナル・デーに因む行事はナショナル・デーをシンガポール人の尊重すべき日とし、シンガポール国家への貢献を善とする思想を国民に伝えるものである。

---

20) Press Release, Ministry of Information, Communications and the Arts, October 22, 2002.

終　章

　しかし、当然のことであるが、すべての国民が上に述べたNDPの志向、あり方に賛同しているわけではない[21]。人々のNDP参加は必ずしも自発的とは言えず愛国心の高揚も一時的であったり、子どもたちにはNDP参加の課外活動としての評価の方が国家行事としての重要性より大事という事例も事実の一端である。NDPにどれほどの費用がかかっているのか見当がつかないがその莫大な費用について考えるという意見もあれば、NDPにはいい歌もあるが学校で歌うのは好きではない、NDPが行われる日は遊びに行くのにいい機会、すべてのテレビ・チャンネルがNDPを放映する必要があるのだろうかという意見もあった。「シング・シンガポール (Sing Singapore)」のパロディ本、「ノット・ザ・シンガポール・ソング・ブック (Not the Singapore Song Book)」も1993年、出版された[22]。また、シンガポールの街やメディアはNDPが近づくとNDP色が濃くなる。たとえば、食料品、日用品、家具などさまざまなNDP協賛セール、その新聞広告、あちこちの店頭に積まれたナショナル・カラーの赤のTシャツ、メディアでよく流れるNDPテーマ・ソング、街頭のNDPに向けた飾り付け、新聞のNDP関連記事などである。しかし、NDPの中継を見ないなど、こうした一種の祝祭空間に距離を置く人たちもいる。

　NDPほど大規模ではないが、政府機関などが行う歴史の展示は、特定の解釈を見学に訪れる人々に提示するという点において典型的な価値教育であり、国民の関心を引いてきたものである。たとえば、1992年、「昭南島」展はシンガポール国立博物館が行った展示のなかで最も大きな成功を収めた。この成功は、一定期間、学校で歴史を教えなかったという「集団的ロボトミー」にもかかわらず、家族や宗族といった範囲で記憶が語り継がれたり戦争犠牲者の供養が続けられるなど、日本による占領の開始から50年間、戦争が忘れられていたわけではなかったからである[23]。10ヶ所以上にのぼる戦跡の指定と整備、新しい展示施設の設置などと合わせ、シンガポール政府は国民に共有を望む過去を選んで解釈を示し、シンガポール人のアイデンティティの一部として付け加えようとした。改修された国立博物館はマレー半島とシンガポールでの第二次世界

---

21) たとえば、Kong and Yeoh 1997; AFP, August 7, 2005.
22) Kong 1995: 453-456.
23) Wong 2001: 231.

大戦、日本による占領を重視し、当時の社会、人々の生活を「昭南島」の一般庶民の目線から見学に訪れるシンガポールの人々に伝え、「公的」記憶の共有を促す。

　NDPと歴史の展示という社会的に行なわれる価値教育は、国民すべての積極的な関与を期待することはできないにしても、シンガポール人としての素養、言い換えればシンガポール人として持つべき認識と思考の枠組みを設定しようとしていると言えよう。

＜「よい英語を話そう」運動＞

　政府が推奨する「よい英語」はいわゆる標準英語志向である。若年層において英語は母語化しつつあり、[24]口語を使いながら標準語を学ぶ一方、成人の多くは口語と標準語を相手と場に応じて使い分けるようになっている。国外に移住したシンガポール人も移住先でシンガポール人以外に対してもシンガポール口語英語を使い続けているわけではない。[25]移住先での一般的な英語（表現や抑揚、発音など）を使うようになっていく。ただ、意思疎通においては文化や空間についての知識など言語以外の要素が果たす役割が大きい。英語が多様化した現在、シンガポール政府が唱える「よい英語」のみでは意思疎通が必ずしも問題なく行われるとは限らない。

　シンガポール英語は先にみたように使用者にシンガポール人が集う「想像の共同体」をつくり出している。しかもそのなかにはシンガポール口語英語、シングリッシュを主に使う層も含まれる。シンガポールはグローバル化に対抗してシンガポールの自立の道を探らねばならない。したがって、「よい英語を話そう」という啓発運動は不要とは言えまい。しかしシンガポール社会において格差が拡大し、[26]シンガポールへの移民が増大しシンガポール社会が多様化するなか、政府はシングリッシュをシンガポール英語の一部と位置づけず、英語もどきとして否定し切り捨てるべきという政策を展開している。このことは国民統合にとって有用性を持ちうるものではないと考えられ、必ずしも賛成できる

---

24) Gupta 1994; Foley 2001.
25) 2003年の調査による。
26) Islam and Kirkpatrick 1986; Bello and Rosenfeld 1990: 331; Lee 1995. ゴー・チョクトン首相は1995年と1996年、ナショナル・デー大会演説でこの格差問題を指摘した。

ものではない。シングリッシュの使用者もシンガポール国民であり、シングリッシュは多くの国民に愛されている。しかもシングリッシュは国民に一定程度定着し、国民的コミュニケーションに有効性をもっているからでもある。

この主張を裏付けるのが、インド洋西部、マダガスカル島北東方にある島国セーシェルの言語政策である。セーシェル政府は、住民の圧倒的多数が自己表現の唯一の手段として使うものの、エリートがくずれた言語と考えてきたクレオール語――フランス語、スペイン語、ポルトガル語、英語、オランダ語など（セーシェルの場合、フランス語と英語）と土着語ないしは外来の言語が接触して生まれた混成語のうち、ひとつの共同体のレベルで母語になった言語――を憲法で国家語と規定し、セーシェル独自のクレオール語を使う「国民」をつくり出した。[27] セーシェルの事例は政府が肯定的に評価してこなかった言語であっても、その言語を政府が（クレオール学者によって表記法、文法を定め、以前からの国家語である英語、フランス語とともに）国家語と規定し直すならば国家の組織原理になりうることを示している。

セーシェルの国民統合の方式は、シンガポールの国民統合にも一定の大きな意義を有すると思われる。シングリッシュを中途半端な英語として単に否定するべきではなく、シンガポール独自の文化の一部と考えることによって、シングリッシュを国民統合の資産とすることができるからである。シンガポール政府がシングリッシュを肯定的に評価するならば、シングリッシュがグローバル化には仮に適合しないと言い得ても、シンガポールの国民統合には一定の重要な有効性を持つのである。

シンガポールは一世代を経ずして高所得国となった。ひとりあたりの所得は宗主国であった英国を凌駕する。こうしたシンガポールの達成については、シンガポール政府の有能な指導層、効果的な統治、正しい政策の結果とする見解がある一方、[28] 同国の世界市場指向工業化への参入時期の適切さおよび政府による労働者の団結権などの否定、加えて新国際分業における、政府による比較優

---

27) 田中　1999：21-22.
28) Chen 1983; Lim 1983; Vasil 2000.

位の創出の結果とする見解もある[29]。前者については但し、説明としては留保が必要と言わねばならない。

　高度経済成長の実現という目標は、政権の正当性を求める人民行動党政権にも豊かさを求める国民にも共有された。国民には但し、従わねばならない条件があった。私生活に関わること細かな社会統制である。リー・クアンユー首相はその正当性を1986年、ナショナル・デー大会で主張した。

> I am often accused of interfering in the private lives of citizens. Yet, if I did not, had I not done that, we wouldn't be here today. And I say without the slightest remorse, that we wouldn't be here, we would not have made economic progress, if we had not intervened on very personal matters-who your neighbour is, how you live, the noise you make, how you spit, or what language you use. We decide what is right. Never mind what the people think. That's another problem.[30]

　私はよく国民の私生活に干渉していると言われる、しかし隣人を誰にするか、どのように生活するか、どの言葉を使うかなどまさに私生活に関わる社会統制が経済発展となって結実したのであり、まったく後悔するところはない、何が正しいかを決めるのはわれわれ指導者であり、国民がどう思うかは別の問題だ、問題の核心は結果だというのがリー・クアンユー首相の主張である。結局、シンガポールにおいては政治的自由と市民的権利の大幅な制約を伴う開発政治のもと、使用言語、住居から家族計画にまで及ぶ社会統制は高度成長による豊かさを国民が享受することで相殺された形となった。国民にはシンガポール政府の行政国家化もあって政治への無関心、あるいは政治的無関心を装うことが合理的態度となる一方、さまざまな政策に埋め込まれた実利主義、実力主義が浸透した。生活水準の向上は人民行動党政権の正当性の源泉となったのである。

　シンガポールにおいては、高度成長の継続が消費環境の充実、消費社会化をもたらすなか、1980年代以降、産業構造の高度化に伴い、専門・技術職、行政・管理職に従事する中間層が増大してゆく[31]。中間層は1990年には就業人口（居住者）の27％であったが[32]、2006年には同じく47％と増大し、その所得は事務

---

29) Deyo 1981; Rodan 1989=1992.
30) *Straits Times*, April 20, 1986.
31) Rodan 1996; 田村　2002.

職、サービス職と比べると2倍から3倍と格段に高い[33]。公務員も多く、実力主義を職業に結実させた中間層は人民行動党政権の申し子とも言える存在である。中間層はしたがって、ロダンらが分析するように[34]、生活保守主義であってその要求は社会的・政治的なものではなく、消費者としての、特に文化的な自立であり、民主化勢力とはなり得ないと思われる。「シンガポール・ドリーム」はこうした中間層の関心のありようを端的に表す言葉であろう。「シンガポール・ドリーム」とは民間分譲マンション（condominium）、車（car）、ゴルフクラブ会員権（club membership）または現金（cash）、クレジット・カード（credit card）──発行条件がかなり厳しい──、出世（career）という経済的な豊かさを象徴する5Csを指しており、これらの「夢」は政治的な関心とは明らかに無縁だからである。ゴー・チョクトン首相の次にみる言葉はより広くシンガポール社会をとらえていると思われる。ゴー・チョクトン首相は1996年、ナショナル・デー大会演説において「シンガポールではショッピング・センターめぐりをしない生活など考えられない」と述べた[35]。シンガポールではショッピング・センターめぐりが生活の一部であり、国民的レジャーになっていると解釈できるからである。このように、シンガポールの人々は中間層を含め、政治とは距離をおいているとされるのである。

　1980年代はまた、人民行動党への支持の低下、すなわち選挙における得票率の低落傾向が明らかになり始めた時期でもある。1980年総選挙での同党の得票率は76％であったが、1984年は63％、1988年は62％、1991年は61％へと減少した[36]。「大卒女性母親化計画」が影を落とした1984年総選挙で同党の得票率はリー・クアンユー首相にとっても予想外の大幅な下落となり[37]、1981年補欠選挙に引き続き野党候補が当選し──労働者党（Workers' Party）のジェヤレトナム（Joshua Benjamin Jeyaretnam）が再選された──、国会で活躍するようになった。これ以降の総選挙での野党候補の当選はたいてい1人か2人であるが、

---

32)　*Census of Population 2000: Advance Data Release*: 44.
33)　*Report on Labour Force in Singapore, 2006*: 30, T29より算出。
34)　Rodan 1996; 田村　2002。
35)　*Straits Times*, August 16, 1996.
36)　田村　2002：106.
37)　Lee c2000: 158.

1991年総選挙では2006年総選挙までを含めても最大となる4人であった。こうした野党候補の当選はシンガポールにおいてある程度の豊かさが実現して生活に展望を持てるようになり国民をまとめ上げてきた「生き残りのイデオロギー」が色褪せ国民が日常生活に個人的選好の実現を希望するようになったこと、家族計画など私生活への国家の干渉を国民が疎ましく思っていること、教育にも明らかなように実力主義が生かせる層を中心にした政策運営を労働者階級が快く思っていないこと、政策の作成・決定に国民の意見が十分には取り入れられていないこと、所得格差が顕在化してきたことなどの表れと考えられる。

このことは政府系シンクタンクである政策研究所による調査結果にも表れている。1989年に政策研究所が実施した、人種・宗教問題や国家的問題への関心についての調査（対象は約700人）では、規制過剰という意見が3人に2人にのぼり、およそ半数が政治的疎外感を抱いていた。[38] 筆者がシンガポール国外で行った調査でも総選挙で与党候補の無投票当選が多く、政治的な疎外感があったことが指摘された。過去の総選挙をみると、1984年総選挙では全79議席のうち30議席が、1997年総選挙では全83議席のうち47議席が、2001年総選挙では全84議席のうち55議席が、2006年総選挙では全82議席のうち37議席が無投票当選であった。[39] 社会の変化に伴い、権威主義的な「開発政治」でシンガポールの有権者を統率することが難しくなってきたのである。

政府はこうした状況に対し、権威を敬い合意を重んじる「アジア的価値」や「共有の価値」（1991年公表）、「家族の価値」（1994年公表）の、シンガポール社会への浸透の試みなどの精神面への働きかけ、HDB住宅の多様化、HUDC住宅の供給、総選挙での人民行動党への投票結果によるHDB住宅改修などによって支持の調達を図る一方、国民の政治参加の制度化などによって政府批判票の縮小を試みてきた。後者には国民が公共政策に意見を述べることのできるフィードバック課（Feedback Unit）の設置（1985年）、落選した最高得票率の野党候補者から最大3名を国会議員に指名する非選挙区選出国会議員（Non-Constituency Members of Parliament）制度（1984年）――野党候補者の当選ごと

---

38) Chiew 1999: 70, 72-73.
39) 順に、Tremewan 1994: 160; da Cunha c1997: 133-135；*Straits Times* 電子版, November 4, 2001; Ibid., May 7, 2006.

に定数は削減される——、政党に属さない有識者を圧倒的に与党議員で構成される国会が最大9名任命する任命国会議員（Nominated Members of Parliament）制度の導入（1990年）がある。但し、1984年総選挙直前に導入された非選挙区選出国会議員、および任命国会議員は選挙で選ばれる国会議員と違って憲法改定——軟性憲法のため改定が多く、非選挙区選出国会議員および任命国会議員の制度自体、憲法改定によって導入された——や予算法案に対する投票権がなく、二流議員とも言われる。また、これらの制度で人民行動党以外の意見も国会に取り入れられるようになっているため、総選挙で野党に票を入れる必要がないというメッセージを国民に伝える懐柔策とみられる。さらに、フィードバック課については政府は国民からの意見を政治に反映させようとしているのだろうかなどという意見があるものの、この制度の存在が民主主義的国家であることを印象づける手段となっていると考えられる。

政府はまた、集団代表選挙区（Group Representation Constituency）制度を1988年総選挙から導入した。少数民族、すなわち中国系以外の住民、を少なくとも1名含む数人——当初計3人であったが、2006年総選挙では計5人あるいは6人になった——でチームを組んで立候補し、そのチームに投票するしくみである。導入の理由は少数民族の意見を国政に反映させるためであるが、実際には人材や資金力が与党に比べるべくもない野党に不利な制度であるのみならず、近年は単独議員選挙区（Single Member Constituency）の集団代表選挙区への改変、区割りの変更が著しく、しかも公示直前に発表され、選挙期間が非常に短いなど、野党にますます厳しい制度となっている。このため、米国国務省などが人権報告において非難するところとなっている。たとえば、1991年総選挙では単独選挙区と集団代表選挙区は同年1月に改定されてそれぞれ21区、15区（集団代表選挙区は、すべて4人で1チーム）であったが、1997年総選挙では再び改定されてそれぞれ9区、15区（同じく、4人チームが5組、5人チームが6組、6人チームが4組）に逆転した。集団代表選挙区制度導入前の、政府の説明によ

---

40) Lee 1988: 206; Tremewan 1994: 161; AFP, September 17, 2002.
41) *Respect for Political Rights: The Rights of Citizens to Change Their Government, 1999; Singapore, Country Report on Human Rights Practices 2006*, などいずれもavailable at http://www.state.gov/.

れば、集団代表選挙区からの国会議員は全体の半数以下であった[43]。

ところが、こうした政府による国民からの支持調達の試み、懐柔策にもかかわらず、1980年代後半以降、シンガポール人の国外への移住が顕著な現象となっている。移住先はオーストラリア、カナダ、米国などで移住者には働き盛りの高学歴者が多く、その増加は技術立国、知識経済を目指す人民行動党政権にとって最も歓迎されざる事態と言わねばならない。

シンガポールから他国への移住という行動はハーシュマン（Albert O. Hirschman）が企業、組織、国家の衰退からの回復のメカニズムに着目して提示した枠組みである「離脱・発言・忠誠モデル」の「離脱（exit）」[44]に該当する。シンガポール人の海外への移住という「離脱」は1人または家族などの単位での小規模で私的な行動であるが、数が増えて大規模になれば国政上の問題となり、公的な意味を持つに至る。国民の「離脱」はシンガポール政府にとって労働力のみならず教育投資の損失であるため国家建設の障害となり、強制兵役と予備役が支える国防にも支障を来すからである。国際的な労働力の移動は通常、貧しい途上国から豊かな先進国に向かうものである。シンガポールがOECDの途上国リスト（援助対象国・地域の一覧）から除外となったのは1996年1月と非常に遅いものの、同国がそれ以前から先進国の水準にあることを考えると、シンガポール人の国外への移住は先進国から先進国へという異例の移住と言わねばならない。したがって、毎年かなりの数に上る「離脱」は暗に「発言（voice）」を兼ねた「離脱」とみて無理はなく、その理由は今後のシンガポール社会を構想するうえで極めて重要と考えられる。

「離脱」はまた、経済力などある程度の条件が揃わなければできない。さまざまな調査にみる海外への移住希望者の多さ、また20年前にはひっそりと出国したが今日では近々の移住を包み隠さず自慢することも多いという状況[45]は、シンガポールに留まっている、ハーシュマンの枠組みでは「忠誠（loyalty）」と分

---

42) Da Cunha c1997: 11-13.
43) Lee 1988: 203.
44) Hirschman 1970＝1995.
45) *Star*, August 25, 2002, in Singapore Window; *Star*, December 14, 2003, in Singapore Window.

終　章

類される人々の複雑な心境を物語っている。声なき大多数の人々にとって意思表明の選択肢は与党系の「草の根組織」や政府のリーチ（旧フィードバック課）への要望以外には、選挙での投票に限定されると言って過言ではないからである。投票は義務となっているため、無投票で議員の当選が決まった選挙区でない限り有権者はその意志を表明することになる。しかし、ほとんどどの報道機関も政府投資会社の所有であったり政府関連企業であるなど政府系のため選挙報道は人民行動党政権が中心である。[46] 加えて、先に述べたように政府は少数党に不利な集団代表選挙区の創設など選挙制度を変更したり、質や広さが民間分譲マンションなみのエグゼクティブ住戸を安くで供給したり、HDB住宅の資産価値に関わる改修の実施を与党支持と結びつけるなどして、総選挙において国民に野党への投票を回避させようとしてきた。たとえば、人民行動党は1997年の総選挙において、HDB住宅の改修を各選挙区での同党への支持と結びつけることによって、得票率65％を維持し、1991年総選挙に続いての得票率の減少をくい止めることに成功した。2001年4月に導入された在外投票制度も一定の範囲の政府関係者にのみに投票権を与えるという制度であり、与党に有利に働くと思われる。

　「離脱」に関連するとみられる法の改定もある。政府は2004年、憲法改定によって国籍の継承をジェンダーに中立的なものにしたのである。すなわち、シンガポール人女性が、国際結婚によって外国で生まれた子にシンガポール国籍を権利として継承できるとする改定である。政府によれば、国籍の継承をめぐる憲法の条文はアジアの伝統に沿ったものであり、外国人と結婚したシンガポール人女性でも登録によって子に国籍を継承できるため、国籍の継承について扱う条文を変える必要がなかったが、政府はジェンダー平等への取り組みと時代の要請に応じて合わせて改定を行ったのであった。[47] シンガポールは、国籍の継承における男女平等という規定を含む女性差別撤廃条約を1995年に批准したため、シンガポール国内法を同条約に沿うように整備する必要があったとともに、少子化という現実や人材の確保、国際結婚の増加を理由とする改定であっ

---

46)　Rodan 1996a; Seow 1998: 207.
47)　Tan 2008: 74, 78.

たとされる[48]。国際結婚をしたシンガポール人女性は、国際結婚をしてもシンガポールに住むことの多いシンガポール人男性と違い、シンガポール国外に在住することが多く、国際結婚をしたシンガポール人女性の子どもたちが必ずしもシンガポール国籍を継承しないからである。

「発言」という方法はシンガポール政府の許容範囲内での行動でなければ、「発言」者が政府による訴訟や収監などの結果を引き受ける覚悟なくしてはできない行動である。シンガポール共和国憲法第14条は言論・集会・結社の自由を留保をつけて、同第15条は信教の自由を認める[49]。但し、どこまでが言論や行動の許容範囲かについての明確な線引き、いわゆるOBマーカー（OB [out-of-bounds] marker）はなく[50]、独立前からの国内治安法の存在、および同法の時折の発動、閣僚や政府が彼らに対する批判である、あるいは事実に反すると解釈する「発言」をした個人や組織に対して提起する名誉毀損訴訟とその訴訟で敗訴した被告に科される莫大な賠償金が「恐怖が蔓延する風土（climate of fear）」をつくり出し、自己検閲の常態化を招いているとされる[51]。政府はシンガポールがそうした風土であることを否定するが[52]、野党が街頭で自党の機関誌などを売っていても買おうとする人はなかなか現れず、シンガポール国立大学生協書籍部は国内のほかの書店でもよく売れていた『自己検閲 シンガポールの恥』を棚から自主的に外した（2000年）というのが現実の一端である[53]。また、10人以上の結社の登録を要請する団体法（Societies Act）（1967年成立）は政治活動の禁止を定める。そのため、政治団体である野党は一般の外部組織と連携して活動することが妨げられ政治動員などが困難になる一方、与党人民行動党は数多くの、さまざまなレベルの「草の根組織」と協働することが可能となる。何が政治であるかの範囲は政府が決定する。公的に集会を持つには、公的娯楽および会議法（Public Entertainments and Meetings Act）──1967年成立のPublic Entertainments Act を2000年、対象に「会議」も加えて修正──に基づいて

---

[48] Tan 2008: 74.
[49] The Constitution of the Republic of Singapore, Singapore Stutues Online.
[50] Ho 2000: 442.
[51] Tremewan 1994; Seow 1998: 218-213; Gomez 2000.
[52] Reuters, May 27, 2005.
[53] Gomez 2000.

終　章

警察の許可が必要であるが、野党が集会の許可を申請した場合には許可が下りないことも少なくない[54]とされる。

　シンガポールにおける「発言」の具体例をみてみよう。シンガポールでは兵役拒否（良心的兵役拒否を含む）、そして国歌斉唱・国旗掲揚・「誓い」の唱和の拒否という「発言」は認められていない。しかし、キリスト教の一派である「エホバの証人」──団体法で1972年以来、禁じられている──の信者たちはこうした「発言」をシンガポール政府による兵役拒否に対する厳しい処分にもかかわらず続けてきた。兵役拒否は収監に、国歌斉唱・国旗掲揚・「誓い」の唱和の拒否は児童や生徒であれば教育省による停学処分に、教員であれば失職になる。[55] 国歌斉唱などの拒否を続ける子どもたちの場合、公立校に戻ることはできない。

　いわゆる「マルクス主義者政府転覆計画」事件（1987年）では外国人労働者の人権擁護に携わっていたカトリック教会関係のソーシャル・ワーカーや学生、弁護士ら22人が共産主義国家建設を目指し政府転覆を謀ったとして国内治安法違反によって逮捕、拘留された。この国内治安法の発動と同法による逮捕、拘留は、シンガポール政府がイスラエル大統領の公式招待（1986年12月）などでムスリムであるマレー系の人々の反感をかっていたため、シンガポール政府の宗教的中立を主張し、また高学歴者のキリスト教への帰依や政治活動を抑制することが目的であったと言われる。[56] ところが、この事件は事実誤認であるという国際的な抗議が巻き起こり、[57] 人権擁護のための国際的非政府組織（NGO）である国際法律家委員会（International Commission of Jurists）も調査を行った。[58] にもかかわらず、政府はこの事件を契機として1990年、宗教活動への政治活動の統合を禁止する宗教調和維持法（Maintenance of Religious Harmony Act）を成立させた。

54）　Gomez 2006: 108-117.
55）　*South China Morning Post*, March 24, 1999, in Singapore Window; *South China Morning Post*, December 31, 2001, in Singapore Window; *Singapore, Country Reports on Human Rights Practices 2005*, U.S. Department of State; *Amnesty International Report 2007*.
56）　Seow 1994.
57）　*New York Times* 電子版, June 21, 1987.
58）　Newsroom, International Commission of Juritsts(ICJ), October 12, 1987.

小説家のキャサリン・リムは1994年、ゴー・チョクトン首相に「越権行為」を激しく非難された。リムは『ストレーツ・タイムズ』掲載のコラムでゴー・チョクトン首相の統治スタイルが所信と違い、リー・クアンユー前首相の時代のように権威主義的になりつつあって好ましくないという見解を明らかにした[59]ところ、ゴー・チョクトン首相がリムは首相としての権威を尊重していない、政治的発言は政治家になってすべきであると論駁したのである。首相はリムがOBマーカーを越えたと判断したのであった。リムはすぐにゴー・チョクトン首相に謝罪したが、『ストレーツ・タイムズ』のコラムは執筆中止となり、再び同紙に執筆できるようになったのは2005年である。

　シンガポール政府や閣僚は野党からの批判や外国メディアの批判的な・好意的でない報道に対し、名誉毀損法（Defamation Act）によって野党や外国メディアを訴えたり、政府による当該出版物の販売許可部数を削減したりしてきた[60]。敗訴した被告に対しては常に巨額の賠償金が課され、破産法（Bankrupcy Act)[61]によって破産を宣告されると5年間被選挙権を奪われる。1981年、独立後初めて野党出身の議員となった、労働者党のジェヤレトナムやシンガポール民主党（Singapore Democratic Party）書記長チー・スンジュアン（Chee Soon Juan）は何度も政府閣僚に名誉毀損の罪で訴えられている。労働者党書記長を務めたジェヤレトナムは20年以上にわたる複数の訴訟の結果、2001年総選挙直前に破産を宣告され、非選挙区選出国会議員の地位を失うとともに立候補を阻まれた[62]。チーは2006年、リー・クアンユー元首相とゴー・チョクトン前首相に対する名誉毀損でシンガポール高等裁判所に50万ドルの支払いを命じられて破産し2011年までの被選挙権を失ったが、この破産手続きにおいて司法の独立性について疑問を呈したところ、法定侮辱罪にも問われた[63]。法廷侮辱の罪に対しチーは1日の収監と6,000ドルの罰金の代わりに、7日間の収監を選んだ。

　外国メディアに対しても政府は野党の場合と同じような行動をとっている。

---

59) *Straits Times*, November 20, 1994.
60) Seow 1998.
61) Seow 1998; *Singapore, Country Reports on Human Rights Practices 2005*, U.S. Department of State; *Amnesty International Report 2007*.
62) News Service, Nr.126, July 29, 2001, Amnesty International.
63) Newsroom, ICJ, March 16, 2006.

終　章

　1987年に起きた、いわゆる「マルクス主義者政府転覆計画」事件の報道で政府批判を行った『ファー・イースタン・エコノミック・レビュー (*Far Eastern Economic Review*)』はシンガポール政府によって9,000部から500部へと大幅な販売部数削減を言い渡され（1987年末）、同年中に自主的に販売中止を決定した。同誌編集長らは1988年にはリー・クアンユー首相によってシンガポール高裁に名誉毀損と虚偽の報道で訴えられ、翌年、判決に従って230,000ドルを支払った。[64] また、シンガポール政府が同政府に対する批判とみなす記事を掲載した『インターナショナル・ヘラルド・トリビューン (*International Herald Tribune*)』は名誉毀損で、1995年、ゴー・チョクトン首相、リー・クアンユー前首相、リー・シェンロン副首相の3人に対して計678,000米ドル、さらに、別の訴訟でリー・クアンユー前首相に対して214,285米ドルを、シンガポール高等裁判所に支払うよう命じられ、従った。[65] このほか、名誉毀損訴訟は『エコノミスト (*Economist*)』や『タイム (*Time*)』、『ニューズウィーク (*Newsweek*)』、2001年12月で廃刊になった『アジアウィーク (*Asiaweek*)』、『エイシャン・ウォール・ストリート・ジャーナル (*Asian Wall Street Journal*)』など外国メディアに対して数多く提起されてきた。[66]

　こうしたシンガポール国家における法の運用や政治のあり方に対し、国連人権委員会や国際法律家委員会、アムネスティ・インターナショナルなどは政府とは異なる見解を封じ、法の支配を否定するものとして、シンガポールの司法の政治的利用を非難してきた。[67] こうした非難にみられるように、人民行動党政権は政権維持の道具に司法を利用しており、ワーシントン（Ross Worthington）はシンガポールにおいて司法の政治的役割は否定できないと述べている。[68]

　街頭で演説ができる場所でも、「発言」は自由にできるわけではない。2000

---

64) Seow 1998: 165-168.
65) *New York Times* 電子版, July 27, 1995; Ibid., November 29, 1995.
66) たとえば、Davidson and Rubin, n.d.; News Service 141/98, Amnesty International; Seow 1998: ch.7.
67) United Nations 2000; Newsroom, ICJ, September 11, 1998 and March 16, 2006; *The State of the World's Human Rights 2007*. なお、国連人権委員会は2006年6月、国連人権理事会として発展的に解消した。
68) Worthington 2001.

年９月、政府がチャイナタウンに近い公園の一角に新しく設置した「スピーカーズ・コーナー（Speakers' Corner）」は、英国ロンドン、ハイド・パークにある誰でも自由に演説ができるスピーカーズ・コーナーを模したとされる。ところが、運用の実態はかなり異なる。シンガポールの「スピーカーズ・コーナー」で演説するにはシンガポール国民であることが条件であり、公園近くの警察に事前に届け出をしなければならず、マイクが使えない、宗教的内容であってはならないなど、まったく自由に演説ができるわけではない。言うまでもなく、シンガポール国家のすべての法がこのスピーカーズ・コーナーでも適用される。スピーカーズ・コーナーは開かれた社会への一歩とみることもできるが、一定の条件のもとで街頭演説が許されているという形式だけの場となりつつあると言って過言ではないと思われる。[69]

　インターネットを使った「発言」も近年では増えてきた。「発言」の場はシンガポール政治など特定の主題についてのウェブサイトであったり、オンライン・フォーラム、個人のブログであったりする。シンガポールでインターネット接続環境にある世帯は2000年の全世帯の50％から2006年には同じく71％にのぼっているが、[70]接続業者３社はすべて、政府系企業の所有である。そのため、シンガポール政府はインターネット上の情報やインターネットの利用者を容易に監視できる立場にある。また、1996年制定のクラス・ライセンス・スキーム（Class Licence scheme）に基づいて「政治的、または宗教的」問題を扱うサイトは政府に登録する義務があるのみならず、そのようなサイトの主宰者は主宰するサイトの内容に責任を負わねばならないなど、政府はインターネットにも規制の網を広げている。

　「発言」する社会的・政治的なウェブサイトとしては、『ストレーツ・タイムズ』の投稿欄「フォーラム（Forum）」に掲載を拒否されたり、原文を台なしにされたりした投稿を集めた「ノット・ザ・ストレーツ・タイムズ・フォーラム・ページ（Not the Straits Times Forum Page）」を公開していた「シンガポール・インターネット・コミュニティ（Singapore Internet Community）」、いわゆ

---

69) *FEER*, November 9, 2000; AFP, June 16, 2003.
70) Key Findings, *Annual Survey on Infocomm Usage in Households and By Individuals for 2006*, available at http://www.ida.gov.sg/.

る「シンターコム (Sintercom)」のように政府の登録要請を拒否して閉鎖し (2001年8月)、シンガポール国外に本拠を移したサイト——「ニュー・シンターコム (New Sintercom)」として再出発——や「シンガポーリアンズ・フォー・デモクラシー (Singaporeans for Democracy)」、「ザ・インテリジェント・シンガポーリアン (The Intelligent Singaporean)」のようにある時期から更新を行わなくなった、シンガポール国内にサーバーを置くウェブサイトがある[71] (2008年6月現在)。他方、シンガポール政府とは異なった見方をとる新聞や雑誌の記事を紹介する「シンガポール・ウインドウ (Singapore Window)」のようにもともと国外から発信するサイトもある。[72]

インターネット上ではOBマーカーが無視されていてもシンガポール政府が大目にみている場合もままあるが、政府の監視の目も光る。[73]たいていのシンガポール人はOBマーカーを心得ているとされる[74]ものの、OBマーカー破りの政府による摘発も例外ではない。2005年には、ある政府機関がシンガポール人留学生のブログでの政府奨学金についての書き込みに対し名誉毀損に当たるとの警告を当の留学生に電子メールで発したことを受けて、その留学生が警告を発した政府機関に謝罪しブログを閉鎖した事件、マレー系シンガポール人に対する人種差別的な書き込みを行った中国系シンガポール人のブロガーが煽動防止法 (Sedition Act) で逮捕された事件があった。[75]インターネットに対する政府規制の最も根本には、2003年11月のコンピューター誤用法 (Computer Misuse Act) の修正に伴い、政府がサイバー・テロを未然に防止するために国内のコンピューターにアクセスできるということが指摘できる。もっとも、同法修正以前に内務省 (Ministry of Home Affairs) がある接続業者を通じて、契約の約半数のコンピューターに秘密裏にアクセスした事実が明らかになったことがある。上記の事例や法からは必ずしも政府の意に沿わない見解を公表したり意見交換した

---

71) 順に、http://www.sintercom.org/およびhttp://www.newsintercom.org/、http://www.sfdonline.org/、http://intelligentsingaporean.wordpress.com/。
72) Available at http://www.singapore-window.org/.
73) Rodan 2003.
74) Ho 2000: 441.
75) 順に、*Singapore, Country Reports on Human Rights Practices 2005*, U.S. Department of State、*Asia Times Online*, December 1, 2005.

りする「代替的な」ネット空間の拡大は、ホー (Ho, K. C.) らの予測のように[76)]は楽観できないと思われる。

　「発言」にあたる言動にはこのようにさまざまな制約が課され、「発言」抑止に働いている。シンガポール政府はところが、国民の黙従を望んでいるわけではない。行政国家化と政府に批判的な言動の抑圧、政府による国民の懐柔に特徴づけられる人民行動党政権の統治様式に国民の政治的無関心が由来すると言って過言ではないにもかかわらず、むしろそれを政府は問題視する。政府はシンガポール社会への帰属感の希薄さが政治的無関心につながっているとして、一般国の社会参加の拡大にその解決を求める。リー・シェンロン副首相が2004年1月、また首相就任後の同年8月のナショナル・デー大会演説において、社会がますます開かれたものにならねばならないと明言したのはこうした文脈に[77)]おいてであった。しかし、ここで言及されている社会の開放性とはあくまでシンガポール政府が望む枠内での国民の政治的関与を意味し、期待されているのは『シンガポール21』(1999年)で表明された「公民社会 (civic society)」における「能動的な市民 (active citizenship)」である。政府はしかも、一人ひとりが良識を働かせて自己検閲することが望ましいとする。[78)]

　「公民社会」とはどのようなものか。シンガポールの社会学者チュア (Chua Beng Huat) によれば、市民の諸権利を強調する「市民社会 (civil society)」とは違い、市民の諸義務を強調するのが「公民社会」であり、同政府が好む社会のあり方である。[79)]シンガポール社会の諸問題を自分自身のものとして捉え、社会をよくするために活動するのが「能動的な市民」であり、「能動的な市民」はシンガポール国家の常なる繁栄に向けての望ましい諸価値および諸原則――[80)]実力主義、実利主義、清廉な政府、政治的安定、人種および宗教の調和、社会の基盤である家族の強い絆、そしてシンガポール国家への深い愛情――に導かれねばならないとされる。[81)]意図するしないにかかわらず、政府の立場を危うく

---

76)　Ho, *et al.*, 2002.
77)　*Straits Times* 電子版 January 7, 2004; Singapore Government Media Release, August 31, 2004.
78)　Yeo and Arun 1998.
79)　Chua 2000: 63.

終　章

するような批判は問題外であり、「能動的な市民」の見解は建設的で立場をわきまえたものでなければならず、メディアは政府が主導する国家建設に向けて建設的な役割を担うべきで、政府批判や独自の議題設定、調査報道に関わるなど米国のメディアのようであってはならないのである[82]。シンガポール独自の「公民社会」とは、国家と行政に積極的に協力し、国家と行政との一体性が高い市民から成る社会と考えられる。

　「国民教育」——外国で生活するシンガポール人の増大に伴い、2007年よりシンガポール人的心性や帰属感を強化して子どもたちがシンガポールを故郷と考えるように改定された[83]——や奉仕活動を行う地域社会参加プログラム（community involvement programmes）と社会活動におけるリーダーシップやシンガポール国籍を持つとはどのようなことを意味するのかについて学ぶ、シンガポール人としての性格形成をしていくさまざまなプログラム（character development programmes）を含むその授業と並行して行われる活動（co-curricular activities）[84]は「能動的な市民」の形成に寄与するものと言えよう。授業と並行して行われる活動は1999年まで課外活動（extra-curricular activities）と呼ばれていた活動であり、その名称の変更は能力重視型の学校教育における基軸性を明確に示すためのものであった。大学入試において授業と並行して行われる活動が得点として加算されることによっても明らかである[85]。

　シンガポール政府が理想とする「公民社会」像とは、あくまで政府がシンガポール社会の中心であって「能動的な市民」が政府を支える社会であり、数々

80）　シンガポールは世界で最も汚職の少ない国家のひとつにランクされている（Transparency International Annual Report 2007, available at http://www.transparency.org/.）。なお、閣僚と上級公務員の給与水準は世界最高の水準にあり、2008年からは2割増しで首相は年俸376万ドル、閣僚は年俸194万ドルである（*Straits Times*, December 14, 2007）。政府は優秀な人材の獲得と民間への人材の流出の防止を掲げ、同国に拠点を置く世界的な多国籍企業のトップなどの年俸を参考に給与水準を決定する。政府閣僚などは政府が掲げる実力主義、人材重視の格好の例なのである。参考までに、首相の給与は米国大統領のおよそ5倍である。
81）　*Singapore 21*: chs.1 & 6.
82）　*Straits Times* 電子版 January 7, 2004.
83）　Ministry of Education Press Release, March 7, 2007.
84）　Ibid., January 13, 2001.
85）　Ibid., February 2, 2000.

の達成ののち新しい時代の出発点にあたり多様性を許容しつつもシンガポール を最もすばらしい故郷 (home) にすべく国民が政府のもとで一丸となって前進 する社会と言えよう。[86]

たしかに、自由・権利がより保障されるような社会への展望を開こうと願う 「行動と研究のための女性協会 (Association of Women for Action and Research; AWARE)」や「シンガポール自然保護協会 (Nature Society of Singapore)」のよ うな非政府組織 (NGOs)、エリック・コーやジャック・ネオ (Jack Neo) のよ うな劇作家、ミスター・ブラウン (Mr.Brown) のようなブロガーなども存在す る。[87] こうした組織や個人はシンガポールの政治や社会について、建設的な提言 や問題提起的な芸術作品の発表などを積極的に行ってきた。たとえば、 AWAREは女性差別撤廃条約の実施状況について、シンガポール政府第3回報 告書に対し、AWARE独自の見解として『国連女性差別撤廃委員会第39会期の ための女性差別撤廃条約シャドー・レポート』を2007年、ネット上で、また印 刷物として公表した。[88] しかし、活動にはさまざまな制約が伴うため、[89] こうした 非政府組織や個人は決して多いとは言えない。

シンガポールは近年、経済的拡大のために労働力人口を増加させる必要上、 外国から労働者を受け入れることによって、人口を増加させる政策をとってい る。管理職や高級技術者など、シンガポール政府発行の雇用許可証を取得して いる場合、永住権がとりやすくなっている。しかしその反面、特に政府が国家 建設に必要とするシンガポール人高学歴層の海外への流出は途切れることなく 続いている。そのような「離脱」してしまうかもしれない在外シンガポール人 の目を本国に向けさせる方策も実施されている。[90] 一方、グローバル化の影響と 政府のグローバル化政策の推進、さらにはシンガポール政府は長年、福祉政策 を採ってこなかったために、いっそう貧富の差は拡大しつつある。しかし、こ

---

86) *Straits Times* 電子版 January 7, 2004.
87) Rodan 1996: 37-39; Chua 2003; chs.9 & 10.
88) *CEDAW Shadow Report, for the 39th CEDAW session (July-August 2007)*, CEDAW Committee, May 2007, available at http://www.aware.org.sg/.
89) 田中(弥)2001.
90) これを「遠隔地ナショナリズム」(Anderson 1992=1993) と言うこともできる。

のような貧富の格差の拡大が社会の安定を阻害するのは当然である。それを防ぐために、シンガポール政府にとって貧困層への経済的支援が緊喫の課題となりつつある。

　このような現状においては、政府は、先に述べた「離脱兼発言」とみられる人々の意見に謙虚に耳を傾け、シングリッシュをシンガポール独自の文化として認め、CPFやHDB、政府系の事業などを行う政府投資会社に関する情報公開も行い、シンガポール社会をいっそう開かれたものにしていく努力が必要と思われる。シンガポール政府が考える公民社会へではなく、シンガポールに適合した、可能な限り政治的自由や権利が保障されるような政治文化を持つ社会へという方向が望ましいと考えられる。

　政府が、シンガポールの芸術や文化が世界中から人を引きつけるような、南国の果物、ドリアンをかたどった舞台芸術施設エスプラネードの開館（2002年）など、創造都市への取り組みを始めていることにも示されるように、豊かな生活とは経済的な豊かさのみならず、心の豊かさにつながる文化的な豊かさも含むものであろう。[91]文化的な豊かさにはそれを支える権利や自由のいっそうの拡大、保障が必然的に含まれる。しかしながら現実には、外国人をシンガポールに引きつけているのはシンガポールに在住すれば経済的な利益を得る機会が多いという事実であり、いわゆるシンガポール・システムと呼びうるものである。リー・シェンロン副首相は「シンガポールは国家であり、単なる経済圏ではない」と述べた（1998年）[92]が、現実には経済的繁栄のみが尊ばれ、シンガポールに在住してシンガポールを踏み石のようにして富裕となり、さらにそれを糧にしてさらなる富裕を求めて米国など他国へ渡る外国人が増えるのは当然の結果であると思われる。シンガポールが今以上に自由や権利を保障し、いっそうの文化的な豊かさを備えるならば、上に述べたような「いびつな」経済的な魅力を凌駕するに違いない。そのような社会が実現されるならば、高学歴シンガポール人の流出も止まり、さらにはシンガポールにずっと住んでいたいという外国人、しかもシンガポール国家に寄与するような外国人が増え、定着し永住す

---

91) *Renaissance City Report: Culture and Arts in Renaissance Singapore*、および*New Challenges, Fresh Goals: Towards a Dynamic Global City* 等参照。
92) Lee 1998: 2.

るようになる結果が生まれるのは必然であろう。

　強権的統合には限界があることは「ベルリンの壁」の崩壊（1989年）が示している。強い結びつきというよりは緩やかな結びつき、細かで厳しい統制よりは緩やかな規制によって、文化的な豊かさとそれを支える権利や自由がさらに保障され、政府と国民との信頼関係に基づく、「恐怖の蔓延」することのない、国家と社会を構築してゆくことこそ、シンガポールにおいて多様性の中の統一を実現する国民統合を推進することになるであろう。

参考文献

Afendras, Evangelos A. and Eddie C. Y. Kuo, eds., 1980, *Language and Society in Singapore*, Singapore: Singapore University Press.
明石陽至, 1997,「日本軍政下のマラヤ・シンガポールにおける文教政策―――一九四一―――一九四五年」倉沢愛子編,『東南アジア史のなかの日本占領』.
Alatis, J. and C. A. Straehle. 1997. "The Universe of English: Imperialism, Chauvinism, and Paranoia," Smith, Larry E. and Michael L. Forman, eds., *World Englishes 2000*, Honolulu: University of Hawaii and the East-West Center.
Amarles, Bienvenieda M., 1990, "Female Migrant Labor: Domestic Helpers in Singapore," *Philippine Journal of Public Administration*, 34.
Anderson, Benedict, 1991, *Imagined Communities: Reflections on the Origin and Spread of Nationalism*, Revised Edition, London: Verso. (= 1997, 白石隆・白石さや訳,『想像の共同体―――ナショナリズムの起源と流行』NTT出版.)
―――, 1992, "New World Disorder," *New Left Review*, No. 193, 3-13. (= 1993, 関根政美訳,「＜遠隔地ナショナリズム＞の出現」(抄訳)『世界』9月号).
Ang, Ien, 2001, *On Not Speaking Chinese: Living Between Asia and the West*, London: Routledge.
Apter, David., 1965, *The Politics of Modernization*, Chicago: University of Chicago Press. (= 1968, 内山秀夫訳,『近代化の政治学』未来社.)
Arun, Mahizhnan and Lee Tsao Yuan, eds., 1998, *Singapore: Re-engineering Success*, Singapore: Oxford University Press.
Asher, Mukul G., 1993, "Planning for the Future: the Welfare System in a New Phase of Development," Rodan, Garry ed., *Singapore Changes Guard*.
Austin, W. Timothy, 1989, "Crime and Control," Sandhu, Kernial Singh and Paul Wheatley, eds., *Management of Success: the Moulding of Modern Singapore*.
Babb, Lawrence A., 1976, "Patterns of Hinduism," Hassan, Riaz, ed., *Singapore: Society in Transition*.
Baetens Beardsmore, Hugo, 1998, "Language Shift and Cultural Implications in Singapore," Gopinathan, S. Ann Pakir, Ho Wah Kam and Vanithamani Saravanan, eds., *Language, Society, and Education in Singapore: Issues and Trends,* Second edition.
Barbagli, Marzio, Marcello Dei, 1969, "Socialization into Apathy and Political Subordination," (= 滝充訳,「無関心と服従への政治的社会化」潮木守一・天野郁夫・藤田英典編訳, 1980『教育と社会変動 下 教育社会学のパラダイム展開』.)
Barr, Michael D. and Jevon Low, 2005, "Assimilation as Multiracialism: the Case of Singapore's Malays," *Asian Ethnicity*, 6.
Barth, Fredrik, c1969, "Introduction," Barth, ed., *Ethnic Groups and Boundaries: the Social Organization of Culture Difference*, Bergen: Universitetsforlaget. (= 1996, 内藤暁子・行木敬訳,「エスニック集団の境界」青柳まちこ編・監訳,『「エスニック」とは何か』新泉社.)
Bello, Walden and Stephanie Rosenfeld, 1992, *Dragons in Distress: Asia's Miracle Economies in Crisis*, London: Penguin. First published in the USA by the Institute of Food and

Development Policy, San Francisco, 1990.
Bellows, Thomas J., 1990, "Singapore in 1989: Progress in a Search for Roots," *Asian Survey*, 30.
Benjamin, Geoffrey, 1976, "The Cultural Logic of Singapore's 'Multiracialism,'" Hassan, Riaz, ed., *Singapore: Society in Transition*.
Berger, Peter L., Brigitte Berger, and Hansfried Kellner, 1970, *The Homeless Mind: Modernization and Consciousness*. (=1977, 高山真知子・馬場伸也・馬場恭子訳, 『故郷喪失者たち 近代化と日常意識』新曜社.)
バーンステイン (Bernstein), B. B. 1980, 佐藤智美訳、「社会階級・言語・社会化」、潮木守一・天野郁夫・藤田英典編訳, 『教育と社会変動 下 教育社会学のパラダイム展開』.
Buchanan, Iain, 1972, *Singapore in Southeast Asia: An Economic and Political Appraisal*, London: Bell and Sons.
蔡 (Cai) 史君, 1997, 「日本軍政のインパクトと教訓――シンガポールからの視点」倉沢愛子編, 『東南アジア史の中の日本占領』.
Castells, Manuel., L. Goh and R. Y-W. Kwok, 1990, *The Shek Kip Mei Syndrome: Economic Development and Public Housing in Hong Kong and Singapore*, London: Pion.
Central Provident Fund Study Group, 1986, *Singapore Economic Review, 31*, Special Issue: Report of the Central Provident Fund Study Group, Singapore: Department of Economics and Statistics, National University of Singapore.
Chan, Heng Chee, 1975, "Politics in an Administrative State: Where Has the Politics Gone," Seah Chee Meow, ed. *Trends in Singapore*, Singapore: Singapore University Press.
Chan, Heng Chee and Hans-Dieter Evers, 1978, "National Identity and Nation Building in Southeast Asia," Chen, Peter S. J. and Hans-Dieter Evers, eds., *Studies in ASEAN Sociology: Urban Society and Social Change*.
Chan, Kwok Bun, c1994, "The Ethnicity Paradox: Hong Kong Immigrants in Singapore," Skeldon, Ronald, ed., *Reluctant Exiles?: Migration from Hong Kong and the New Overseas Chinese*, Armonk, New York: M.E. Sharpe. (=1997, 野村亨訳, 「エスニシティ・パラドックス――シンガポールにおける香港中国人移民」可児弘明・森川眞規雄・吉原和男監訳『香港を離れて――香港中国人移民の世界』行路社.)
Chee, Soon Juan, 2005, *The Power of Courage: Effecting Political Change in Singapore through Nonviolence*, Forwards by Francis T. Seow & Robert L. Helvey, Introduction by J. B. J. Jeyaretnam, Singapore: Melodies Press.
Chen, Peter S. J., 1983, "Singapore's Development Strategies: A Model for Rapid Growth," Chen, ed., *Singapore Development Policies and Trends*.
――, ed., 1983, *Singapore Development Policies and Trends*, Singapore: Oxford University Press.
Chen, Peter S. J. and Hans-Diter Evers, eds., 1978, *Studies in ASEAN Sociology: Urban Society and Social Change*, Singapore: Chopmen Publishers. (=1988, 木村陸男訳, 『シンガポール社会の研究』(抄訳) めこん.)
Chen, Peter S. J. and James T. Fawcett, eds., 1979, *Public Policy and Population Change in Singapore*, New York: Population Council.
Chen, Peter S. J., Eddie C. Y. Kuo and Betty Jamie Chung, 1982, *The Dilemma of Parenthood: A Study of the Value of Children in Singapore*, Singapore: Maruzen Asia, issued under the auspices of the Institute of Southeast Asian Studies.
Chen, Peter S. J. and Tai Ching Ling, 1977, *Social Ecology of Singapore*, Singapore: Federal

参考文献

Publications.
Cheng, Lim-Keak, 1985, *Social Change and the Chinese in Singapore: A Socio-Economic Geography with Special Reference to Bang Structure*, Singapore: Singapore University Press.
Cheng, Siok Hwa, 1980, "Recent Trends in Female Labour Force Participation in Singapore," *Southeast Asian Journal of Social Science*, 8.
Chew, Phillis G. L. and Anneliese Kramer-Dahl, eds., 1999, *Reading Culture: Textual Practices in Singapore*, Singapore: Times Academic Press.
Chew, Soon Beng, 1990, "Brain Drain in Singapore: Issues and Prospects," *Singapore Economic Review*, 35.
Chew, Soon Beng and Rosalind Chew, 1992, *The Singapore Worker: A Profile*, Singapore: Oxford University Press.
Chiew, Seen Kong, 1999, "National Identity, Ethnicity and National Issues," Quah, Jon S.T. ed., *In Search of Singapore's National Values*.
Chong, Kim Chang, Tham Yew Fang and Shium Soon Kong, 1985, "Housing Schemes: Policies and Procedures," Wong, Aline K. and Stephen H. K. Yeh, eds., *Housing A Nation: 25 Years of Public Housing in Singapore*.
Chua, Beng Huat, 1997a, *Commmunitarian Ideology and Democracy in Singapore*, London: Routledge, First published 1995, First published in paperback 1997.
――, 1997b, *Political Legitimacy and Housing: Stakeholding in Singapore*, London: Routledge.
――, 2000, "The Relative Autonomies of State and Civil Society in Singpore," Koh, Gillian and Ooi Giok Ling, eds., *State-Society Relations in Singapore*.
――, c2003, *Life Is Not Complete Without Shopping: Consumption Culture in Singapore*, Singapore: Singapore University Press.
Chua, Wee Meng and Ho Koon Ngiap, 1975, "Financing Public Housing," Yeh, Stephen H. K., ed., *Public Housing in Singapore: Multi-Disciplinary Study*.
Clammer, John R., 1980, "Religion and Language in Singapore," Afendras, Evangelos A. and Eddie C. Y. Kuo, eds., *Language and Society in Singapore*.
――, 1993, "Deconstructing Values: the Establishment of a National Ideology and its Implications for Singapore's Political Future," Rodan, Garry, ed., *Singapore Changes Guard*.
Clark, David H., 1971, "Labour Market and Industrial Relations," You Poh Seng and Lim Chong Yah, eds., *The Singapore Economy*.
Coclanis, Peter A., 1993, "Twice as Less, *Lah*: Language, Logic and Economic Development," *Sojourn*, 8.
Conner, Walker, 1972, "Nation-Building or Nation-Destroying?", *World Politics*, 24.
Coulmas, Flolrian, 1992, *Die Wirtschaft mit der Sprache*, Frankfurt a.M.: Suhrkamp Verlag.（= 1993, 諏訪功・菊池雅子・大谷弘道訳, 『ことばの経済学』大修館書店.）
Crewe, William, 1977, "Singapore English as A Non-native Dialect," Crewe, William, ed., *English Language in Singapore*.
Crewe, William, ed., 1977. *English Language in Singapore*, Singapore: Eastern University Press.
Crystal, David, 1998, *English as a Global Language*, Canto Edition, Cambridge: Cambridge University Press, First published in 1997 by Cambridge University Press.（= 1999、國弘正雄訳『地球語としての英語』みすず書房.）
Da Cunha, Derek, c1997, *The Price of Victory: The 1997 Singapore General Election and Beyond*,

Singapore: Institute of Southeast Asian Studies.
Davidson, Gail and Howard Rubin, n.d., *Defamation in Singapore: Report to LRWC in the Matter of Joshua Benjamin Jeyaretnam and Two Appeal in the Court of Appeal of the Republic of Singapore*, Lawyers' Rights Watch Canada, available at http://www.lrwc.org/.
Dayan, Daniel and Elihu Katz, 1992, *Media Event: the Live Broadcasting of History*, Cambridge, MA: Harvard University Press.（＝1996，浅見克彦訳『メディア・イベント——歴史をつくるメディア・セレモニー』青弓社.）
De Souza, Dudley, 1980, "The Politics of Language: Language Planning in Singapore," Evangelos A. Afendras and Eddie C. Y. Kuo, eds., *Language and Society in Singapore*.
Delbridge, A. *et al.*, eds., 1999, *Macquarie Junior Dictionary: World English-Asian Context*, North Ryde, NSW: Macquarie Library.
Deutsch, Karl W., 1969, *Nationalism and its Alternatives*, New York: Alfred A. Knopf,（＝1975，勝村茂・星野昭吉訳『ナショナリズムとその将来』勁草書房.）
Deyo, Frederic C., 1981, *Dependent Development and Industrial Order: An Asian Case Study*, New York: Praeger Publishers.
Dore, Ronald, P., 1976, *The Diploma Disease: Education, Qualifications and Development*, London: George Allen and Unwin.（＝1978，松居弘道訳，『学歴社会　新しい文明病』岩波書店.）
Eisenstadt, S. N., c1966, *Modernization: Protest and Change*, Engelwood Cliffs, New Jersey: Prentice Hall.（＝1969，内山秀夫・馬場晴信訳，『近代化の挫折』慶応通信.）
Fawcett, James T., 1979, "Singapore's Population Policies in Perspective," Chen, Peter S. J. and James T. Fawcett, eds., *Public Policy and Population Change in Singapore*.
Fawcett, James T. and Siew Ean Khoo, 1980, "Singapore: Rapid Fertility Transition in a Compact Society," *Population and Development Review*, 6.
Fishman, Joshua A., c1968, "Nationality-Nationalism and Nation-Nationism," Fishman, J. A. *et al.*, eds., *Language Problems of Developing Nations*, New York: John Wiley & Sons.
Foley, Joseph A., 2001, "Is English a First or Second Language in Singapore?," Ooi, Vincent B. Y., ed., *Evolving Identities*.
Foucault, Michel, 1975, *Surveiller et Punir: Naissance de la Prison*.（＝1977，田村淑訳，『監獄の誕生　監視と処罰』新潮社.）
藤岡信勝（代表），2007,『新しい歴史教科書』改訂版，扶桑社.
藤田英典，1993,「学校文化への接近」，木原孝博・武藤孝典・熊谷一乗・藤田英典編著『学校文化の社会学』.
藤原帰一，1998,「ナショナリズム・冷戦・開発——戦後東南アジアにおける国民国家の理念と制度」東京大学社会科学研究所編，『20世紀システム4　開発主義』東京大学出版会.
——，2001,『戦争を記憶する——広島・ホロコーストと現実』講談社.
福井憲彦，1996,「国民国家の形成」井上俊編『岩波講座　現代社会学24　民族・国家・エスニシティ』岩波書店.
古川隆久，1998,『皇紀・万博・オリンピック　皇室ブランドと経済発展』中央公論社.
Gamba, Charles, 1954, "Some Social Problems in Singapore," *Australian Quarterly*, 26.
Gamer, Robert, 1972, *The Politics of Urban Development in Singapore*, Ithaca: Cornell University Press.
Gellner, Earnest, 1983, *Nations and Nationalism*, Oxford: Basil Balckwell.（＝2000，加藤節監訳,『民族とナショナリズム』岩波書店.）

参考文献

George, Cherian, 2000, *Singapore: The Air-conditioned Nation*, Singapore: Landmark Books.
George, T. J. S., 1973, *Lee Kuan Yew's Singapore*, London: Andre Deutsch.
Glazer, Nathan, and Daniel P. Moynihan, 1963, *Beyond the Melting Pot: The Negroes, Puertoricans, Jews, Italians, and Irish of New York City*, Cambridge, Mass.: MIT Press.（＝1986, 阿部斉・飯野正子訳,『人種のるつぼを越えて——多民族社会アメリカ』南雲堂.）
合田美穂, 2001.「シンガポールにおける華人青少年の伝統行事に対する態度」『立命館言語文化研究』13.
Goh, Keng Swee, 1995, *The Economics of Modernization*, Singapore: Federal Publications, First published in 1972 by Asia Pacific Press.
——, 1995, *The Practice of Economic Growth*, Singapore: Federal Publications, First published in 1977.（＝1983, 渡辺利夫・高橋宏・荒井茂夫訳,『シンガポールの経済発展を語る』勁草書房.）
Goh, Nguen Wah, 1999, *Mother Tongue: What It Means to Singapore*, Singapore: SNP Publishers.
Gomez, James, c2000, *Self-censorship: Singapore's Shame*, Singapore: THINK Centre.
——, 2006, "Restricting Free Speech: The Impact on Opposition Parties in Singapore," *Copenhagen Journal of Asian Studies*, 23.
Gopinathan, Saravanan, 1976, "Towards A National Educational System," Hassan, Riaz, ed., *Singapore: Society in Transition*.
——, 1980, "Language Policy in Education: A Singapore Perspective," Afendras, Evangelos A. and Eddie C. Y. Kuo, eds., *Language and Society in Singapore*.
——, 1998, "Language Policy Changes 1979-1997: Politics and Pedagogy," S. Gopinathan, Ann Pakir, Ho Wah Kam and Vanithamani Saravanan, eds., *Language, Society and Education in Singapore*, Second edition.
Gopinathan, S., Ann Pakir, Ho Wah Kam and Vanithamani Saravanan, eds., 1998, *Language, Society and Education in Singapore: Issues and Trends*, Second edition, Singapore: Times Academic Press.
Graham, Elspeth, 1995, "Singapore in the 1990s: Can Population Policies Reverse the Demographic Transition?," *Applied Geography*, 15.
Gupta, Anthea Fraser, 1994, "The Truth about Singapore English," *English Today*, 38.
——, 1997, "Moral English," *English Today*, 13.
——, 1998, "The Situation of English in Singapore," Foley, Joseph A. et al., *English in New Cultural Contexts: Reflections from Singapore*, Singapore: Oxford University Press.
原不二夫, 1997,「日本のマラヤ占領と華人社会」倉沢愛子編,『東南アジア史のなかの日本占領』.
Hassan, Riaz, 1976, "Public Housing," Hassan, Riaz, ed., *Singapore: Society in Transition*,
——, ed., 1976, *Singapore: Society in Transition*, Kuala Lumpur: Oxford University Press.
——, 1977, *Families in Flats: A Study of Low Income Families in Public Housing*, Singapore: Singapore University Press.
Higgleton, Elaine and Vincent B. Y. Ooi, eds., 1997, *Times-Chambers Essential English Dictionary*, Second edition, Singapore: Federal Publications.
Hill, Michael and Lian Kwen Fee, 1995, *The Politics of Nation Building and Citizenship in Singapore*, London: Routledge.
Hirschman, Albert O., 1970, *Exit, Voice, and Loyalty: Response to Decline in Firms, Organizations,*

and States, Cambridge: Harvard University Press.（＝2005，矢野修一訳，『離脱・発言・忠誠——企業・組織・国家における衰退への反応』ミネルヴァ書房.）
Hirschman, Charles, 1987, "The Meaning and Measurement of Ethnicity in Malaysia: An Analysis of Census Classifications," *Journal of Asian Studies*, 46.
Ho, Chee Lick and Lubna Alsagoff, 1998, "Is Singlish Grammatical?: Two Notions of Grammaticality," Gopinathan, *et al*., eds., *Language, Society and Education in Singapore*, Second edition.
Ho, K. C., Zaheer Baber, and Habibul Khondker, 2002, "'Sites' of Resistance: Alternative Websites and State-society Relations," *British Journal of Sociology*, 53.
Ho, Khai Leong, 2000, "Citizen Participation and Policy Making in Singapore: Conditions and Predicaments," *Asian Survey*, 40.
Hobsbaum, Eric J. and Terence Ranger, eds., 1983, *The Invention of Tradition*, England: Press of the University of Cambridge.（＝1992，前川啓治・梶原景昭ほか訳『創られた伝統』紀伊國屋書店.）
Hobsbaum, Eric J., 1992, *Nations and Nationalism since 1780: Programme, Myth, Reality*, Cambridge: Cambridge University Press.（＝2001，浜林正夫ほか訳，『ナショナリズムの歴史と現在』大月書店.）
細川護貞，1953，『情報天皇に達せず——細川日記』同光社磯部書房.
Hudson, Chris, 2004, "Romancing Singapore: Economies of Love in a Shrinking Population," available at http://www.coombs.anu.edu.au/.
Human Rights Watch, 2005, *Maid to Order: Ending Abuses against Migrant Domestic Workers in Singapore*, New York: Human Rights Watch, available at hrw.org/.
Hussin Mutalib, 1992, "Singapore's Quest for A National Identity: the Triumphs and Trials of Government Policies," Ban, Kay Choon, *et al*., eds., *Imagining Singapore*, Singapore: Times Academic Press.
池田充裕，1993，「シンガポールにおける言語教育政策の展開と国民意識の変容——言語使用に関する調査分析を手がかりとして」『比較教育学研究』19.
Isajiw, W. W., 1974, "Definitions of Ethnicity," *Ethnicity*, 1.
石井進・五味文彦・笹山晴生・高埜利彦，2007，『詳説　日本史Ｂ』改訂版，山川出版社.
Islam, Iyanatul and Colin Kirkpatrick, 1986, "Export-led Development, Labour-market Conditions, and the Distribution of Income: the Case of Singapore," *Cambridge Journal of Economics*, 10.
岩崎育夫，1996，『リー・クアンユー——西洋とアジアのはざまで』岩波書店.
——，1998，「開発体制の起源・展開・変容　東・東南アジアを中心に」東京大学社会科学研究所編『20世紀システム　4　開発主義』東京大学出版会.
——，2005，『シンガポール国家の研究——「秩序と成長」の制度化・機能・アクター』風響社.
Jayasuriya, Kanishka, 2000, *The Rule of Law and Regimes of Exception in East Asia*, Perth: Asia Research Centre, Murdoch University.
Kachru, Braji B., 1983, "Models for Non-native Englishes," Kachru, ed., *The Other Tongue: English across Cultures*.
——, ed., 1983, *The Other Tongue: English across Cultures*, Urbana: University of Illinois Press.
Kamsiah Abdullah and Bibi Jan Ayyub, 1998, "Malay Language Issues and Trends," Gopinathan, S. Ann Pakir, Ho Wah Kam and Vanithamani Saravanan, eds., *Language, Society and*

Education in Singapore: Issues and Trends, Second edition.
Kandiah, Thiru and John Kwan-Terry, eds., *English and Language Planning: A Southeast Asian Contribution*, Singapore: Times Academic Press.
金子淳，2006，「戦争資料のリアリティー——モノを媒介とした戦争体験の継承をめぐって」『岩波講座　アジア・太平洋戦争6　日常生活の中の総力戦』岩波書店.
苅谷剛彦，2001，『階層化日本と教育危機　不平等再生産から意欲格差社会(インセンティブ・ディバイド)へ』有信堂高文社.
Kaye, Barrington, 1960, *Upper Nankin Street, Singapore: A Sociological Study of Chinese Households Living in a Densely Populated Area*, Singapore: University of Malaya Press.
風野寿美子，2003，『シンガポールの女性たち——資本主義とアジア的価値のはざまで』風野書房.
木原孝博・武藤孝典・熊谷一乗・藤田英典編著，1993，『学校文化の社会学』福村出版.
木下直之，2002，「戦争博物館のはじまり」『岩波講座　近代日本の文化史4　感性の近代1879——1910年代2』岩波書店.
Koh, Gillian and Ooi, Giok Ling, 2000, "Achieving State-Society Synergies," Koh and Ooi, eds., *State-Society Relations in Singapore*.
Koh, Gillian and Ooi, Giok Ling, eds., 2000, *State-Society Relations in Singapore*, Singapore: Oxoford University Press.
Koh, Tai Ann, 1980, "The Singapore Experience: Cultural Development in the Global Village," *Southeast Asian Affairs 1980*.
Koh, Tommy, 2000, "Reflections on Civil Society," Koh, Gillian and Ooi Giok Ling, eds., *State-Society Relations in Singapore*.
Kong, Lily, 1995, "Music and Cultural Politics: Ideology and Resistance in Singapore," *Transactions: Institute of British Geographers*, New Series, 20.
Kong, Lily and Brenda S. A. Yeoh, 1997, "The Construction of National Identity through the Production of Ritual and Spectacle: An Analysis of National Day Parades in Singapore," *Political Geography*, 16.
熊谷一乗，1993，「カリキュラムの社会学」木原孝博・武藤孝典・熊谷一乗・藤田英典編著『学校文化の社会学』.
Kuo, Eddie C. Y., 1977, "The Status of English in Singapore: A Sociolinguistic Analysis," Crewe, William, ed., *English Language in Singapore*.
——, 1984, "Mass Media and Language Planning: Singapore's "Speak Mandarin" Campaign," *Journal of Communication*, 34.
Kuo, Eddie C. Y. and Björn H. Jernudd, 1994, "Balancing Macro- and Micro-Sociolinguistic Perspectives in Language Management: The Case of Singapore," Kandiah, Thiru and John Kwan-Terry, eds., *English and Language Planning*.
倉沢愛子編，1997，『東南アジア史のなかの日本占領』早稲田大学出版部.
Kwok, Kian-Woon and Kwa Chong Guan, c1999, "Preface," Kwok Kian-Woon, Kwa Chong Guan, Lily Kong and Brenda Yeoh, eds., *Our Place in Time: Exploring Heritage and Memory in Singapore*.
Kwok, Kian-Woon, Kwa Chong Guan, Lily Kong and, Brenda Yeoh, eds., c1999, *Our Place in Time: Exploring Heritage and Memory in Singapore*, Singapore: Singapore Heritage Society.
Lai, Ah Eng, ed., 2004, *Beyond Rituals and Riots: Ethnic Pluralism and Social Cohesion in Singapore*, Singapore: Eastern University Press.

Lau, Wai Har, c1999, "Bridging the Gap between the Two Worlds: the Chinese-Educated and the English-Educated," Kwok, Kian-Woon, Kwa Chong Guan, Lily Kong and, Brenda Yeoh, eds., *Our Place in Time: Exploring Heritage and Memory in Singapore*.

Lazar, Michelle M., 1999, "Family Life Advertisements and the Narrative of Heterosexual Sociality," Phyllis G. L. Chew and Anneliese Kramer-Dahl, eds., *Reading Culture:Textual Practices in Singapore*.

Lee, Christine, Mary Cherian, Rahil Ismail, Maureen Ng, Jasmine Sim and Chee Min Fui, 2004, "Children's Experiences of Multiracial Relationships in Informal Primary School Settings," Lai, Ah Eng, ed., *Beyond Rituals and Riots: Ethnic Pluralism and Social Cohesion in Singapore*.

Lee, Gek Ling, 1994, "Is Singlish Becoming A Language of Prestige?," Da Cunha, Derek, ed., *Debating Singapore: Reflective Essays*, Singapore: Institute of Southeast Asian Studies.

Lee, Hsien Loong, 1998, "Singapore of the Future," Arun Mahizhnan and Lee Tsao Yuan, eds., *Singapore: Re-engineering Success*.

——, 2004, "Building A Civic Society," Speech by Duputy Prime Minister Lee Hsien Loong at the Harvard Club of Singapore's 35th Anniversary Dinner, available at http://www.unpan.org/.

Lee, Jean, Kathleen Campbell and Audrey Chia, 1999, *The Three Paradoxes: Working Women in Singapore*, Singapore: Association of Women for Action and Research.

リー・クアンユー (Lee, Kuan Yew), 黄杉華・呉俊剛編, 田中恭子訳, 1988, 『シンガポールの政治哲学』上・下, 井村文化事業社.

——, 田中恭子訳, 1993, 『中国・香港を語る』アジア文化叢書・8, 穂高書店.

——, 木村規子訳, 2001, 『目覚めよ日本：リー・クアンユー21の提言』たちばな出版.

Lee, Kuan Yew, 1983, "Talent for the Future (prepared text delivered at the National Day Rally on 14 August 1983)," cited in Saw Swee Hock, 1990, *Changes in the Fertility Policy of Singapore*.

Lee, Kuan Yew, 1998, *The Singapore Story: Memoirs of Lee Kuan Yew*, Singapore: Times Editions. (＝2000, 小牧利寿訳, 『リー・クアンユー回顧録』上, 日本経済新聞社.)

——, c2000, *From Third World to First: The Singapore Story 1965-2000 Memoirs of Lee Kuan Yew*, Singapore: Times Editions and Singapore Press Holdings. (＝2000, 小牧利寿訳, 『リー・クアンユー回顧録』下, 日本経済新聞社.)

李光一 (Lee, Kwand Il), 1985, 「エスニシティと現代社会——政治社会学的アプローチの試み」『思想』No.730.

Lee, Lai To, 1988, "Singapore in 1987: Setting a New Agenda," *Asian Survey*, 28.

Lee, William K.M., 1995, "Racial inequality in Singapore," *Journal of International and Comparative Social Welfare*, 11.

Leete, Richard, 1987, "The Post-demographic Transition in East and South East Asia: Similarities and Contrasts with Europe," *Population Studies*, 41.

——, 1994, "The Continuing Flight from Marriage and Parenthood among Overseas Chinese in East and Southeast Asia: Dimensions and Implications," *Population and Development Review*, 20.

Leggett, Chris, 1988, "Industrial Relations and Enterprise Unionism in Singapore," *Labour and Society*, 1.

Leong Wai Teng, 1989, "Culture and the State: Manufacturing Traditions for Tourism," *Critical Studies in Mass Communication*, 6.

参考文献

Lian, Kwen Fee, 1999, "The Nation-state and the Sociology of Singapore," Chew, Phillis G. L. and Anneliese Kramer-Dahl, *Reading Culture: Texual Practices in Singapore*.
Lily Zubaidah Rahim, 1998, *The Singapore Dilemma: The Political and Educational Marginality of the Malay Community*, Kuala Lumpur: Oxford University Press.
Lim, Chong Yah, 1983, "Singapore's Economic Development: Retrospect and Prospect," Chen, Peter S. J. ed., *Singapore Development Policies and Trends*.
Lim, Chong Yah and Ow Chwee Huay, 1971, "The Economic Development of Singapore in the Sixties and Beyond," You, Poh Seng, and Lim, Chong Yah, eds., *Singapore Economy*.
Lim, Chong Yah and Associates, 1988, *Policy Options for the Singapore Economy*, Singapore: McGraw-Hill. (=1995, 岩崎輝行・森健訳, 『シンガポールの経済政策』勁草書房.)
Lim, Hoon Yong, 1985, "Resettlement: Policy, Process, Impact," Wong, Aline K. and Stephen H. K. Yeh, eds., *Housing A Nation: 25 Years of Public Housing in Singapore*.
Lim, Linda, 1978, *Women Workers in Multinational Corporations: the Case of Electronics Industry in Malaysia and Singapore*, Ann Arbor, MI: University of Michigan.
――, 1983, "Singapore's Success: the Myth of the Free Market Economy," *Asian Survey*, 23.
――, 1989, "Social Welfare," Sandhu, Kernial Singh and Paul Wheatley, eds., *Management of Success*.
Lim, Linda and Pang Eng Fong, 1981, *Technology Choice and Employment Creation: A Case Study of Three Multinational Enterprises in Singapore*, Geneva: International Labour Office.
Lim, Lisa, 2001. "Ethinc Group Varieties of Singapore English: Melody or Harmony?," Ooi, Vincent B. Y. ed., *Evolving Identities: The English Langauge in Singapore and Malaysia*.
Lin, Vivian, 1984, "Productivity First: Japanese Management Methods in Singapore," *Bulletin of Concerned Asian Scholars*, 16.
Llamzon, T. A, 1977, "Emerging Patterns in the English Language Situation in Singapore Today," Crewe, ed., *The English Language in Singapore*.
Low, Linda, 1995, "Population Movement in the Asia Pacific Region: Singapore Perspective," *International Migration Review*, 29.
Low, Linda, Toh Mung Heng, Euston Quah and David Lee, 1993, "Economic Participation," Wong, Aline K. and Leong Wai Kum, eds., *Singapore Women: Three Decades of Change*, Singapore: Times Academic Press.
Low, Linda, Toh Mun Heng, and Soon Tech Wong, 1991, *Economics of Education and Manpower Development: Issues and Policies in Singapore*, Singapore: McGraw-Hill.
MacDougall, John A. and Chew, Sock Foon, 1976, "English Language Competence and Occupational Mobility in Singapore," *Pacific Affairs*, 49.
Mani, A. and S. Gopinathan, 1983, "Changes in Tamil Language Acquisition and Usage in Singapore: a Case of Subtractive Bilingualism," *Southeast Asian Journal of Social Science*, 11.
松澤俊雄・兒山真也, 2000,「シンガポールの都市発展と理想的交通政策」生田真人・松澤俊雄編,『アジアの大都市 3 クアラルンプル・シンガポール』日本評論社.
Mirza, Hafiz, 1986, *Multinationals and the Growth of Singapore's Economy*, London: Croom Helm.
Nair, C. V. Deban, 1994, "Forward," Seow, Francis T., *To Catch A Tartar*.
National Education Branch, Ministry of Education, 2003, "National Education in Schools," Tan, Kwang San Steven and Goh Chor Boon, eds., *Securing our Future: Sourcebook for Infusing National Education into the Primary School Curriculum*.

西川長夫，1998，『国民国家論の射程——あるいは＜国民＞という怪物について』柏書房．
ネウストプニー（Neustupny），J. V., 1982,『外国人とのコミュニケーション』岩波書店．
OECD, 1979, *The Impact of Newly Industrialising Countries on Production and Trade in Manufactures*, Paris: OECD（＝1980，大和田悳朗訳，『OECDレポート——新興工業国の挑戦』東洋経済新報社．）
岡部達味，1974,「シンガポールの中国政策」『アジア経済』15．
——, 1984,「シンガポールの二種言語政策」土屋健治・白石隆編，『東南アジアの政治と文化』東京大学出版会．
Ong, Jin Hui, 1989, "Community Security," Sandhu, Kernial Singh and Paul Wheatley, eds., *Management of Success: the Moulding of Modern Singapore*.
Ooi, Giok Ling, 1993, "The Housing and Development Board's Ethnic Integration Policy," Ooi, Giok Ling, Sharon Siddique and Soh Kay Cheng, *The Management of Ethnic Relations in Public Housing Estates*.
——, 1997, "Accountability for Quality Services in Singapore: A Case Study of Town Councils," *Regional Development Dialogue*, 18.
Ooi, Giok Ling, Sharon Siddique and Soh Kay Cheng, 1993, *The Management of Ethnic Relations in Public Housing Estates*, Singapore: Times Academic Press, for the Institute of Policy Studies.
Ooi, Vincent B. Y., 2001, "Introduction," Ooi, ed., *Evolving Identities*.
——, "Upholding Standards or Passively Observing Language?: Corpus Evidence and the Concentric Circles Model," Ooi, ed., *Evolving Identities*.
——, ed., 2001, *Evolving Identities: The English Langauge in Singapore and Malaysia*, Singapore: Times Academic Press.
太田勇，1994,『国語を使わない国——シンガポールの言語環境』古今書院．
Pakir, Anne, 1994, "Education and Invisible Language Planning: The Case of English in Singapore," Kandiah, Thiru and John Kwan-Terry, eds., *English and Language Planning*.
Palen, J. John, 1986, "Fertility and Eugenics: Singapore's Population Policies," *Population Research and Policy Review*, 5.
Pan, Lynn, 1989, "Playing the Identity Card: Culture Serves Politics in the Creation of a National Ideology," *Far Eastern Economic Review*, 9 February 1989.
Pang, Eng Fong, 1978, "Changing Patterns of Industrial Relations in Singapore," Chen and Evers, eds., *Studies in ASEAN Sociology*. （＝1988,「変容するシンガポールの労使関係」木村睦男訳,『シンガポール社会の研究』めこん，313-338．）
——, 1979, "Public Policy on Population, Employment, and Immigration," Chen and Fawcett, eds., *Public Policy and Population Change in Singapore*.
——, 1985, *Labour Market Changes and Industrialisation in Singapore*, Kuala Lumpur and Canberra: ASEAN-Australia Joint Research Project.
——, 1992, "Absorbing Temporary Foreign Workers: the Experience of Singapore," *Asian and Pacific Migration Journal*, 1.
——, 1993, *Regionalisation and Labour Flows in Pacific Asia*, Paris: OECD.
Pang, Eng Fong and Linda Lim, 1982, "Foreign Labor and Economic Development in Singapore," *International Migration Review*, 16.
Pendley, Charles, 1983, "Language Policy and Social Transformation in Contemporary

Singapore," *Southeast Asian Journal of Social Science*, 11.
Pennycook, Alastair, 1999, "The Contexts of Critical Reading and Writing: the Worldliness of Singaporean English," Chew, Phyllis G. L. and Anneliese Kramer-Dahl, eds., *Reading Culture: Textual Practices in Singapore*.
Phua, Lily and Brenda S.A. Yeoh, 2002, "Nine Months: Women's Agency and the Pregnant Body in Singapore," Brenda S.A. Yeoh, Peggy Teo and Shirlena Huang eds., *Gender Politics in the Asia-Pacific Region*, London: Routledge.
Platt, John T., 1977, "The Sub-varieties of Singapore English: their Sociological and Functional Status," William Crewe, ed., *English Language in Singapore*.
Pugh, Cedric, 1987, "Housing in Singapore: the Effective Ways of the Unorthodox," *Environment and Behavior*, 19.
——, 1989, "The Political Economy of Public Housing," Sandhu, Kernial Singh and Paul Wheatley, eds., *Management of Success: the Moulding of Modern Singapore*.
PuruShotam, Nirmala, 1989, "Language and Linguistic Policies," Sandhu, Kernial Singh and Paul Wheatley, eds., *Management of Success: the Moulding of Modern Singapore*.
Quah, Jon S. T., 1984, "Singapore in 1983: the Continuing Search for Talent," *Asian Survey*, 24.
——, 1985, "Singapore in 1984: Leadership Transition in an Election Year," *Asian Survey*, 25.
——, 1987, "Public Housing," Quah, Jon S. T., Chan Heng Chee and Seah Chee Meow, eds., *Government and Politics of Singapore, Revised edition*.
——, 1999, "Government Policies and Nation-Building," Quah, Jon S. T. ed., *In Search of Singapore's National Values*.
——, ed., 1999, *In Search of Singapore's National Values*, Reprinted with White Paper on "Shared Values." Singapore: Times Academic Press, for the Institute of Policy Studies.
Quah, Jon S. T., Chan Heng Chee and Seah Chee Meow, eds., 1987, *Government and Politics of Singapore,* Revised edition, Singapore: Oxford University Press.
Quah, Stella R., 1994, *Family in Singapore: Sociological Perspectives*, Singapore: Times Academic Press.
——, 1998, *Family in Singapore: Sociological Perspectives*, Second edition, Singapore: Times Academic Press.
Rajah, Ananda, c1999, "Making and Managing Traditions in Singapore: the National Day Parade," Kwok Kian-Woon, *et al.*, eds., *Our Place in Time: Exploring Heritage and Memory in Singapore*.
Richards, J. C., 1977, "Variations in Singapore English," Crewe, ed., *English Language in Singapore*.
——, 1983, "Singapore English: Rhetorical and Communicative Styles," Kachru, Braji B. ed., *The Other Tongue: English across Cultures*.
Richards, J. C. and M. W. J. Tay, 1977, The *La* Particle in Singapore English, Crewe, William, ed., *English Language in Singapore*.
Rodan, Garry, 1989, *The Political Economy of Singapore's Industrialisation: National State and International Capital*, London: Macmillan.（＝1992, 田村慶子・岩崎育夫訳,『シンガポール工業化の政治経済学――国家と国際資本』三一書房.）
——, 1992, "Singapore: Emerging Tensions in the 'Dictatorship of the Middle Class," *Pacific Review*, 5.

―――, ed., 1993, *Singapore Changes Guard: Social, Political and Economic Directions in the 1990s*, Melbourne: Longman Cheshire.
―――, 1996a, "Elections without Representation: the Singapore Experience under the PAP," Taylor, R. H., ed., *The Politics of Elections in Southeast Asia*, Cambridge: Cambridge University Press, and Woorrow Wilson Center Press.
―――, 1996b, "State-society Relations and Political Opposition in Singapore," Rodan, ed., *Political Opposition in Industrialising Asia*, London and New York: Routledge.
―――, 2003, "Embracing Electronic Media But Suppressing Civil Society: Authoritarian Consolidation in Singapore," *Pacific Review*, 16.
Rodringuez, S. J., ed., 2003, *Lee Kuan Yew, in his Own Words: Book 1, 1959-1970*, Singapore: SJ & Gavin International.
桜井啓子, 1995, 「教科書と人格形成」川口幸宏編著, 『新教育学講義』八千代出版.
Salaff, Janet W., 1988, *State and Family in Singapore: Restructuring A Developing Society*, Ithaca: Cornell University Press.
Salaff, Janet W. and Aline K. Wong, 1984, "Women's Work: Factory, Family and Social Class in an Industrializing Order," Jones, Gavin, ed., *Women in Urban and Industrial Workforce: Southeast and East Asia*, Canberra: Australian National University.
Sandhu, Kernial Singh, 1993, "Indian Immigration and Settlement in Singapore," Sandhu, Kernial Singh and A. Mani, eds., *Indian Communities in Southeast Asia*, Singapore: Times Academic Press.
Sandhu, Kernial Singh and Paul Wheatley, eds., 1989, *Management of Success: the Moulding of Modern Singapore*, Singapore: Institute of Southeast Asian Studies.
Saravanan, Vanithamani, 1998, "Language Maintenance and Language Shift in the Tamil-English Community," Gopinathan, S., Ann Pakir, Ho Wah Kam and Vanithamani Saravanan, eds., *Language, Society, and Education in Singapore: Issues and Trends*, Second edition.
佐々木宏幹, 1985, 「社会変動と宗教――シンガポール華人社会の事例から」『文化人類学』1.
佐藤次高・木村靖二・岸本美緒, 2007, 『詳説 世界史B』改訂版, 山川出版社.
Saw, Swee Hock, 1980, *Population Control for Zero Growth in Singapore*, Singapore: Oxford University Press.
―――, 1990, *Changes in the Fertility Policy of Singapore*, Singapore: Times Academic Press, for the Institute of Policy Studies.
Schofield, Janet W., 1995, "Improving Intergroup Relations among Students," Banks, J. A. and C. A. M. Banks, eds., *Handbook of Research on Multicultural Education*, New York: Macmillan.
Seah, Chee Meow, 1987, "Parapolitical Institutions," Quah, Jon S. T., Chan Heng Chee and Seah Chee Meow, eds., *Government and Politics of Singapore*, Revised edition.
Seah, Chee Meow and Linda Seah, 1983, "Education Reform and National Integration," Chen, Peter S. J., ed., *Singapore Development Policies and Trends*.
関根政美, 1994, 『エスニシティの政治社会学――民族紛争の制度化のために』名古屋大学出版会.
Sen, Amartya, 1999, *Economic Development as Freedom*, New York: Alfred A. Knopf. (= 2000, 石塚正彦訳, 『経済開発と自由』日本経済新聞社.)
Seow, Francis T., 1994, *To Catch A Tartar: A Dissident in Lee Kuan Yew's Prison*, New Haven: Yale Centre for International and Area Studies.

―――, 1998, *The Media Enthralled: Singapore Revisited*, Boulder, Colorado: Lynne Rienner.

Siddique, Sharon, 1993, "Ethnic Relations and Grassroots Organizations," Ooi Giok Ling, Sharon Siddique and Soh Kay Cheng, *The Management of Ethnic Relations in Public Housing Estates*.

Sieh, Lee Mei Ling, 1988, "Malaysian Workers in Singapore," *Singapore Economic Review*, 33.

シム・チュン・キャット (Sim, Choon Kiat), 2004,「シンガポールの教育とメリトクラシーに関する社会学的研究 再加熱装置としての技術教育校」『教育社会学研究』第74集.

Smith, Anthony D., 1986, *The Ethnic Origins of Nations*, Oxford: Basil Balckwell.（=1999, 巣山靖司・高城和義ほか訳,『ネイションとエスニシティ――歴史社会学的考察』名古屋大学出版会.).

Soh, Kay Cheng, 1993, "Ethnic Relations in Neighbourhood Schools," Ooi, Giok Ling, Sharon Siddique and Soh Kay Cheng, *The Management of Ethnic Relations in Public Housing Estates*.

Soon, Teck Wong, 1988, *Singapore's New Education System: Education Reform for National Development*, Singapore: Institute of Southeast Asian Studies.

Sullivan, Gerard and S. Gunasekaran, 1994, *Motivation of Migrants from Singapore to Australia*, Singapore: Institute of Southeast Asian Studies.

首藤もと子, 1997,「教育に見る日本軍政期の認識――インドネシアの歴史教科書を中心に」倉沢愛子編,『東南アジア史のなかの日本占領』.

鈴木正幸・泉拓良・馬田綾子・奥村弘・奥山研司・川北稔・河南一・木村博一・西宮秀紀・藤井譲治・森実・大阪書籍編集部, 2007,『中学社会 歴史的分野』大阪書籍.

竹内洋, 1995,『日本のメリトクラシー 構造と心性』東京大学出版会.

Talib, Ismail S., 1998, "Responses to the Language of Singaporean Literature in English," Gopinathan, *et al.* eds., *Language, Society and Education in Singapore*, Second edition.

Tamney, Joseph B., 1988, "Religion and the State in Singapore," *Journal of Church and State*, 30.

田村慶子, 2000,『シンガポールの国家建設――ナショナリズム、エスニシティ、ジェンダー』明石書店.

―――, 2002,「シンガポールのミドルクラス創出と政治意識」服部民夫・船津鶴代・鳥居高編,『アジア中間層の生成と特質』アジア経済研究所.

Tan, Alex and Ruth Wan, 2003, "Introduction to National Education (NE) in Singapore," Tan, Kwang San Steven and Goh Chor Boon, eds., *Securing our Future: Sourcebook for Infusing National Education into the Primary School Curriculum*.

Tan, Alvin Peng Hong, c1999, "Two Imaginings: the Past in Present Singapore," Kwok, Kian Woon, *et al.*, eds., *Our Place in Time: Exploring Heritage and Memory in Singapore*.

Tan, Eugene, K. B., 2008, "A Union of Gender Equality and Pragmatic Patriarchy: International Marriages and Citizenship Laws in Singapore," *Citizenship Studies*, 12.

Tan, Keng Joo Tony, Loh Choon Tong, Tan Sioe An, Lau Woh Cheong, and Kenson Kwok, 1985, "Physical Planning and Design," Wong, Aline K. and Stephen H. K. Yeh, eds., *Housing A Nation: 25 Years of Public Housing in Singapore*.

Tan, Kwang San Steven and Goh Chor Boon, eds., 2003, *Securing our Future: Sourcebook for Infusing National Education into the Primary School Curriculum*, Singapore: Pearson Education Asia.

Tan, Su Hwi, 1998, "Theoretical Ideals and Ideologized Reality in Language Planning," Gopinathan, S. Ann Pakir, Ho Wah Kam and Vanithamani Saravanan, eds., *Language, Society, and Education in Singapore: Issues and Trends*, Second edition.

田中克彦, 1999, 『ことばのエコロジー』筑摩書房.
田中恭子, 2002, 『国家と移民――東南アジア華人世界の変容』名古屋大学出版会.
田中弥生, 2001, 「シンガポール　権威主義的福祉国家の巧みなNGOコントロール」重冨真一編『アジアの国家とNGO15ヶ国の比較研究』明石書店.
田中善紀, 2001a, 「開発体制における社会的結束の維持――シンガポールにおける体制変容の研究」『政策科学』8.
――, 2001b, 「模索する市民社会――シンガポールにおける『市民社会』の発展」『政策科学』9.
――, 2002, 「市民社会とネーション・ビルディング――シンガポールとマレーシアの市民社会比較分析」『政策科学』9.
Tay, Mary Wan Joo, 1993, *The English Language in Singapore: Issues and Development*, Singapore: UniPress, for the Singapore Association for Applied Linguistics.
Teo, Siew Eng and Lily Kong, 1997, "Public Housing in Singapore: Interpreting 'Quality' in the 1990s," *Urban Studies*, 34.
Tham, Seong Chee, 1989, "The Perception and Practice of Education," Sandhu, Kernial Singh and Paul Wheatley, eds., *Management of Success: the Moulding of Modern Singapore*.
利谷信義, 1984, 「戦時体制と家族――国家総動員体制における家族政策と家族法」福島正夫編, 『家族　政策と法6　近代日本の家族政策と法』東京大学出版会.
Tremewan, Christopher, 1994, *The Political Economy of Social Control in Singapore*, New York: St. Martin's Press.
Trocki, Carl A., 2006, *Singapore: Wealth, Power and the Culture of Control*, London and New York: Routledge.
Trudgill, Peter and Jean Hannah, 1985, *International English: A Guide to Varieties of Standard English*, London: E. Arnold.
土屋健治, 1993, 「創られる国民国家――インドネシア独立記念日考」矢野暢編, 『講座・現代の地域研究　第三巻　地域研究のフロンティア』弘文堂.
Turnbull, Mary C., 1988, *A History of Singapore, 1819-1988*, Second edition, Singapore: Oxford University Press.
Tyabji, Amina and Lin, Kuo Ching, 1989, "The Financing of Public Housing in Singapore," *Southeast Asian Journal of Social Science*, 17.
United Nations (Commission on Human Rights, Economic and Social Council), 2000, *Civil and Political Rights including the Question of Freedom of Expression* (E/CN.4/2000/63), New York: United Nations.
潮木守一・天野郁夫・藤田英典編訳, 1980 『教育と社会変動　下　教育社会学のパラダイム展開』東京大学出版会.
Vasil, Raj, 2000, *Governeing Singapore: A History of National Development and Democracy*, St Leonards, NSW, Australia: Allen and Unwin, issued under the auspices of the Institute of Southeast Asian Studies, Singapore.
Wan, Fook Kee and Saw Swee-Hock, 1974, *Report of the First National Survey of Family Planning in Singapore*, Singapore: Singapore Family Planning and Population Board and National Statistical Commission.
Wee, Kenneth K. S., 1979, "Legal Aspects of Population Policies," Chen, Peter S. J. and James W, Fawcett, eds., *Public Policy and Polulation Change in Singapore*.

参考文献

Wilkinson, Barry, Chris Leggett and Somsong Patarapanich, 1986, "National Ideology, Technology and Employment: the Construction Industry in Singapore," *New Technology, Work and Employment*, 1.
Wilson, H. E., 1978, *Social Engineering in Singapore: Educational Policies and Social Change 1819-1972*, Singapore: Singapore University Press.
Witt, Elizabeth, ed., 2005, *What the United States Can Learn From Singapore's World-Class Mathematics System (and What Singapore Can Learn From the United States); An Exemplary Study*, Prepared for U.S. Department of Education, Washington, D.C.: American Institute for Research.
Wong, Aline K., 1979, "Women's Status and Changing Family Values," Kuo, Eddie. C. Y. and Aline K. Wong, eds., *The Contemporary Family in Singapore*, Singapore: Singapore University Press.
Wong, Aline K. and Janet W. Salaff, 1979, "Planning Births for a Better Life: Working-Class Response to Population Disincentives," Chen, Peter S. J. and James T. Fawcett, eds., *Public Policy and Population Change in Singapore*.
Wong, Aline K. and Stephen H. K. Yeh, eds., 1985, *Housing A Nation: 25 Years of Public Housing in Singapore*, Singapore: Maruzen Asia, published for Housing and Development Board.
Wong, Diana, 2001, "Memory Suppression and Memory Production: The Japanese Occupation of Singapore," Fujitani, T., Geoffrey M. White, and Lisa Yoneyama, *Perilous Memories: The Asia-Pacific War(s)*, Durham and London: Duke University Press.
Wong, Francis Hoy Kee and Gwee Yee Hean, 1972, *Perspectives: the Development of Education in Malaysia and Singapore*, Kuala Lumpur: Heineman Educational Books (Asia).
Wong, John, 1996, "Promoting Confucianism for Socioeconomic Development: the Singapore Experience," Tu Wei-ming, ed., *Confucian Traditions in East Asian Modernity: Moral Education and Economic Culture in Japan and the Four Mini-Dragons*, Cambridge: Harvard University Press.
Wong, Khoon Yoong, 2003, "Mathematics-based National Education: A Framework for Instruction," Tan, Kwang San Steven and Goh Chor Boon, eds., *Securing our Future: Sourcebook for Infusing National Education into the Primary School Curriculum*.
Wong, Kum Poh and Sharon H. L. Wong, 1975, "An Economic Analysis of HDB Construction Activity," Yeh, ed., *Public Housing in Singapore: A Multi-disciplinary Study*.
World Bank, 1993, *The East Asian Miracle: Economic Growth and Public Policy*, A World Bank Reserach Report, New York: Oxford University Press, published for the World Bank. (=1994, 白鳥正喜監訳, 海外経済協力基金開発問題研究会訳, 『東アジアの奇跡――経済成長と政府の役割』東洋経済新報社.)
Worthington, Ross, 2001, "Between Hermes and Themis: An Empirical Study of the Contemporary Judiciary in Singapore," *Journal of Law and Society*, 28.
Xu Daming, Chew Cheng Hai and Chen Songcen, 1998, "Language Use and Language Attitudes in the Singapore Chinese Community," S. Gopinathan, Ann Pakir, Ho Wah Kam and Vanithamani Saravanan, eds., *Language, Society and Education in Singapore: Issues and Trends*, Second edition.
山田昌弘, 1999, 『パラサイト・シングルの時代』筑摩書房.
山下清海, 1985, 「シンガポールにおける華人方言集団のすみわけとその崩壊」『地理学評論』

58 (Ser.A.).
Yap, Mui Teng, 1999, "The Singapore State's Response to Migration," *Sojourn*, 14.
——, c2002, "Singapore," *Migration and the Labour Market in Asia: Recent Trends and Policies*, Paris: OECD.
Yeh, Stephen H.K., 1975, "Summary and Conclusion," Yeh, ed., *Public Housing in Singapore: A Multi-displinary Study*.
——, ed., 1975, *Public Housing in Singapore: A Multi-displinary Study*, Singapore: Singapore University Press, for Housing and Development Board.
Yeh, Stephen H.K. and Statistics and Research Department, Housing and Development Board, 1972, *Homes for the People: A Study of Tenants' View on Public Housing in Singapore*, Singapore: Housing and Development Board and Economic Research Centre, University of Singapore.
Yeh, Stephen H.K. and Tan Soo Lee, 1975, "Satisfaction with Living Conditions," Yeh, Stephen H.K., ed., *Public Housing in Singapore: A Multi-displinary Study*.
Yeo, Stephen Siew Chye, and Arun Mahizhnan, 1998, "Developing an Intelligent Island: Dilemmas of Censorship," Arun Mahizhnan and Lee Tsao Yuan, eds., *Singapore: Re-engineering Success*.
Yeoh, Brenda S. A. and Shirlena Huang, 1995, "Childcare in Singapore: Negotiating Choices and Constraints in a Multicultural Society," *Women's Studies International Forum*, 18.
Yip, John Soon Kwong, Eng Soo Peck and Jay Yap Ye Chin, 1997, "25 Years of Educational Reform," Tan, Jason, S. Gopinathan and Ho Wah Kam, eds., *Education in Singapore: A Book of Readings*, Singapore: Prentice Hall.
吉原久仁夫,1980,「シンガポール工業化における外資系企業と民族系企業」渡部忠世編,『東南アジア世界——地域像の検証』東南アジア研究叢書15, 創文社.
吉見俊哉, 1992,『博覧会の政治学——まなざしの近代』中央公論社.
——, 1994,『メディア時代の文化社会学』新曜社.
——, 1999,「ネーションの儀礼としての運動会」吉見俊哉・白幡洋三郎・平田宗史・木村吉次・入江克己・紙透雅子,『運動会と日本近代』青弓社.
吉野耕作, 1997,『文化ナショナリズムの社会学——現代日本のアイデンティティの行方』名古屋大学出版会.
You, Poh Seng, 1957, "The Housing Survey of Singapore, 1955," *Malayan Economic Review*, 2.
You, Poh Seng, V. V. Bhanoji Rao, and G. Shantakumar, c1971, "Population Growth and Population Characteristics," You, Poh Seng and Lim, Chong Yah eds., *The Singapore Economy*.
You, Poh Seng and Lim Chong Yah, eds., c1971, *The Singapore Economy*, Singapore: Eastern University Press.
Zakaria, Fareed, 1994, "Culture is Destiney: A Conversation with Lee Kuan Yew," *Foreign Affairs*. 73. March/April 1994.(=リー・クアンユー,聞き手:P・ザカリア「文化は宿命である」『中央公論』1994年5月号.)

＜新聞・雑誌・年次報告書など＞
Age, The, Melbourne, Australia: Fairfax Media, available at http://www.theage.com.au/.
『朝日新聞』, 朝日新聞社.

参考文献

Asia Times Online, Hong Kong: Asia Times, available at http://www.atimes.com/.
Business Times, Singapore: Singapore Press Holdings, available at http://businesstimes.asia1.com/.
Economist, London: The Economist Group.
Euromoney, London: Euromoney Publications.
Far Eastern *Economic Review(FEER)*, Hong Kong: Dow Jones.
Financial Times, London: The Financial Times, available at http://www.ft.com/.
International Herald Tribune, Paris: New York Times Company, available at http://www.iht.com/.
Hindu, The, Chennai: Kasturi and Sons, available at http://www.hinduonnet.com/.
Jakarta Post, Jakarta: PT Bina Media Tenggara, available at http://www.thejakartapost.com/.
Manila Bulletin, Manila: Manila Bulletin Publishing, available at http://www.mb.com.ph/.
New York Times, New York: New York Times Company, available at http://www.nytimes.com/.
South China Morning Post, Hong Kong: SCMP Group, available at http://www.scmp.com/.
Star, Petaling Jaya, Malaysia: Star Publications, available at http://thestar.com.my/.
Straits Times, Singapore: Singapore Press Holdings, available at http://straitstimes.asia1.com/.

Global Competitiveness Report, Various years, Geneva: World Economic Forum.
Singapore, Country Reports on Human Rights Practices, Various years, U.S. Department of State, available at http://www.state.gov/.
State of the World's Children, The, Various years, New York: United Nations Children's Fund, available at http://www.unicef.org/.
State of the World's Human Rights, The, Various years, New York: Amnesty International, , available at http://thereport.amnesty.org/.
World Development Report, various years, New York: Oxford University Press, published for the World Bank.

AFP(Agence France-Presse), available at http://www.afp.com/, or http://www.singapore-window.org/.
Reuters, available at http://www.reuters.com, or http://www.singapore-window.org/.

Amnesty Internaitonal <news service>, available at http://www.amnesty.org/.
International Commission of Jurists(ICJ) <newsroom>, available at http://www.icj.org/.

Singapore Infomap, available at http://app.www.sg/.
Singapore Window, available at http://www.singapore-window.org/.
Singapore Statutes Online, available at http://statutes.agc.gov.sg/.

＜一次資料および統計＞
Employment and Immigration Canada, Government of Canada, Various years, *Immigration Statistics* availalble at http://www.cic.gc.ca/.
Manpower and Immigration, Government of Canada, Various years, *Immigration Statistics*, availalble at http://www.cic.gc.ca/.

Ministry of Finance, various dates, Ministry of Finance Media Release, available at http://www.mof.gov.sg/.
Ministry of Information, Communication and the Arts, Various dates, Press Release, available at http://www.mica.gov.sg/.
National Heritage Board, 2006, *Discover Singapore Heritage Trails.*
Singapore Tourism Board, 2004, *World War II: Self Guided Trails.*

CFPB (Central Provident Fund Board), 2003, *Building Our Future: Take Charge, Plan Early, Secure Your Retirement.*
―, Various years, *Information for Employers.*
CPDD (Curriculum Planning & Development Division), Ministry of Education, 1999-2002, *Civics and Moral Education, Pupul's Book,* Various issues, Singapore: SNP Panpac.
―, 1999-2001, *Discovering Our World,* various issues, Singapore: Times Media Private.
―, 1999, *Understanding Our Past: Singapore from Colony to Nation,* Singapore: Federal Publications.
DOS (Department of Statistics), Ministry of Trade and Industry, 1964, *Report on the Census of Population 1957.*
―, 1973, *Report on the Census of Population 1970.*
―, 1983, *Economic and Social Statistics Singapore 1960-1982.*
―, 1992-1994, *Singapore Census of Population 1990,* Various issues.
―, c1996, *General Household Survey Singapore 1995 - Release 1.*
―, c2001, *Census of Population 2000,* Various issues.
―, 2006, *General Household Survey 2005.*
―, 2006, *Population Trends 2006.*
―, 2008, *Key Household Income Trends, 2007.*
―, n.d. *Census of Population 1980 Singapore,* Various issues.
―, n.d. *Singapore in Figures 2007,* available at http://www.singstat.gov.sg/.
―, n.d.(c2007), *Statistics on Marriages and Divorces 2006.*
―, Various dates, Press Release, available at http://www.singstat.gov.sg/.
―, Various years, *Singapore Statistical Highlights.*
―, Various years, *Yearbook of Statistics Singapore.*
GOS (Government of Singapore),
―, n.d. (c1981), *The Vital Tasks Ahead,* Address by Dr. B. H. Sheares, President of the Republic of Singapore at the Opening of the First Session of the Fifth Parliament on February 3, 1981.
―, 1991, *Singapore: the Next Lap,* Singapore: Times Editions. (＝c1991, 大橋弥生訳, 『ネクスト・ラップ――2000年のシンガポール』シンガポール経済開発庁.)
―, *Singapore 21: Together, We Make the Differnce.*
―, Various dates, Singapore Government Press/Media Release, available at http://app.sprinter.gov.sg/.
HDB (Housing and Development Board), Various years, *HDB Annual Report.*
―, 1970, *First Decade in Public Housinig 1960-1969.*
―, n.d., *Bukit Ho Swee Estate.*
―, n.d., *Facts on Public Housing in Singapore.*

参考文献

MCD (Ministry of Community Development), 1995, *Singapore: A Pro-family Society*.
MCDS (Ministry of Community Development and Sports), 2002, *Family Matters: Report of the Public Education Committee on Family*.
MCDS<Remaking Singapore Committee>, 2003, *Changing Mindsets, Deepening Relationships: the Report of the Remaking Singapore Committee*.
MITA (Ministry of Information and the Arts), 2000, *Renaissance City Report: Culture and the Arts in Renaissance Singapore*.
―――, c2000, *Singapore 2000*.
MOC (Ministry of Culture), 1978, *Bilingualism in our Society: Text of a Discussion on TV with Mr Lee Kuan Yew, Prime Minister, Singapore April 6, 1978*.
MOE (Ministry of Education), *Annual Report of the Ministry of Education 1965*.
―――<Goh, Keng Swee and the Education Study Team>, 1979, *Report on the Ministry of Education 1978*.
―――<Ong Teng Cheong and Moral Education Committee>, 1979, *Report on the Moral Education 1979*.
―――, 1991, *Improving Primary School Education: Report of Review Committee*.
―――, 2007, *Education Statistics Digest 2007*.
―――, n.d., 『生きていくための学び』（タミル語），各版.
―――, Various dates, Ministry of Education Press Release, available at http://www.moe.gov.sg/.
MOH (Ministry of Health), 1977, *Population and Trends*.
MOL (Ministry of Labour), Various years, *Report on the Labour Force Survey*.
MOM (Ministry of Manpower), 1997 *Singapore Yearbook of Manpower Statistics*.
―――, Various dates, Ministry of Manpower Press Release, available at http://www.mom.gov.sg/.
―――, Various years, *Report on the Labour Force in Singapore*.
―――, Various years, *Report on Wages in Singapore*.
MSA (Ministry of Social Affairs), 1984, *Report on National Survey on Married Women, their Role in the Family and Society*.
MTI (Ministry of Trade and Industry)<Economic Committee>, 1986, *The Singapore Economy: New Directions*.
―――<Economic Planning Committee>, 1991, *The Strategic Economic Plan: towards a Developed Nation*.
―――<Economic Review Committee>, 2003, *New Challenges, Fresh Goals: Towards A Dynamic Global City*.
―――, Various years, *Economic Survey of Singapore*.
NCB (National Computer Board), 1992, *A Vision of an Intelligent Island: the IT 2000 Report*, Singapore: SNP Publishers.
NRD (National Registration Department)<Registrar-General of Births and Deaths>, Various years, *Report of Registration of Births and Deaths*.
SFPPB (Singapore Family Planning and Population Board), Various years, *SFPPB Annual Report*.
SGEMC (Speak Good English Movement Committee), Ministry of Information and the Arts n.d.(c2000), *Speak Well. Be Understood*.

索　引

あ　行

愛国心　8
アイデンティティ　58
「アジア的価値」　12
ASEAN　→　東南アジア諸国連合
アドナン・ビン・サイディ　103
アンダーソン　6
EDB　→　経済開発庁
インド　46
インドネシア　5
英　軍　38
英　国　4
永住権　2
HDB　→　住宅開発庁
HUDC　→　住宅都市開発会社
NDP　→　ナショナル・デー・パレード
OECD　→　経済協力開発機構
オーストラリア　23
OBマーカー　218

か　行

海南語　134
華　語　2
華語校　4
「華語を話そう」運動　12
家族計画　9
「家族の価値」(「シンガポールの家族の価値」)　92
カナダ　127
観光産業庁　116
広東語　2
義務教育　42
教育省　21
行政言語　72
行政国家　6
「共有の価値」　84
クイッター　143

「草の根組織」　57
クレオール語　211
経済開発庁（EDB）　16
経済協力開発機構（OECD）　2
ゲルナー　6
合計特殊出生率　37
「公民社会」　224
コー，エリック　174
コー，トミー　200
ゴー・ケンスイ　37
ゴー・チョクトン　93
国　籍　2
国内治安法　5
国民教育　12
「国民の誓い」(「誓い」)　49
国　歌　49
国家遺産庁　178
国家語　50
国　旗　9
コミュニティ・センター　56

さ　行

CPF　→　中央積立基金
シーレス　87
ジェヤレトナム　213
ジェンダー　10
市民社会　224
社会主義戦線　5
宗教知識　84
住宅開発庁（HDB）　10
住宅都市開発会社（HUDC）　18
集団代表選挙区　215
儒　教　11
儒教倫理　84
出生率　14
『小学校教育の改善』　77
小学校卒業試験　42
昭南島　104

女性憲章（Women's Charter）　36
『シンガポール２１』　92
シンガポール改善信託　15
シンガポール家族計画・人口庁　148
シンガポール経営大学　126
シンガポール国立大学　41
シンガポール大学　10
シンガポール民主党　220
新教育制度　75
シングリッシュ　127
新興工業経済群（NIEs）　29
新興工業国（NICs）　29
人口置換水準　37
人種調和　97
人種暴動　11
人民協会　56
人民行動党　4
『ストレーツ・タイムズ』　82
スピーカーズ・コーナー　222
スミス　7
スラム　10
スリランカ　46
セーシェル　211
『1956年教育白書』　65
『1978年教育省報告書』（『ゴー報告書』）　75
『1979年道徳教育報告書』（『オン報告書』）　78
全国労働組合評議会　126
全面防衛　97
総選挙　16

た　行

タイ　4
タミル語　2
チー・スンジュアン　220
中央積立基金（CPF）　22
中間層　212
中国　2
潮州語　2
徴兵　9
東南アジア諸国連合（ASEAN）　43

都市協議会　55

な　行

ナーザン　172
ナショナル・デー　50
ナショナル・デー・パレード(NDP)　12
南洋工科大学　42
南洋大学　10
NIEs　→　新興工業経済群
NICs　→　新興工業国
日本　2
日本軍　102
日本軍政　64
ニューウォーター　100
ニュージーランド　127
任命国会議員　215
ネオ，ジャック　226
『ネクスト・ラップ』　77
能力別学級編成　75

は　行

ハーシュマン　216
バーンステイン　141
バングラデシュ　46
非英語校　41
『ビジネス・タイムズ』　201
非選挙区選出国会議員　214
ビルマ　47
フィードバック課　214
フィリピン　4
福建語　2
ブルネイ　5
「文化の底荷」　71
兵役　9
米国　1
ベビー・ボーナス　158
防衛省　75
香港　10

ま　行

「マルクス主義者政府転覆計画」事件　219
マレー語　2

マレーシア（マレーシア連邦）　5
名誉毀損　220

や　行

「よい英語を話そう」運動　12
予備役　142

ら　行

ラジャラトナム　51
リー，ディック　172
リー・クアンユー　2
リー・シェンロン　47
リム，キャサリン　201
リム・ボーセン　103
労働者党　213
ロダン　43
「ロマンシング・シンガポール」キャンペーン　159

わ　行

ワーウィック大学　3
ワークフェア特別手当　142

■著者紹介

中村　都（なかむら・みやこ）

追手門学院大学経営学部准教授、大阪大学大学院法学研究科博士後期課程単位取得退学（法学修士）、LL.M.（ブリティッシュ・コロンビア大学）

〔主要業績〕

「エスニシティとエスニック・ネットワーク」吉川元編『国際関係論を超えて──トランスナショナル関係論の新次元』（山川出版社、2003年）

「シンガポールの知識集約都市国家構想」田坂敏雄編『東アジア都市論の構想──東アジアの都市間競争とシビル・ソサエティ構想』（御茶の水書房、2005年）など

2009年2月28日　初版第1刷発行

シンガポールにおける国民統合

著　者　中村　　都
発行者　秋　山　　泰

発行所　株式会社　法律文化社

〒603-8053　京都市北区上賀茂岩ヶ垣内町71
電話 075 (791) 7131　FAX 075 (721) 8400
URL:http://www.hou-bun.co.jp/

© 2009　Miyako Nakamura　Printed in Japan
印刷：㈱太洋社／製本：㈱藤沢製本
装幀：前田俊平
ISBN 978-4-589-03092-4

高田和夫編 **新時代の国際関係論** ―グローバル化のなかの「場」と「主体」― A5判・284頁・2835円	21世紀に入って混迷の度を深める国際関係論。その歴史と理論をふり返りながら、多様なアクターの登場などにより国家中心の国際関係が揺れ動くさまを、情報化や地域主義、国際機構の動きなどから具体的に分析する。
松下 洌編 **途上国社会の現在** ―国家・開発・市民社会― A5判・298頁・2625円	途上国社会の現状と諸問題が包括的・構造的にわかる教科書。国家・開発・市民社会の3つをキータームに据え、グローバル化の展開によって変容したこれらの相互関連性の枠組みをとらえる。
中谷義和編 **グローバル化理論の視座** ―プロブレマティーク＆パースペクティブ― A5判・272頁・3360円	「グローバル化」状況の動態とインパクトを理論的・実証的に解明し、「グローバル民主政」をめぐる課題と展望を考察する。ヘルド、カニンガムなど代表的論者たちが、理論的到達点と新しい地平を拓くための視座を提起する。
川村暁雄著 **グローバル民主主義の地平** ―アイデンティティと公共圏のポリティクス― A5判・252頁・3360円	公正なグローバル社会の実現は可能か。ヘルドやハーバーマスの理論をもとに解明。地球的な公共圏と地球市民アイデンティティの役割に注目し、グローバル討議民主主義の可能性をさぐる。
岩佐和幸著 **マレーシアにおける農業開発とアグリビジネス** ―輸出指向型開発の光と影― A5判・272頁・5755円	発展途上国を代表する農業開発プロジェクトであるマレーシアのFELDAを対象に、その事業展開を歴史的に検証。そこから輸出指向型農業開発のもたらす意義と限界を包括的に究明する。
西口清勝著 **アジアの経済発展と開発経済学** 四六判・222頁・2415円	構造転換をはかる日本経済とその影響下で経済発展を遂げるアジアNIES・ASEAN諸国を統一的に把握。「世界経済の成長センター」ともてはやされる一方で、農工間の格差やスラムの拡大、環境破壊などの矛盾を浮きぼりにする。

――――― 法律文化社 ―――――

表示価格は定価（税込価格）です